U0928925

揭秘
金融欺诈

罗攀◎著

中国金融出版社

责任编辑：王雪珂
责任校对：潘　洁
责任印制：陈晓川

图书在版编目（CIP）数据

揭秘金融欺诈／罗攀著．—北京：中国金融出版社，2022.8
ISBN 978－7－5220－1700－6

Ⅰ．①揭…　Ⅱ．①罗…　Ⅲ．①金融—诈骗罪—案例—中国
Ⅳ．①D924.335

中国版本图书馆CIP数据核字（2022）第131191号

揭秘金融欺诈
JIEMI JINRONG QIZHA
出版
发行　中国金融出版社
社址　北京市丰台区益泽路2号
市场开发部　（010）66024766，63805472，63439533（传真）
网 上 书 店　www.cfph.cn
　　　　　　（010）66024766，63372837（传真）
读者服务部　（010）66070833，62568380
邮编　100071
经销　新华书店
印刷　保利达印务有限公司
尺寸　169毫米×239毫米
印张　19.75
字数　310千
版次　2022年8月第1版
印次　2022年8月第1次印刷
定价　69.00元
ISBN 978－7－5220－1700－6

序　一

当日，兄长邀请我为之新书《揭秘金融欺诈》作序，令我诚惶诚恐。但“金融欺诈”四字却吸引了我，为了窥探金融欺诈的秘密，我立即顿首应允。收到此书电子版之时，正遇河南村镇银行事件，数万老百姓痛哭流涕，着实让人叹息。随后，我花了半天时间通读全书，掩卷之时，感觉意犹未尽。抚书长叹，所有的成果背后，有善良的发心，更有深厚的金融学识以及勤奋的耕耘。这一本非常难得、详实的真实金融欺诈著作来得及时。

罗攀兄是一位资深地金融市场专家，对经济现象和金融逻辑有很深的理解。他身上有着古朴的读书人的心怀天下慈悲之心，除了写书之外，他还每日更新金融视频公众号，以此启迪迷途中的有缘人。此书是他数年酝酿，手工从中国裁判文书网中搜集、整理、分析的真实金融欺诈案例。他在工作之余，每日整理素材，分门别类地讲透金融欺诈背后的故事。他以轻松、简洁的文字警示那些缺乏金融知识的人，尽可能地挽救可能深陷迷局的普罗大众，令我感动和佩服。要知道中国裁判文书网上天量的判案信息，涉及金融的案件数不胜数，要从这些案例中理出一个线头，实属不易。罗攀兄能够列出十二个金融欺诈案例，其中的艰辛和睿智让我佩服。

该书的阅读可以沿着两条主线展开，一是传统型金融欺诈，二是互联网时代下的新型金融欺诈。传统型的欺诈包括第二章的虚假银行、第三章的虚假交易所、第四章的民间借贷、第五章的原始股欺诈、第六章的基金欺诈、第七章的信托欺诈、第八章的外汇欺诈以及第十一章的期权诈骗。虽然传统型的金融欺诈相对老套容易识别，然而仍然有不少老百姓沉迷其中，深受其害，一方面是这些金融欺诈行为往往披着“合法”的外衣，极具迷惑性；另一方面也反映出普通民众缺乏必备的金融学常识，对我国金融机构、金融交易规则不甚了解。还有人受身边朋友的蛊惑，期待一夜暴富，最后深陷诈骗无法自拔。

新型的金融欺诈包括第一章的虚拟资产、第九章的数字货币、第十章的金融互助、第十二章的P2P欺诈。虚拟资产在实体资产的掩盖下，一般人无法了解其真实性，再加上存在“内盘外盘”交易平台之差，普通老百姓哪里知道还有此类操作？近几年，比特币的价格翻了上万倍，风投界前辈鼓吹、媒体造势，一个个造富神话在网络上不断刺激着老百姓的财富欲望。他们甚至不知道什么是数字货币，什么是区块链技术，抱着一个侥幸的心态，玩着击鼓传花的游戏。事实上，国外参与虚拟货币发行（ICO）的投资者大多数是风投机构的大佬，而国内跃跃欲试ICO投资的却是以老年人为主，他们既不看招股说明书，也不了解风险如何控制，自然容易成为诈骗的受害者。此外，金融互助本意是善良的，但极容易成为金融欺诈、非法集资的温床。与此同时，以P2P为代表的互联网金融，成为新型民间借贷的暴雷区。即使有平安保险担保的陆金所，也难免关门大吉。新型金融欺诈案例的总结和分析，有助于为老百姓指出一条明路，选择正规金融投资，远离金融诈骗。

由于中国目前金融市场投资单一，转型经济过程中银行、证券等金融机构的市场化、规范化运作，无法获取高额、稳定的投资收益，老百姓对业绩的要求越高，越为不法分子的金融欺诈提供机会。与此同时，老百姓对金融知识的匮乏，对金融市场缺乏敬畏心理，金融监管和投资者教育的缺失，在某种程度上又增加了金融欺诈的概率。因此，罗攀兄这本《揭秘金融欺诈》不仅可以作为普通民众规避金融欺诈的重要读物，同时媒体、监管机构等也可以通过此书有条理、有针对性地洞察金融欺诈背后的“暗门”。

他山之石，可以攻玉。中国金融市场规模高速增长，中国国民收入快速增长，金融市场越来越开放，可投资的金融产品越来越丰富，识别金融诈骗的手法和逻辑，对治理金融市场，保护老百姓的权益，甚至维护国家金融安全都至关重要。罗攀兄此书是一场及时雨，做了一件功德无量的大事。

罗攀兄笔耕不辍，新视频更新不断，为老百姓金融投资指路，是其快乐的源泉。希望他这份快乐能够随着《揭秘金融欺诈》的出版，传递给每一位读者，影响和帮助更多的投资者。

西南财经大学　博导　副教授　CFA培训中心主任

申　宇

2022年7月9日于光华楼

序　二

子曰:“富与贵,是人之所欲也。”孔子时代已远去,追求金钱的人性并没有什么变化。富人钱生钱,穷人债养债。古往今来,无论达官显贵富可敌国,抑或贩夫走卒有碎银几两,只要有机会,无一不希望用金融钱生钱,加杠杆、用工具。

有贪婪就有骗局,金融诈骗与金融发展如影随形。特别值得注意的是,自现代金融诞生以来,特别是“二战”后科技的巨大跃迁、全球化的突飞猛进、金融衍生品的层出不穷,金融诈骗也从“王侯将相”高端客群飞入寻常百姓家,大学生、平民甚至贫民,都成为了金融诈骗的受害者。我们梳理可以发现,金融诈骗跨过现代化门槛,传统金融诈骗几乎都有与之对应的互联网时代新金融诈骗模板。去伪存真,内核一样,都是以非法占有别人钱财为目的,都是以高额获利为许诺,都使用了信息和专业知识不对称,都需要虚构故事、设计套路,最终都是利用了人性的轻信与贪婪。

子曰:“知者不惑,仁者不忧,勇者不惧。”根治金融诈骗,除优化金融顶层设计、强化金融法制建设、重拳治理金融市场等工作,启发金融民智也是十分重要的题中之义。泱泱大国,学习、从事金融的专业人士毕竟凤毛麟角,更多的百姓对于金融只是雾里看花水中望月。不同于专业读物,罗攀先生这本《揭秘金融欺诈》少了高头讲章的晦涩难懂,文字表达平实朴素,列举案例都取材于公开的刑事判决,揭露诈骗手法和逻辑详实具体,好读、易懂、深刻。

平淡隽永，一本好书，擦亮万千双眼，警醒世间糊涂，保护无辜权益，善莫大焉。

是为序。

金融工作学习者　毓钦

壬寅虎年大暑于廿四居

自　序

在我心中有一个信念，它是我生命力量的全部源泉，促使我不断学习、实践、反思和蜕变，这个信念就是“做一个有价值的人”。我之所以撰写这本书，正是来自这个信念的支撑！

不知道从什么时候开始，在我的内心深处，深深地烙上了北宋大思想家、教育学家张载的至理名言，当代哲学家冯友兰先生称之为“横渠四句”，即为天地立心，为生民立命，为往圣继绝学，为万世开太平。我认为“横渠四句”是天下读书人共同的志向和使命。在我看来，要做到这四句话既难也不难。这样的功勋，这样的成就，非一般人所能达成，是为难。但不难之处在于，以这样的使命指导自己的人生，并在工作和生活中践行，这样的人生必然光辉，是为不难。因此，我选择以“横渠四句”作为我的人生信条，并终生践行。

我在金融行业工作了十三年，既有理论的学习，又有实践的体验。在这过程中，我也亲耳听到了很多金融欺诈的故事，亲身看到了不少金融欺诈的案例。在这些金融欺诈案中，如果受害者能够懂得最基本的金融知识，那他们是很难被骗的。

更有甚者，在我解析的一些金融欺诈案中，我发现有不少参与者一开始仅是案件的受害者，之后却反而成为欺诈的推动者。最终，他们不仅在经济上损失惨重，还触犯法律身陷囹圄。在他们之中，有新入职场的大学生，有已经退休的老年人，有小学老师，有创业者，各行各业都有。他们并非都是主观故意犯罪，但是由于他们无法判断案件的欺诈性、违法性，抱着做一份事业的期许参与其中，结局却是走向了犯罪的道路。这是我感到极为痛心的地方。

正是因为有这样的一些感受，同时自己也具备金融方面的一些知识，这促使我想做这样一件事情。我以“中国裁判文书网”作为依托，从中搜寻了12个典型的金融欺诈案件。通过对案件材料的分析，还原案件发生的过程，以及解析案件中出现的金融知识，最终揭开案件欺诈的本来面目，以警示社会大众避免再次上当受骗。这既是我撰写这本书的目的，也是我撰写这本书的方法。

我必须坦诚地告诉大家，在撰写这本书的过程中，主要资料来自中国裁判文书网发布的案件判决书，获得的资料较为有限。同时，由于本人知识、认知局限，可能存在理解偏差，甚至错误，还请大家见谅。正如纳西姆·尼古拉斯·塔勒布在其畅销书《反脆弱》[①]前言中写下的一段话：“我对我所说的全部负责。本书的每一句话都是我用自己的职业知识写就的，我只写了我做过的事情，我建议他人承担或规避的风险也是我一直承担或规避的风险。如果我错了，那么首先受到伤害的便是我自己。”这段话同样是我的写作准则，我所写的是我全部的了解和认知。如果有不妥和错误的地方，我谨以最大的诚意向您致歉，并请您谅解。

① ［美］纳西姆·尼古拉斯·塔勒布；雨珂译．反脆弱［M］．北京：中信出版社，2014.

目　录

起霸饮料案——虚拟资产欺诈

实体投资真的更安全吗?

在“起霸饮料案”中，犯罪分子正是利用了大众惯有的“实体投资更安全”思维，以投资实体产品为依托，以“真元积分”为工具，引诱投资者参与，最终给受害者造成巨大的经济损失。

实体投资和虚拟投资，是投资的两种形式。所谓实体投资，是指投资者选择实体资产进行投资；所谓虚拟投资，是投资者将资金投资于虚拟资产上。但无论是何种形式的投资，其前提都必须是真实有效的资产。

理解虚拟资产，要抓住以下两个方面：其一，从内在本质上看，它具有内在价值，具备资本的属性；其二，从外在形式上看，它是现实资本的纸质副本，具有虚拟性。因此，资本性是虚拟资产的第一性，虚拟性是虚拟资产的第二性。因此，只有虚拟性而不具有资本性的所谓的“虚拟资产”，绝不是真实有效的资产。

只有理解了这一点，投资者才不会参与到隐藏在实体投资名目下的虚假投资中……

起霸饮料案——虚拟资产欺诈

1/ 案情简况

在互联网上，一款叫做“起霸”的饮料是这样介绍的：“起霸饮料的配方发明，是以中国传统中医养生机理，结合现代科学人体电能理论，对草本植物活性功能的开发和利用来完成的。”准确地说，传统功能饮料的提神解乏是通过刺激中枢神经来实现功效，而起霸饮料则是对全世界三大最具活力的草本植物（巴西的瓜拉纳、秘鲁的玛咖和中国的人参）的活性功能进行开发利用，实现对人体精力的补充来达到提神解乏的目的，通俗地说就是给身体“充电”。因此，起霸饮料因此独创性配方获得了国家专利，也成了中国营养理事会的重点推介产品。

然而，就是这样一款看似颇有特色、充满前途的产品，却在2016年卷入了一起集资诈骗案中。我们将“起霸饮料”作为关键词，在中国裁判文书网（网址：https://wenshu.court.gov.cn/）进行检索，仅查询到1份针对被告人许义升等人的刑事判决书，编号为〔2020〕粤刑终519号、520号、521号。我们以此为基础，对案件进行整理和分析。我们认为，这起以起霸饮料产品作为实物依托，实质上是非法发行虚拟积分，并通过操纵积分价格，引诱社会公众参与投资，最终实现非法牟利的欺诈案件，是一起典型的以虚拟资产①为手段的金融欺诈案。

解析这起欺诈案，我们首先要从起霸饮料的运作主体开始说起。

2/ 运作主体

要说清楚这个事情，我们得先介绍这起案件的三个核心主体以及主要的

① 虚拟资产是与实体资产相对的资产，强调资产的不同形态。

涉案人员。

被告人许义升，男性，1981年生，是深圳市福某实业投资有限公司（以下简称福某实业公司）实际控制人。据判决书中许义升本人的供述："福某实业公司，早期是由张某刚和江某两人创办，后转至许义升手中。股东张某刚是起霸饮料配方的专利发明人。许义升在掌控了福某实业公司后，也曾大力推动起霸饮料的经营，但实际销售状况并不理想。"

在本案中，另一个关键人物是被告人陆某华，他是这起金融欺诈案的灵魂人物。陆某华是原深圳中荣股权投资有限公司（以下简称中荣投资公司）的法定代表人。中荣投资公司成立于2013年，注册地点在深圳市前海港湾合作区（入驻深圳前海商务秘书有限公司）。

2016年4月，许义升联系到陆某华，经双方商定，由陆某华通过互联网途径推广起霸饮料，双方按照70%（陆某华）和30%（许义升）的方式分配利润。随后，双方进行了职务的变更，由许义升担任中荣投资公司法定代表人，陆某华担任福某实业公司总经理。在职务和身份调整后，陆某华便组建团队，设计模式，开启了正式的市场运营。

本案中的另一个主体是烟台宝鼎网络科技有限公司（以下简称宝鼎网络公司），法人代表是被告人张叶顺，其占股34%。该公司是一家做网络技术和软件开发的企业，主要经营一个叫火宝网（网址：http://www.huobaow.com.cn）的网站。从搜集的网络宣传资料来看，火宝网自称是一家集虚拟货币和实体应用于一体，为虚拟货币爱好者创造的一个资金安全、交易流畅、服务优质的数字交易平台。

至此，这起案件的三个关键人物（许义升、陆某华、张叶顺）全部出现，而他们三人背后的三家主体公司，福某实业公司、中荣投资公司以及宝鼎网络公司相继浮出水面（见图1.1）。他们在这起案件中，都各自承担着重要的职责。

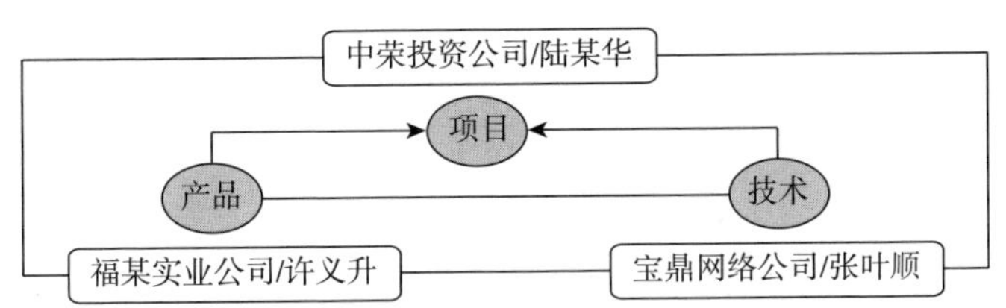

注：根据〔2020〕粤刑终519号、520号、521号判决书整理。

图1.1 起霸饮料案涉案的三家主体公司

通过对案件的分析我们发现，许义升所控制的福某实业公司为这起案件提供实物产品“起霸饮料”。张叶顺控制的宝鼎网络公司是这起案件的网络技术服务者，一手开发了本案关键的虚拟资产“真元积分”，并为“真元积分”的投资交易搭建了技术网络平台，为这起案件的网络化、扩大化发展起到了重大的推动作用。而由陆某华控制的中荣投资公司，则成为谋划、组织与运营这个项目的核心主体。它们之间业务交叉，股权交互，身份交融，共同支撑了这起案件的发展。

3/ 事件脉络

在明确了案件的运作主体和关键人物后，我们沿着案件发展的时间脉络来梳理整个事件。

2016年4月，许义升与陆某华达成合作共识，由陆某华组织团队。根据被告人彭军的供述，在组建的团队中，核心人员及职务情况如图1.2所示。

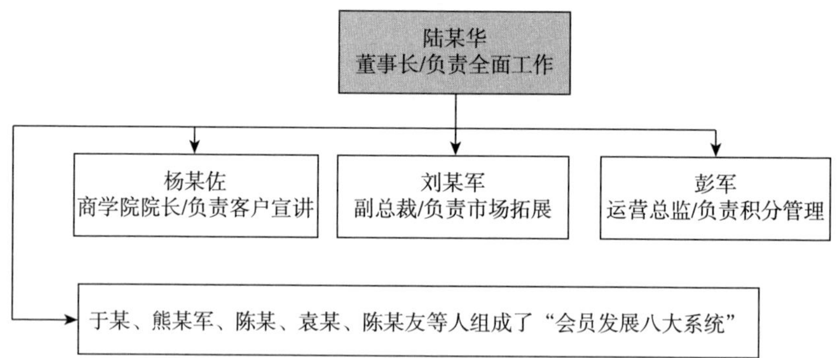

注：根据〔2020〕粤刑终 519 号、520 号、521 号判决书整理。

图 1.2　起霸饮料投资项目核心人员分工

（1）陆某华担任董事长，负责全面工作；

（2）杨某佐担任商学院院长，负责给客户讲解项目的运营模式、公司前景概况等；

（3）刘某军担任副总裁，主要负责市场拓展、接待和吸引投资者；

（4）彭军担任运营总监，负责对“真元积分”进行管控。

除此之外，陆某华还拉来了于某、熊某军、陈某、袁某、陈某友等人，组建并成立了“会员发展八大系统”，负责发展和管理会员。并且，在他们的共同努力下，完善了整个项目的操作模式。

2017年5月21日，中荣投资公司与宝鼎网络公司签署了《火宝网上币服务协议书》，该协议约定的核心内容有两点：

（1）由宝鼎网络公司负责开发“真元积分”，并在“火宝网”上线交易；

（2）中荣投资公司支付开发费用30万元。

同年6月5日，经宝鼎网络公司开发的“真元积分”正式上线，上线首日开盘价格设定为5.5元/枚。

根据多位受害人的陈述，我们抓取到了“真元积分”的三个关键价格节点（见表1.1），即2017年6月5日上线当日的5.5元/枚，6月20日达到最高价8.3元/枚，两天后的6月22日就暴跌至0.001元/枚。直到2017年7月17日，“真元积分”终止全部交易，宣告了这起以起霸饮料为依托的投资项目彻底失败，随之而来的就是已经意识到被骗的各地受害者的追讨、报案和起诉。

表 1.1　“真元积分”三个时间节点和价格数据

序号	时间	价格
1	2021 年 6 月 5 日	5.5 元 / 枚
2	2021 年 6 月 20 日	8.3 元 / 枚
3	2021 年 6 月 22 日	0.001 元 / 枚

广东安证计算机司法鉴定所出具的司法鉴定意见书显示，经侦查机关委托，该所对“火宝网”后台关于“真元积分”数据进行固定并刻录光盘。其中，后台统计报表显示，全站总会员数23393人，已认证会员数21979人；全站“真元积分”共40624616.49978枚，含冻结7763488.0091枚；负责管控“真元积分”的被告人彭军合计买入总金额23714900.11元，卖出总金额47911001.73元，实际净套现金额为24196101.62元。全站“真元积分”累计充值金额高达100232355.09元。

本案经公安机关侦查，检察机关指控，由广东省深圳市中级人民法院一审，广东省高级人民法院二审，最终于2020年11月4日对相关当事人依法作出了终审刑事判决，为此案画上了句号。

4/ 模式创新

大家一定会很疑惑，在这起案件中，“真元积分”到底起着怎样的作用？这是本案的关键。要回答这个问题，我们还得先解析这起案件的巧妙之处，也是本案中具有迷惑性的地方。

近年来，社会上各种金融骗局频发，新闻媒体一次次地报道，很好地教育了社会大众。在公众心中已经形成了普遍认识："要想不被骗，老老实实做实体产业。"一些年轻人从事网络工作或者金融投资，还会被人说是"不务正业"。实实在在做生意，不玩虚的，总不会被骗了吧。

那好，我们来看看本案受害人之一的杨某平的经历。

2017年4月，杨某平听朋友介绍，了解到起霸饮料这个投资项目，产生了兴趣；6月6日，杨某平亲自到深圳中荣投资公司考察项目；随后在6月10日，与另外两名战友共同投资了35万元，在杨某平投资的这段时间，"真元积分"的价格从6月10日的5.9元/枚上涨至6月18日的7.8元/枚，区间上涨幅度高达32%。

到了6月23日晚，陆某华在中荣投资公司内部群发布公告称：公司将在6月24日将"真元积分"价格拉升至10元/枚，在此期间一律不准卖出。但是，到6月24日，"真元积分"的价格先是达到8.3元/枚的最高价，随即暴跌至2元/枚。面对如此疯狂和不合常理的价格波动，6月25日，杨某平仍然追加了25万元的投资。之后，价格一路下跌至0.0022元/枚。此时，很多投资者开始要求中荣投资公司退款，但是，陆某华等人却联系不上了。

面对这种情况，杨某平反复思考，重新复盘整个过程，方才意识到自己是上当受骗了。杨某平说之所以发觉自己被骗是因为：

第一，中荣投资公司一开始承诺给的起霸饮料产品投资者一直没有收到货。

第二，中荣投资公司一开始承诺内盘和外盘是等值交易，只不过内盘的钱必须转为外盘上的"真元积分"才能提现。但中荣投资公司后来规定，从内盘兑换外盘的"真元积分"时，价格不足1元的按1元计算。比如说外盘"真元积分"的价格为0.2元/枚，从内盘提10000元到外盘，兑换的10000元积分就只值2000元了，也就是说钱一经过外盘就大幅缩水。

第三，中荣投资公司一开始承诺，如果投资者中途退出投资，在提出申请38天后可以退80%的投资款，但实际上后来想退也退不了。

从以上受害人杨某平的陈述中，我们已经发现，在这起欺诈案中，出现了两个非常重要的东西，一是起霸饮料，二是"真元积分"。尤其是起霸饮料，正如我们一开始就讲到的那样，是一款有着专利技术、专注于提神解乏的功能性饮料产品。站在投资者的角度看，这个生意就一定是非常真实具体的。通过代理起霸饮料，出售产品赚取利润，这样的生意不复杂，很真实。

知识扩展1

实体投资与金融投资

投资是指投资者在当前投入一定的货币资源或非货币资源，以期在未来获得收益的一种行为。

根据投资对象的不同，可以分为实体投资和金融投资。

如果投资者将资源投入到设备、厂房等实体资产时，则称为实体投资。

如果投资者将资源投入股票、债券、基金等金融资产时，则称为金融投资。

从投资者的视角来看，投资实体资产更靠谱。比如，你投资一套房产，哪怕将来价格跌到一文不值，只要这套房产还在，那房产仍然是属于你的。但是如果你投资股票，一旦公司退市、破产，你持有的凭证将一文不值，甚至连一张凭证都没有。

所以，网络上有一种观点："普通投资者最好的投资，就是买实物。"仅从资产的角度来看，是有一定道理的。

请继续跟随我的思路来复盘这样一个场景。当中荣投资公司的员工向你介绍完起霸饮料的巨大发展前景后，充满激情地告诉你：投资起霸饮料项目，你可以获得：

第一，你将成为起霸饮料的代理商，拥有经销权，获得投资金额等额的起霸饮料产品；

第二，你的投资款，中荣投资公司会按照每天2%的比例给你计息分红；

第三，中荣投资公司承诺，如果你中途想要退出投资的话，公司在扣除20%的产品费用后，退还80%的投资款。

朋友们，面对这样的合作条件，你会心动吗？换位思考，你投资的资金首先可以拿到等额的起霸饮料产品，从这个角度来看，你已经没有了损失；同时，你还能获得其他的回报和退款保障。这样的条件绝对是充满诱惑的，心动也是必然的。

虚实结合，即以实体的起霸饮料为依托，是这起金融欺诈案的巧妙之处。投资者被所谓的创新的商业模式所迷惑，干扰性极大。

5/ 真元积分

若起霸饮料是这起诈骗案的实，那“真元积分”就是这起诈骗案的虚。正是这个虚，才充分地显示出陆某华等人的金融功底。我们不禁要问，“真元积分”在这起案件中到底扮演着什么样的角色？

“真元积分”扮演的第一重角色是支付工具[①]。在刑事判决书中，无论是被告人的供诉，还是受害人的陈述，都证明了一个事实，即：陆某华等人向投资者承诺，投资10万元以上即可成为起霸饮料的代理商，并获得等值的起霸饮料产品；同时，投资者还可以获得投资额每日2%的分红奖励，只是这2%的分红奖励需要转换为“真元积分”才能变现。

我们来举一个例子。假设投资者A当前投资10万元，按照每日2%的投资额计息分红，那每天他就能获得2000元的分红奖励。按一个月30天计算，投资者A一个月的投资收益就高达6万元，一年下来就有72万元之多。这还仅仅是对投资者A的分红奖励，如果再加上投资获得的产品销售的利润，那这个项目的投资回报就高得离谱了。投资者一定会怀疑，这能兑现吗？

这里就可以看出陆某华等人设计的巧妙和他们的狡猾了。他们在此创设了一个虚拟的支付工具，支付给投资者2%的分红奖励，不是以现金形式发放，而是按照1∶1的兑换比例将收益兑换为“真元积分”，投资者再以“真元积分”的形式兑现收益。在这里，“真元积分”实则扮演了支付工具的角色。更重要的是，“真元积分”的发行对中荣投资公司来讲，几乎是没有任何成本的，却以此兑现了给投资者每日2%的分红承诺。

---

① 按照马克思的观点，货币有五个职能，分别是：价值尺度、流通手段、支付手段、储藏货币以及世界货币。这里的支付工具，反映的是货币支付手段的职能。

知识扩展2

财富和资产的关系

财富和资产是一回事吗？不是！财富和资产有关系，但它们的价值逻辑不同。

一个人所拥有的一切都可以视为财富。比如，名下的房产，是财富；拥有的公司股份，是财富；使用过的QQ，玩过的游戏账号，同样是财富；健康的体魄，良好的人际关系，这也是财富。从这里我们可以看出，财富的价值逻辑是自我定价，自己认为有价值的东西，都可以视为财富。因此，财富是一种主观性的价值评价逻辑。对别人来说，或许一文不值，但对自己就可以是无价之宝。

资产是不是财富呢？当然是财富。资产强调的是资本的特性，即持有者能够通过资产获得经济价值，表现为增值性。比如，银行存款，能够给存款人带来利息收益。再比如，股票的持有者，能够通过股票获得股息和分红。因此，资产的价值逻辑在于价值增值。

按照存在形态的不同划分，财富可以分为有形财富和无形财富；按照经济效益的创造性来说，财富可以分为非资产性财富和资产性财富。如股票，它不以有形实体存在，但却能够给持有者带来经济效益，因此它属于无形的资产性财富。

因此，从投资者的角度出发，投资首先需要确定的是，投资对象到底是不是资产，这是首要问题。

我们讲到，中荣投资公司以“真元积分”作为支付工具，兑现投资承诺。那这里必然会牵扯出一个新的问题，即投资者为什么会接受“真元积分”作为支付工具呢？这就是陆某华等人又一个巧妙的设局。

我们假设，如果中荣投资公司以现金支付兑现投资者的分红奖励，投资者会接受吗？答案是明确的，投资者一定会接受。因为大家都知道，货币是资产，是财富。

我们再假设，如果中荣投资公司以实物支付兑现投资者的分红奖励，投资者会接受吗？答案还是明确的，投资者应该会接受。因为，对投资者来说，实物同样是资产，他们仍然会接受。

但是，当中荣投资公司以“真元积分”作为支付工具时，投资者会接受吗？大家一定会有疑惑。如果“真元积分”不是资产，那“真元积分”就没有任何价值。对投资者来讲，他们也不可能从中获得任何的投资回报，大家自然是不会接受的。因此，如果想要让投资者接受“真元积分”作为支付工具，那前提是“真元积分”一定要有价值，或者说让大家感觉到有价值。否则，大家是不可能接受的。这就有了“真元积分”的第二重角色。

“真元积分”扮演的第二重角色是投资工具。不论“真元积分”到底是不是资产，有没有价值，它一定要表现得像其他资产一样才行，陆某华深知这个道理。于是，在宝鼎网络公司张叶顺等人的技术支持下，中荣投资公司通过“火宝网”搭建了“真元积分”交易平台，把“真元积分”作为投资工具，通过对价格的操纵，“真元积分”这个凭空创造的东西随着价格的变动，把一切都带活了起来。

比如受害人陶某，他投资了10万元，按照中荣投资公司的分红奖励规定，每日按投资额的2%进行分红奖励。也就是说，陶某每天可以获得2000元的分红奖励。按照1∶1的兑换比例，陶某可以兑换到2000个“真元积分”。我们以“真元积分”上线首日所设定的5.5元/枚的价格来计算，陶某每天的收益高达1.1万元。再加上“真元积分”的价格在操纵之下迅速上涨，其诱惑力就更大了。

在这里，我们要搞清楚两个关键问题：

我们的第一个问题，“真元积分”是资产吗？在这里需要明确，无论何种形态的资产，只要是资产，它就一定有价值支撑。那资产的价值逻辑是什么？我们来看三个资产。

资产一：土地。土地这项资产的价值靠什么支撑？换个说法，你为什么会觉得土地有价值？人类社会的一切活动都是在土地上进行的，种植粮食需要土地，修建房屋需要土地，建造工厂需要土地，一切都以土地为根基。但是，土地是稀缺的，并不随人类的意志进行增减。至少人类在还未发现新的适宜生存的星球，还未实现大面积的星际移民前，土地都是人类在地球上最重要的资源之一。对于像中国这样的人口大国，对土地更是高度依赖。对此，我们才有了18亿亩的耕地红线，有了城市建设用地的按计划使用，等等，都是对土地资源的使用管控。从这个逻辑来看，土地资产的价值逻辑来自“稀缺”。

资产二：货币。货币是经济学的专业词汇，对老百姓来说，用“钱”来表示更好理解。钱是不是资产？当然是资产。不管是存放在家中的现金，还是银行账户上的存款，都是资产。那大家会问，钱这项资产的价值逻辑是什么？也就是说，钱为什么会值钱呢？我们先来看一些钱不值钱的场景。比如深陷战争的国家或地区，钱是不值钱的；再比如，一些国家货币泛滥，同样不值钱。反观另一些场景，在当今社会，美元、欧元被称为硬通货，我国人民币在世界范围内也有着较高的接纳度。从这些场景中，我们可以看到，有的国家的货币值钱，有的国家的货币不值钱。因此，货币值不值钱，即货币价值的高低，本质上取决于一个国家的公权力。一个稳固的社会，一个安定发展的国家，国家的公权力就强，货币的价值也就高。从这个逻辑来看，货币资产的价值逻辑来自公权力。

资产三：股票。股票属于金融资产，股票资产的价值支撑来自哪里呢？股票不过是一张凭证，就其本身是一文不值的。但是，股票所代表的是持有人对一个公司的特定权利，包括享有分红的权利、参与治理的权利，以及分配财产的权利。如果持有人持有公司10%的股票份额，那就意味着该持有人可以获得10%的分红，10%的投票权以及剩余财产的10%。股票一定对应着某一个公司，它是具体的。但是公司的价值又来自哪里呢？在《中华人民共和国公司法》中明确规定，公司是指依法设立的，以盈利为目的的企业法人组织。从这个意义上讲，公司的本质是盈利。经营是表象，盈利才是目的。所以，公司的价值逻辑来自它未来的盈利能力，盈利能力越强，其价值也就越高。因此，股票的价值本质上就是公司未来的盈利能力。当然，公司在经营的过程中，可能还会亏损，甚至破产。同样，这只会影响公司价值的高低，而不改变它的价值逻辑。从这个角度来看，股票资产的价值逻辑来自公司的盈利能力。

因此，从对以上三个资产的分析中，我们认为，资产的价值支撑逻辑分别是“稀缺”“公权力”以及“盈利能力”。任何资产都必然有支撑点。否则，它就不可能有价值，也断然不能称为资产。

回到起霸饮料这起案件中起着关键作用的“真元积分”。我们不禁要问，“真元积分”是资产吗？答案是显然的，它不是资产。通过分析我们认为，“真元积分”是由中荣投资公司发行的，它与起霸饮料的生产销售规模没有任何关系，也不以中荣投资公司的经营成果作为发行基础。“真元积分”不过是中荣投资公司手里的一串数字，对投资者来说没有任何的价值。

既然我们已经断定“真元积分”不是资产，那我们的第二个问题就来了，大家为什么会接受“真元积分”呢？

在这里涉及一个经济学的认知，即：价格是价值的表征。如何理解这句话，我们来看这样一个例子。

我们知道，一栋房产价值百万元，一只股票价格千元。这里的百万元、千元是资产的价值吗？不是。在生物遗传学上，有显性基因和隐性基因的说法，对资产来说同样如此。资产价值是隐性的，而反映资产价值的价格则是显性的，也就是说，价格是价值的表现形式。

一切资产的价值都无法通过其自身进行反映，而必须通过价格予以表示。于是，在资产价值和资产价格之间就存在着两种关系，即：资产价值和资产价格相等、资产价值和资产价格不相等。资产价值和资产价格不相等才是常态，常常表现为资产价格大于资产价值，或者资产价格小于资产价值。这就产生了一个疑问，为何价值和价格不相等呢？因为价格是通过市场来反映的，而市场本身对价格和价值的传导就存在延迟、错误，以及人为操控。我们打一个比喻，我们在钓鱼时，扔下的鱼饵是看不见的，浮在水面上看得见的是浮漂，当鱼儿咬住鱼饵时，这时钓鱼者会通过浮漂的移动来判断上钩鱼儿的情况。一般来说，有经验的钓鱼者可以通过浮漂的移动速度、起伏状态等来判断鱼儿的大小，以此决定采用什么方式把鱼儿拉上来。不过，哪怕再有经验的钓鱼者也有错判的时候。因为，浮漂和鱼儿之间不是透明的直接反映，这中间还隔着水。浮漂的波动除受鱼儿本身的影响外，还受到如天气、水流等各种因素的影响，最终才反映到浮漂上。从这里我们可以看出，水下的鱼儿就好比价值，反映到浮漂上的就好比价格，在这中间的就是市场。

通过生活中的这个事例，我想告诉大家，影响市场的因素非常多。我们的市场不是真空环境，而是非真空环境。这就决定了，当一个资产的价值通过非真空的市场环境反映到价格上时，是可能存在偏差和错误的。

我认为，市场是以买卖双方为主、多方参与的包含人、财、物以及各种信息的复杂的交易场所。而一切的商品或服务或资产的价值都必须通过市场以价格的方式予以反映。由此可知，资产的价格不是简单的价值反映，还受市场因素的影响。如果一个市场是有效的，那价格就能真实反映价值；反之，价格就难以真实反映价值。然而，所谓的有效市场是一种理想状态，在真实的商业环境中，我们面对的都是不完全有效的市场。在这种情况下，除市场本身对价格的反映存在偏差外，还有另外一个重要因素会利用和操纵这个市场，那就是“人”。人性是逐利的，在利益的诱惑下，人会利用一切手段，包括合法的和非法的手段去操作市场，以实现自己的目的。

当我们明白这个道理后，再回头来看“真元积分”。我在前面已经明确地告诉大家，“真元积分”不是资产，它不具有任何价值。但是，“真元积分”仍然吸引了上亿元的资金。为什么？第一，投资者混淆了价格与价值这两个概念，错误地以为有价格就一定有价值，这是导致投资者上当受骗的第一个原因。第二，谋划者的狡诈，这是人的因素。许义升、陆某华等人创设了一个虚假市场，通过“火宝网”这样一个虚假交易场所，控制“真元积分”的交易数量，抬高“真元积分”的交易价格，向投资者呈现出一番价格上涨的态势。当大量投资者在“真元积分”价格迅猛上涨的过程中沉迷于赚钱的幻想时，恰恰是谋划者最好的出手时机。

你要知道，对谋划者来说，他们只需要更改一下后台数据，就可以无止境地发行“真元积分”。但这都不是目的，因为这些积分是没有任何价值的。当大量的投资者涌入这个市场开始交易的时候，谋划者拿到你的真金白银，而你拿到的只不过是一串毫无价值的数字，这时他们的目的才能真正实现。

价格是价值的表征。但是，价格不是价值，这二者有关系，同时却有本质的区别。对“真元积分”的投资者来说，他们或许无法判定“真元积分”是不是资产，但有一点可以肯定：当“真元积分”的价格从5.5元/枚涨到8.3元/枚时，在这个过程中，他们一定把价格视为了价值，认为“真元积分”是有价值的。这是投资者的认知错误，更是许义升、陆某华等人的狡诈之处，他们利用了投资者的知识盲区，成功设计了这样一个骗局。

当我们事后复盘这起欺诈案时，大家都知道，“真元积分”在这起案件中扮演着货币的支付职能，中荣投资公司则成了“真元积分”的发行机构。因此，中荣投资公司可以在毫无成本的情况下发行无穷无尽的“真元积分”，这是他们兑现对投资者每日分红返利的保障。试想，如果没有“真元积分”，许义升、陆某华等人是以真实货币来兑现投资者返利，那这场骗局一定会更加短命，也不可能达到上亿元规模的欺诈体量。

6/ 内盘外盘

我们在运作主体这一部分讲到，许义升控制的福某实业公司为这起案件提供了实物产品起霸饮料，张叶顺控制的宝鼎网络公司为这个项目的推动提供了网络技术服务支撑以及搭建了“真元积分”交易平台，而陆某华控制的中荣投资公司则成为这个项目谋划、组织以及运营的主体平台。在它们之间，“真元积分”就成了维系项目发展的纽带。

投资者通过中荣投资公司进行投资，获得福某实业公司提供的起霸饮料产品，以及中荣投资公司提供的“真元积分”和分红奖励。同时，中荣投资公司通过“火宝网”，搭建了“真元积分”交易平台，通过控制价格的波动，引诱其他的投资者通过“火宝网”进行“真元积分”投资交易。从这里我们可以看出，“真元积分”有两个阶段（见图1.3）：

第一阶段，投资者参与起霸饮料项目投资，获得中荣投资公司提供的“真元积分”及积分分红奖励；

第二阶段，投资者通过在“火宝网”注册成为会员，参与“真元积分”的买卖交易。

这就好比股票市场，可以划分为一级市场和二级市场。一级市场也称发行市场，主要职责是股票的发行；二级市场也称交易市场，主要职责是为股票的交易提供便利。因此，类比来看，中荣投资公司扮演的是“真元积分”的发行市场，而“火宝网”扮演的则是“真元积分”的交易市场。

不过，这里大家或许会有疑惑，中荣投资公司发行的“真元积分”和投资者参与“火宝网”买卖的“真元积分”一样吗？发行市场的“真元积分”是如何进入交易市场的呢？这些问题，我们先暂不回答，之后再慢慢解释。

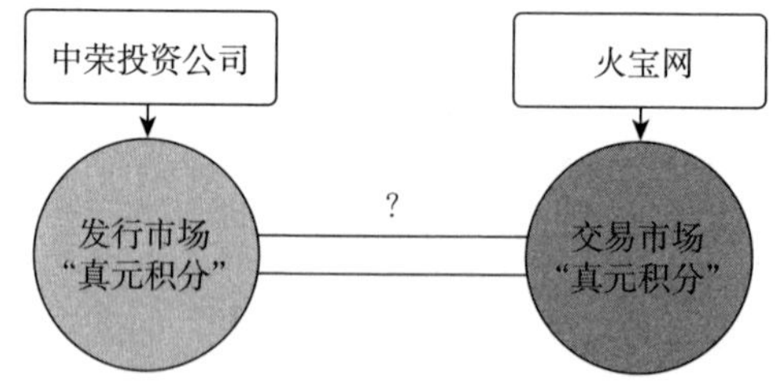

注：根据〔2020〕粤刑终519号、520号、521号判决书整理。

图1.3 “真元积分”一二级市场结构

我们反复在说，中荣投资公司所发行的“真元积分”是毫无价值的。如果要让“真元积分”有价值，那就必须让它具有交易属性。陆某华等人创设了一个虚拟交易场所，并通过所谓的内外盘模式，实现了“真元积分”的交易属性。关于内外盘模式，具体是这样的。

内盘模式，是指投资者直接在中荣投资公司进行投资，以起霸饮料产品为依托，投资者通过中荣投资公司POS机刷卡，直接将投资款汇入中荣投资公司对公账户。同时，中荣投资公司在其官网（网址：http://www.zrtz1506.com.cn）搭建了投资者管理系统，以此实现对投资者的管理。投资者能够通过该系统查询所获得的收益，以及通过该系统实现“真元积分”的转换等。我们把通过中荣投资公司进行投资的投资者称为内盘投资者，获得的“真元积分”称为“内盘真元积分”。

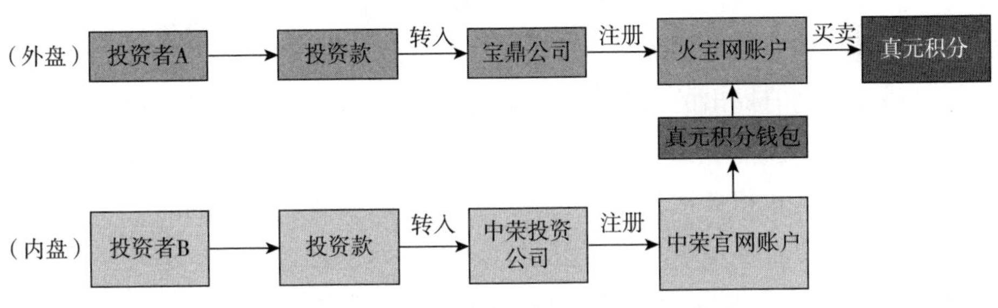

图 1.4　起霸饮料投资项目内外盘模式关系

外盘模式，是指投资者直接在宝鼎网络公司进行交易，投资者通过在火宝网平台填写相关信息完成账户注册，随后将投资款直接转入宝鼎网络公司对公账户或张叶顺个人账户，转入的投资款在个人账户显示具体金额。并且，投资者可以通过该账户买卖“真元积分”。我们把直接通过“火宝网”参与“真元积分”投资交易的投资者称为外盘投资者，把买卖的“真元积分”称为“外盘真元积分”。

至此，我们已经说清楚了内盘投资者和外盘投资者，以及“内盘真元积分”和“外盘真元积分”。现在我们需要弄明白的是，“内盘真元积分”和“外盘真元积分”是不是同一种类型，同时搞清楚它们之间是如何完成连接的。根据〔2020〕粤刑终519号、520号、521号刑事判决书中多位受害者的陈述，我们知道，中荣投资公司规定，投资者在内盘上获得的投资收益是不能直接提现的，必须按照1∶1的兑换比例，将产生的收益兑换为内盘上的“真元积分”。同时，内盘上的“真元积分”既不能直接提现，也不能进行交易。投资者要想交易，必须将内盘上的“真元积分”转到外盘上，才能通过交易变现。请各位注意，这是这起欺诈案中的又一精妙设局。

我们还是以受害人陶某为例，他投资了10万元到中荣投资公司。按照奖励政策，陶某每日可以获得投资额2%的奖励分红，也就是2000元。我们以每月30天计算，陶某就这笔投资，30天后一共获得6万元的分红奖励。但是，按照中荣投资公司的规定，这6万元的分红奖励不能直接提现，必须按照1:1的比例兑换为“真元积分”。也就是说，在30天后，陶某一共可以申请兑换6万枚“真元积分”。这里其实隐藏着一个信息，即中荣投资公司在内盘上发行的“真元积分”，是按照1元的价格发行的，即“真元积分”的发行价格为1元/枚。值得注意的是，当“真元积分”于2017年6月5日在火宝网上线首日，其设定的开盘价格是5.5元/枚。这意味着投资者所持有的“真元积分”的价格翻了5.5倍，这是促使很多受害者参与起霸饮料项目的重要原因。

回到我们之前提出的问题上来，内盘上的“真元积分”是如何转到外盘上进行交易的，也就是在中荣投资公司和火宝网之间，应该要有一个转换的通道，这就是“真元积分钱包”。当内盘投资者想要将内盘上的“真元积分”转到外盘时，则需要在中荣投资公司官网上的客户管理系统申请转换，中荣投资公司则按照1:1的兑换比例，将投资者获得的分红收益转换为“真元积分”，同时，“真元积分”后台系统管理人彭军将该投资者的积分数额在“火宝网”后台账户上进行变更，这就实现了内盘上的“真元积分”到外盘的转移过程（见图1.5）。

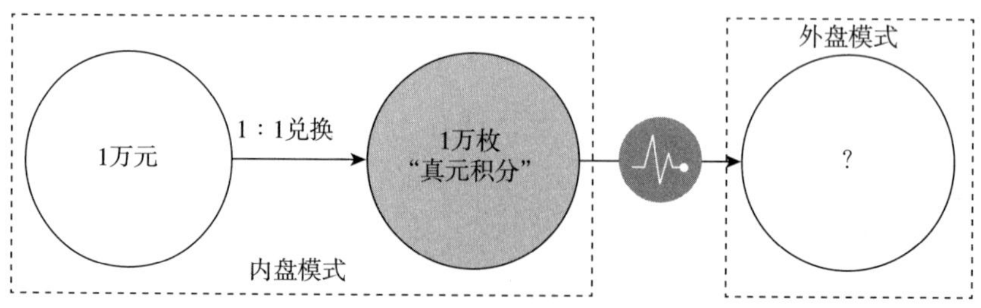

注：根据〔2020〕粤刑终519号、520号、521号判决书整理。

图1.5　“真元积分”内外盘兑换比例关系

这里需要特别强调的问题有两个：

一是内外盘之间的转换是单向不可逆的。也就是说，投资者的收益可以兑换为内盘上的“真元积分”，且该“真元积分”是不能直接交易的，必须要通过所谓的“真元积分钱包”转到外盘火宝网账户上，再通过外盘交易才能变现。同时，中荣投资公司通过操纵“真元积分”的价格，吸引大量的投资者参与外盘交易，最终内盘投资者变现的资金根本不是来自中荣投资公司，而是另外一个受害者的资金。这一招实在高明，中荣投资公司以几乎零成本发行“真元积分”，就兑现了他们对投资者每日2%的分红奖励承诺，而那些卖出“真元积分”获得收益的投资者，赚取的收益不过是另外一个受害者投资的钱。中荣投资公司根本没有向投资者支付过一分钱，这样的玩法着实高明。

二是中荣投资公司在内盘上发行的“真元积分”，始终是1元/枚的固定价格。但是通过内外盘转换时，“真元积分”的价格就只能按市场价格定价。这就出现这样一种情况，当“真元积分”的市场价格高于1元/枚时，投资者所持有的“真元积分”就会溢价，反之“真元积分”就会折价。这正如受害人杨某平所说：“当我在内盘上将1万元申请兑换为‘真元积分’时，则可以兑换1万枚‘真元积分’；但是一旦转换到外盘上，假设此时“真元积分”价格为0.2元/枚，此时这1万枚‘真元积分’就只值2000元了。经过内外盘这么一转换，价值就缩水了。”

这里再一次证明了，中荣投资公司所发行的“真元积分”的价格与价值是完全脱离的。他们虽然设定“真元积分”的价值是1元/枚，但“真元积分”是虚假资产，没有任何的意义。这也再次彻底地暴露了这起案件欺诈的本质。许义升、陆某华等人欺骗了投资者。

7/ 案件定性

2019年12月27日，经广东省深圳市中级人民法院审理，对被告人许义升、张叶顺、彭军等人依法作出了刑事判决。随后，部分被告人提出了上诉，经广东省高级人民法院再审，又于2021年11月4日作出了终审判决，刑事判决书编号为〔2020〕粤刑终519号、520号、521号。

从判决书中我们可以看出法院对该案的定性。法院认为，根据法律规定，诈骗罪是指以非法占有为目的，用虚构事实或隐瞒真相的办法，骗取公私财物，数额较大的行为；该罪侵犯的客体是公私财物的所有权，客观方面是采用虚构事实或隐瞒真相的方法实施诈骗行为。由于诈骗行为可能发生在社会生活各个领域，发生在不同领域的诈骗行为又有不同的特点，所以刑法将某些发生在特殊领域的诈骗行为另行规定为其他犯罪，如集资诈骗罪、贷款诈骗罪、保险诈骗罪等。在刑法另有规定的情况下，应当依据法条竞合关系的适用原则，依照特别法条定罪量刑。其中，集资诈骗罪客观方面不仅要有诈骗的方法，还要有非法集资的行为；诈骗方法实施的目的是骗取他人用于集资的钱财，而不是他种用途的财物；侵犯的客体也不仅是公私财物所有权，还包括国家正常的金融秩序。

在本案中，陆某华等人以中荣投资公司的名义，以销售起霸饮料为幌子，以给予商品及积分、每天2%分红、炒卖积分三种获利方式为诱饵，通过安排业务员在微信群中发广告信息、召开宣讲会、加QQ推广、个人介绍等方式吸引社会不特定公众投资，而投资人最终未获得包含饮料在内的利益。陆某华等人以非法占有为目的，以不具有销售商品、提供服务真实内容的方式，向不特定公众非法吸收资金，并最终骗取部分集资款项，用诈骗罪已难以对该行为进行全面评价。

根据《最高人民法院关于审理非法集资刑事案件具体应用法律若干问题的解释》第四条第一款、第二条规定，在该案件中具有非法占有目的的涉案人员，应当以集资诈骗罪定罪处罚。

据此，法院依法判决如下：

（1）被告人许义升，犯集资诈骗罪，判处有期徒刑十五年，并处没收财产人民币600万元。

（2）被告人彭军，犯集资诈骗罪，判处有期徒刑十二年，并处没收财产人民币100万元。

（3）被告人张叶顺，犯集资诈骗罪，判处有期徒刑十年，并处罚金人民币50万元。

关于本案中的另一个重要人物陆某华，由于中国裁判文书网没有公布其案件信息，我们无从得知具体的判决结果。从以上的判决结果来看，法院是以“集资诈骗罪”对被告人定罪量刑的，该罪名属于金融诈骗罪。

我认为，在这起案件中，许义升、陆某华等人以销售实物产品作为幌子，本质上是通过发行虚拟积分，并通过操纵积分价格，制造出积分具有极高投资价值的假象，以引诱投资者参与虚拟资产的投资，其根本目的是骗取投资者的资金。因此，我认为这是一起典型的金融欺诈案。

8/ 案件点评

起霸饮料这起案件，我们把它认定为是一起金融欺诈案。其根本原因有以下三个：

其一，许义升、陆某华等人以销售实物产品起霸饮料作为幌子，实则是以发行虚假的“真元积分”进行欺诈。这是策划者利用社会公众对实体投资和金融投资的认知偏差，他们抓住了投资者投资实体的心理偏好，迷惑并引诱了投资者。

其二，“真元积分”在这起案件中，扮演着支付工具和投资工具的双重角色。他们凭空创造了一个虚拟资产，并通过对该资产价格的操纵，以引诱投资者参与其中。

其三，火宝网作为“真元积分”的交易平台，实则扮演的是资产交易所的角色。通过这个所谓的交易所，实现对“真元积分”的定价，控制并操纵“真元积分”的价格，从而引诱投资者参与投资，沉迷于赚钱的幻想中。

对社会公众来说，实体投资看得见摸得着。从逻辑上讲，生产产品、出售商品，赚取利润，这是一个很简单很清晰的利润模式。金融投资相对来说具有虚拟性、网络化以及复杂化的特征，所以并不被社会大众认可。再加之新闻媒体时常对金融欺诈案件的播报，难免会让投资者心生畏惧。

但是在此我想强调的是，实体投资和金融投资是投资的两种形式，不能说实体投资的风险就小，而金融投资的风险就大，这不能一概而论。从本质上讲，一切的金融投资都将以实体投资作为基础，这也正是这些年我一直在倡导的金融理念，即“产业为本、金融为器”。我们希望大众不要对立实体和金融的关系，它们对于一个国家经济的发展，都有着不可磨灭的作用。从专业投资的角度来讲，投资自己看得懂的才是正确的，这是我给大家的建议。

在如今的市场中，各式各样的投资资产很多，但前提是它一定得是资产，如果不是资产，它将没有任何价值支撑。在这起案件中，显然投资者是没能正确判断“真元积分”的性质。通过解析，我们知道“真元积分”根本就不是资产。因此，假设当初受害者们能够判断出“真元积分”不是资产，那他们断然不会参与投资。因为他们知道，无论“真元积分”的价格在策划者的操控下，变得多么的诱人，他们都始终明白这全是假象，因为底层的“真元积分”根本就不是资产。面对如今不断的各种资产创新，我们必须回到资产的底层逻辑上来，在“稀缺性”“公权力”以及“盈利能力”三个方面去思索它到底有没有价值，这是我想分享给大家的资产价值判别方法。

从我们事后的解析来看，这起金融欺诈案中策划者所使用的金融手段并没有多么复杂或者是多么高明，但是它仍然吸引了两万多人参与投资，涉及的资金规模高达上亿元。由此可见，加强金融领域的防骗工作迫在眉睫。

盟信合作社案——假银行欺诈

您相信吗？在信息如此发达的今天，居然还有假银行！

在我国，银行是金融体系中极为特殊的机构。首先，业务类型特殊。只有银行类金融机构才能面向社会公众吸收存款。其次，业务性质特殊。储户在银行的存款，其性质区别于一般的投资，它是保本保收益的，是兼有保管性质的特殊债权债务。正因如此，老百姓对银行有着天然的信任。

然而，这种信任也容易被犯罪分子利用。在“盟信合作社案”中，犯罪分子正是以假银行的名义对外非法吸收存款。他们首先将营业场所按信用合作社的模样包装，其次要求员工穿着统一的银行制式服装，同时按照银行存款流程开展业务，并以高息为诱饵引诱储户存款，最终给受害者造成了巨大的财产损失。

在我国，设立银行必须依法取得监管部门发放的金融许可证。储户只需通过银保监会官网查询，就能核实银行的真伪。但遗憾的是，悲剧还是发生了！

盟信合作社案——假银行欺诈

1/ 案情简况

你相信吗？在如今这个网络如此发达、信息如此透明的时代里，居然还有人会被假银行所骗？这很不可思议，对吧！不过，你先别惊讶，听我给你介绍完这起金融欺诈案后，或许你会有不一样的看法。

自2013年1月23日起，被告人曾勇担任南京盟信农村经济信息专业合作社（以下简称盟信合作社）的法定代表人。盟信合作社的经营范围仅是为成员提供农业生产经营相关的经济信息咨询，并不具备经营金融业务许可资质。但2013年2月至2014年10月间，被告人曾勇、何绪彬等人商议，以支付10%~15%的高额贴息为诱饵，以盟信合作社为平台，使用存款单对外吸收公众存款。之后何绪彬找到冯根财，冯根财找到来华鹰、陈海鱼等人，来华鹰通过谢鹏、傅某等人，陈海鱼通过包某、张某等人，以在微信群、QQ群发放宣传单、口口相传等方式，对外宣传盟信合作社高息揽储的信息，向不特定社会公众非法吸收资金。据统计，盟信合作社共计向443名社会公众吸收资金高达4.23亿元，实际造成131名社会公众损失金额1.49亿元，给受害人造成了巨大的财产损失，社会影响极为恶劣。

2016年12月16日，江苏省南京市中级人民法院对被告人曾勇、何绪彬等人依法进行第二次公开审理。随着法槌的落下，各当事人也受到了法律的制裁。至此，这起以盟信合作社为运作平台，以虚假存款单对外非法吸收社会公众存款的金融欺诈案终于画上了句号。

在案件审理结束后，自然引发了社会公众广泛的思考，为什么盟信合作社这样的“假银行”能够骗到那么多人？这样的欺诈到底是如何发生的？为了揭开这起金融欺诈案的真实面目，我们以“盟信合作社”为关键词，在中国裁判文书网上检索，共查询到各类刑事案由文书7份。我们以此作为分析的基础，尽最大的可能去厘清事实关系，解开社会公众心中之疑。

2/ 事件脉络

2012年5月，南京盟信农村经济信息专业合作社在江苏省南京市浦口区注册成立，随后公司的法定代表人变更为本案的关键人物曾勇。

根据刑事判决书公示的信息可知，曾勇，男性，1973年5月31日出生。2012年10月，曾勇通过其亲戚邵某，认识了邵某曾经在担保公司工作的同事李某。此时，本案中的另一个关键人物何绪彬正式出现，他对整个事件的发展起到了关键性作用。何绪彬，男性，1971年3月7日出生，担任苏州强人资产管理有限公司法定代表人。除此之外，我们特别注意到，何绪彬曾经在银行工作过，对银行体系及业务比较熟悉。应该说，何绪彬有着扎实的金融功底和丰富的金融从业经历，这成了他帮助盟信合作社进行金融欺诈的关键。

何绪彬加入盟信合作社，是本案发展的分界点，我们据此把该案分为前后两个阶段，即2013年2月以前的第一个阶段，以及2013年2月以后的第二个阶段。这个划分对我们认识本案将有重大的作用。

通过对（2016）苏01刑终333号刑事判决书的查阅，我们特别注意到法院公布的一个调查事实，内容如下：

“关于上诉人何绪彬提出‘盟信是曾勇等人早就搞好的，其不明知盟信合作社不是银行；其系从犯，量刑过重’的上诉理由及其辩护人提出‘认定何绪彬是与曾勇合谋的共同主犯没有事实和法律依据，其主观上没有与盟信合作社、曾勇等人合谋对外非法吸收公众存款的故意，没有证据证明何绪彬有非法吸收公众存款的事实，何绪彬不构成非法吸收公众存款罪；如认为何绪彬构成犯罪，其应是从犯’的辩护意见，经查，上诉人曾勇的供述与证人李某、邵某、宋某、陈某1的证言能够相互印证，证实了何绪彬要求曾勇将盟信合作社原有的‘股金单’变更为‘存款单’，按照银行标准培训员工；何绪彬本人的供述也证实了其告诉曾勇怎么像银行一样规范操作，把存款凭证搞成像银行一样；何绪彬的辩护人当庭提交的证据也能证实何绪彬到盟信合作社之前，盟信合作社是在股东内部吸储资金，而非辩护人所称的可证明不是何绪彬到后才开始吸收存款的。”

从以上内容中我们可以看出，在何绪彬加入以前，盟信合作社出具的是“股金单”，而在何绪彬加入以后，则改为了“存款单”。这二者是完全不同的。“股金单”是对出资者的出资证明凭证，出资者可以据此享受分红收益，不过至于能够获得多少分红取决于经营成果。所以，“股金单”就等同于出资入股，对出资者来说是有风险的。而“存款单”则不同了。

什么是“存款单”？一般我们讲的存款，实质上就是储蓄存款。“存款单”就是当储户在银行存款时，银行给存款人的存款回执，证明存款人存款事实的凭证。这里大家一定要搞清楚“存款”的性质，这是关键。1992年12月11日，国务院发布《储蓄管理条例》（第107号令），并于2011年1月8日修订。其中，第三条规定：“储蓄是指个人将属于其所有的人民币或者外币存入储蓄机构，储蓄机构开具存折或者存单作为凭证，个人凭存折或者存单可以支取存款本金和利息，储蓄机构依照规定支付存款本金和利息的活动。”第五条规定：“储蓄机构办理储蓄业务，必须遵循‘存款自愿，取款自由，存款有息，为储户保密’的原则。”从以上两个条款中我们知道：第一，明确了储蓄存款的含义，并且规定了储蓄存款的原则。在实际工作中，储蓄存款多以存折的形式呈现。那么我们回到储蓄存款的性质上来。到底“储蓄存款”属于什么？我认为，储蓄存款是法定的唯一保本且保收益的产品，它区别于其他任何形式的理财产品。第二，办理储蓄存款业务的必须是储蓄机构，也就是说，必须是银行这个特定的金融机构。正因为如此，老百姓心中是绝对相信“存款单”的。

因此，我认为，在何绪彬加入之前，盟信合作社是以自身作为投资对象，对外吸收股东投资，给出资人提供的仅是“股金单”，这个阶段的危害性相对有限。但是，当盟信合作社将“股金单”改为“存款单”后，首先就强化了盟信合作社银行金融机构的性质，同时利用了老百姓对存款的信任度，这才造成了更大程度的危害。在此，我们重点给大家解析盟信合作社的第二个阶段。

知识扩展1

存款就一定安全吗？

有人问：“万一银行破产了，我的存款还安全吗？”

确实，银行破产不是没有先例。我国第一家破产银行是海南发展银行。1998年，海南发展银行遭遇“挤兑潮”，加之海南房地产泡沫破裂，最终导致破产。2012年，由于资不抵债，河北肃宁尚村农信社不得不宣布破产，成为中国第二家破产银行。2021年2月7日，北京市第一中级人民法院作出的（2020）京01破270号《民事裁定书》正式确定包商银行股份有限公司破产。

在新中国成立后的金融发展史上，虽然银行业金融机构破产的数量仅寥寥几家，但是，谁都担心自己就给摊上了。

作为商业银行来说，从其设立到经营，国家监管部门都建立了严格的审批条件和监管要求。对商业银行的破产，也秉持着最大限度的审慎态度，在不到万不得已的地步是不会轻易做出的。从这个角度来说，商业银行相对于其他市场主体，已经是比较安全的了。同时，再加上大多数的商业银行都有国资背景，部分民营商业银行的核心大股东都是国内顶尖的大型民营集团，都在一定程度上保障了商业银行相对充足的偿还能力。因此，作为存款人来讲，不必过于担忧商业银行破产的问题，只是从存款风险的角度来说，有所考虑是必要的。

从国家经济和金融安全的角度，和针对存款人的存款安全问题，世界上大多数国家都已经建立了存款保险制度。我国也不例外。2014年10月29日，经国务院第67次常务会议审议，李克强总理批准，发布了《存款保险条例》，并自2015年5月1日起施行。

条例规定如下：

（1）在中华人民共和国境内设立的商业银行、农村合作银行、农村信用合作社等吸收存款的银行业金融机构（以下统称投保机构），都应当依照条例规定投保存款保险。

（2）由投保机构向存款保险基金管理机构交纳保费，形成存款保险基金。存款人个人无须缴纳保费。

（3）存款保险实行限额偿付，最高偿付限额为人民币50万元。超出最高偿付限额的部分，依法从投保机构清算财产中受偿。

此外，央行还发布了存款保险标识，商业银行应当在营业网点等场所予以公开公示，如图2.1所示。

图 2.1　中国人民银行存款保险标识

存款保险制度的建立，能够更大程度地保障存款人的存款安全。基于存款保险制度及分散投资的理念，我们给存款人的建议如下：

（1）在存款的过程中，一定要选择已经加入存款保险的商业银行机构；

（2）要采用分散存款的方式，避免过度集中，这也是降低风险的一种手段。

回到盟信合作社的发展脉络上来。在李某的介绍下，李某曾经的客户何绪彬与曾勇会面，双方就业务合作展开了交流洽谈。从刑事判决书中已公开的审查对话来看，何绪彬在会谈时曾询问曾勇“盟信合作社是否具有经营金融业务的许可证”，而曾勇明确回复说“没有”。何绪彬在明知盟信合作社无金融许可证的情况下，仍然与曾勇展开合作，并且利用其自身曾在银行工作的经验，担任了盟信合作社的高级顾问。从多位被告人的供述和受害人的陈述中，我们都可以看到，何绪彬在盟信合作社的职务虽然仅仅是顾问，但实际上，他是这起案件的主要策划者之一，是盟信合作社业务发展的关键人物，对这起案件的发展应当要承担主要责任。

在曾勇和何绪彬的主导下，首先是对盟信合作社进行了一系列的包装，包括硬件的营业场所的包装，以及软件的运营系统及人员培训，在做好充分准备后便大力发展客户。其次，盟信合作社设计了以10%~15%的高额贴息作为条件对外发布揽储信息。2013年2月至7月间，何绪彬作为市场发展资金寻找的主要负责人，发展了下线冯根财等人。2013年7月以后，盟信合作社的财务主管朱海宇继续加大了拉存款的工作。他们以在微信群、QQ群发放宣传单、口口相传等方式发布信息，像病毒一样，在各资金中介中传递，在市场中蔓延。大量的资金中介为了自己的利益，不断地发展客户，形成了一轮又一轮病毒式的发展。

直到2014年10月，随着受害人无法从盟信合作社取回资金，大量的受害者聚集，才引起了警方的重视。2014年10月21日曾勇被刑事拘留，10月29日何绪彬被抓捕，盟信合作社的欺诈行为才被迫终止。受害者这才明白自己中了圈套，被欺骗了。

根据江苏天宁会计师事务所出具的“关于南京盟信农村经济信息专业合作社储户集资款的专项审计报告”（苏宁审〔2015〕2049号）文件内容显示：2012年12月至2014年10月，盟信合作社共集资680人次，总金额662495336.06元，其中储户443人，集资涉案金额423019312.71元；实际尚有131名储户未兑付集资款本金165534502元，尚未兑付的131名储户实际损失149082794.50元。由此可见，该案在短短不到两年的时间里，涉案金融就高达6亿元，足见其影响之大。

正如我们前面所说，这起案件分为前后两个阶段，即2013年2月以前和2013年2月以后。关于这两个阶段具体的集资数额，我们没有数据，无法做出准确的划分。但总体来说，我们认为，这起案件真正的危害是在2013年2月以后，盟信合作社开始以虚假存款单对外吸收公众存款，这是导致案件升级的重要原因。

接下来我们就重点解析2013年2月以后，盟信合作社都采用了哪些手段来达到其非法吸收社会公众存款目的的。

3/ 主体包装

根据《中华人民共和国商业银行法》（以下简称《商业银行法》）规定，只有商业银行才能面向社会公众吸收存款。

在这起金融欺诈案中，我们看到盟信合作向社会公众吸收了存款，提供了存款单。因此，盟信合作社实质上从事了银行业务。那我们不禁要问，盟信合作社是银行吗?

在我国，银行的设立有着严格的标准和明确的程序。根据《商业银行法》以及中国银行保险监督管理委员会[①]（以下简称银保监会）发布的有关文件，对银行业金融机构及其分支机构设立、变更、终止以及业务范围审批事项和服务内容都做了翔实的规定，具体如下：

（1）审批范围：包括中资商业银行（政策性银行、民营银行参照中资商业银行执行）、农村中小金融机构（农村商业银行、农村信用社、村镇银行、贷款公司、农村资金互助社）及其分支机构的设立、变更、终止审批，以上银行业金融机构变更业务范围的审批；

（2）审批方式：前审后批；

（3）受理机构：国有控股大型商业银行、股份制商业银行由银保监会受理审批；城市商业银行、民营银行由拟设地的银保监局受理审批；

（4）受理条件：①符合《中华人民共和国公司法》和《商业银行法》规定的章程；②注册资本为实缴[②]，最低限额为10亿元人民币，城市商业银行法人机构注册资本最低限额为1亿元人民币，民营银行注册资本最低为20亿元人民币；③有符合任职条件的董事、高级管理人员和熟悉银行业务的合格从业人员；④有健全的组织机构和管理制度；⑤有与经营业务相适应的营业场所、安全防护措施和其他设施；⑥建立与业务经营相适应的信息科技架构，具有支撑业务经营的必要、安全且合规的信息科技系统，具备保障信息科技系统有效安全运行的技术与措施。

（5）符合审慎性原则[③]的其他条件。

银保监会（或银保监局）在收到申请人的申请材料后，按照审批流程展开审查，并自收到完整申请材料之日起4个月内做出批准或不批准的书面决定。

---

① 2018年3月，第十三届全国人民代表大会第一次会议表决通过了原中国银行业监督管理委员会和中国保险监督管理委员会的合并，新设立中国银行保险监督管理委员会，承担原机构的职能。

② 注册资本分为实缴制和认缴制。实缴制是指在注册时履行实际出资；认缴制是指在注册时，无须实缴注册资本金，可以在后续经营中分批分次履行出资义务。

③ 银行业金融机构应当严格遵守审慎经营规则。审慎经营包括风险管理、内部控制、资本充足率、资产质量、损失准备金、风险集中、关联交易、资产流动性等各方面。（中国人民银行．商业银行经营与管理的原则［EB/OL］．［2021-07-29］. http://taiyuan.pbc.gov.cn/taiyuan/134011/134027/2455549/index.html.）

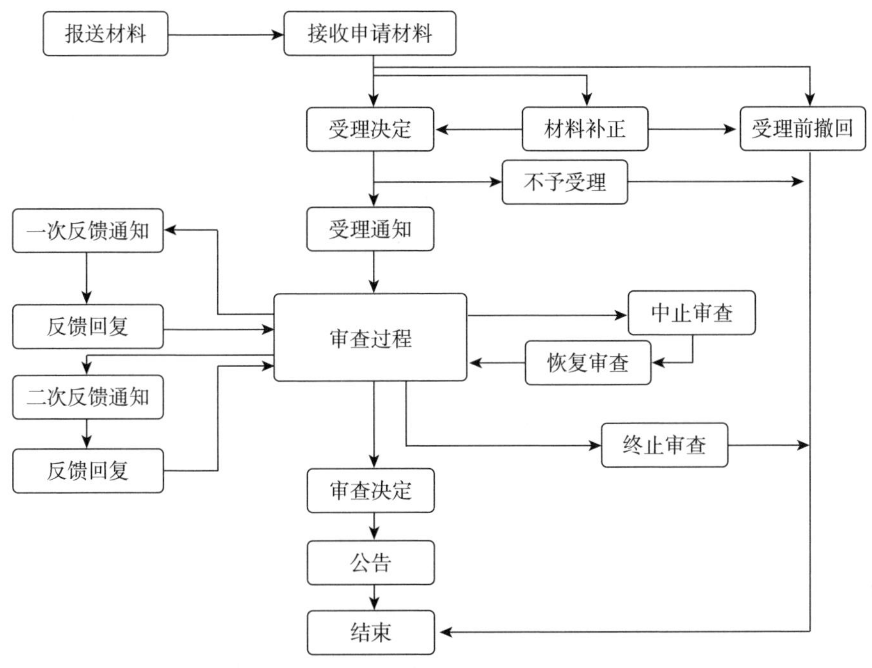

图 2.2　银行业金融机构审批流程

若申请人通过审批，银保监会将签发“金融许可证”给申请人，该证书正面将载明机构编码（金融机构实行全国统一编码）、机构名称、依据的法律法规、机构批准成立日期、营业地址、颁发许可证日期以及银保监会或其派出机构的公章，同时在银保监会官网（网址：https://www.cbirc.gov.cn）予以公示。

只有当申请人取得了银保监会签发的“金融许可证”后，方可到住所所在地的工商行政管理部门，按照企业注册流程办理营业执照。至此，申请人方可开展银行业务。

也就是说，只要是银行业金融机构，它就一定具有“金融许可证”。换句话说，如果不具备“金融许可证”，那么这个机构就一定不属于银行业金融机构。这是我们判断一家银行业金融机构是否合法合规的最基本方法。按照这个方法，我们通过银保监会的官网，以“盟信合作社”作为检索条件进行查询，根本就无法查询到它的信息。也就是说，盟信合作社断然不是银行业金融机构，是假的。

对曾勇、何绪彬等人来说，他们正是想假借银行之名行骗，所以他们不可能也不具备按照法律法规去设立银行的条件。但要想实现这个目的，就必须得好好包装一番。为此，他们可是费尽心机，我们具体来看一看。

首先是主体名称，南京盟信农村经济信息专业合作社，简称盟信合作社。这个名字非常容易使社会公众关联起农村信用社、农村互助合作社等金融机构的印象。对缺乏金融知识的普通社会公众来说，是具有一定迷惑性的。

知识扩展2

我国六类商业银行

根据银保监会官网公开发布的数据显示，截至2020年末，我国银行业金融机构合计数量4600余家，资产规模超300万亿元。机构数量众多，资产规模巨大。

为了方便学习，一般将我国商业银行分为六大类：

1. 国有商业银行5家，即中国工商银行、中国农业银行、中国银行、中国建设银行以及交通银行，一般称为“工农中建交”五大行。

2. 股份制商业银行12家，分别是招商银行、浦发银行、中信银行、中国光大银行、华夏银行、中国民生银行、广发银行、兴业银行、平安银行、恒丰银行、浙商银行、渤海银行。

3. 信用合作社。在我国，信用合作社是所有银行业金融机构中唯一没有使用“银行”二字，而能够吸收公众存款的银行业金融机构。信用合作社包括城市信用合作社和农村信用合作社。2012年3月29日，全国最后一家城市信用合作社“宁波象山县绿叶城市信用合作社”改制为城市商业银行，即宁波东海银行股份有限公司。至此，城市信用合作社完全退出了历史舞台。当前大家所看到的各地的城市商业银行，前身便是当地的城市信用合作社，而农村信用合作社目前在部分地区依然可见。

4. 邮政储蓄银行和村镇银行。邮政储蓄银行是从早期的政府行政部门邮局中分离出来的。2007年3月，在改革原邮政储蓄管理体制基础上，中国邮政储蓄银行有限责任公司正式挂牌成立。

2006年，银监会出台了《关于调整放宽农村地区银行业金融机构准入政策更好支持社会主义新农村建设的若干意见》，文件提出：在湖北、四川、吉林等6个省（区）的农村地区设立村镇银行试点。到2012年3月28日，时任国务院总理的温家宝主持召开国务院常务会议，在“十二条”改革路径中，就有一条提出，“鼓励和支持民间资金参与地方金融机构改革，依法发起设立或参股村镇银行、贷款公司、农村资金互助社等新型金融组织，符合条件的小额贷款公司可改制为村镇银行”。至此，村镇银行如雨后春笋般在全国各地设立。

5. 外资银行和合资银行。外资银行是指境外的银行类金融机构依法在中华人民共和国范围内开展金融业务的机构，如渣打银行、花旗银行、汇丰银行、大华银行等。合资银行是指由境外机构与国内机构之间依照相关法律法规，经银保监会审核批准后，依法开办的金融机构。我国首家中外共同投资的中德住房储蓄银行于2004年2月6日在天津开办。

6. 互联网银行。互联网银行（Internet bank or E-bank）是指通过云计算、大数据等方式在线实现为客户提供存款、贷款、支付、结算、汇转、电子票证、电子信用、账户管理、货币互换、投资理财、金融信息等全方位、无缝、快捷、安全和高效的互联网金融服务机构。需要特别指出的是，互联网银行区别于网络银行，网络银行一般是指传统银行的互联网化，即通过互联网技术，实现在线服务的过程，表现为“混凝土+鼠标模式”，[②]而互联网银行则完全在线开展业务，不设线下营业机构。由新希望集团、小米、红旗连锁等股东发起设立，于2016年12月28日正式开业的四川新网银行，是银保监会批准成立的典型的互联网银行。

其次，眼见为实，耳听为虚。在何绪彬的指导下，他们对盟信合作社进行了大调整，主要是从硬件和软件两个方面加以布局。在硬件方面，他们首先是把营业场所的外观按照农村信用社的模样进行装饰，然后仿照银行的管理系统进行布置，并且准备了各类凭证资料。根据中国裁判文书网（2018）苏0111刑初72号针对“被告人许某的刑事判决书”所述：“在被告何绪彬的建议下，盟信合作社选址在南京市浦江区江浦路街道珠泉路10号，之后再由被告许江联系了南京××贸易有限公司，就银行系统管理工程签订了合同，签订时间为2013年3月13日，合同总价为人民币20080元。南京××贸易有限公司按照合同内容为盟信合作社提供了包括服务器系统、延时电源系统、银行软件管理系统、400电话系统、银行定期存单50本、互助凭证100本、活期存单100本和银行软件管理系统等。”

外在像，里子也得像，关键在工作人员，盟信合作社同样是煞费苦心。首先是在一楼大厅配置了3名柜员，2名会计，穿着统一的银行制式服装。其次，何绪彬对前台工作人员进行了统一培训，要求工作人员严格按照银行的业务程序开展工作。不仅如此，被告人何绪彬、许江还专门针对某些敏感问题进行针对性的答复培训。比如，盟信合作社原柜员宋某说：“何绪彬告诉我们，如果客户问及盟信合作社的性质等问题，要么回答不知道，要么含糊地回答和银行一样。”

最后，盟信合作社能够欺诈成功，除了硬软件的包装外，还因为他们内部有着严密的组织和角色分工，他们相互配合、全力协作。通过对刑事判决书内容的整理，我们基本厘清了盟信合作社的组织架构和人员分工，具体如图2.3所示。

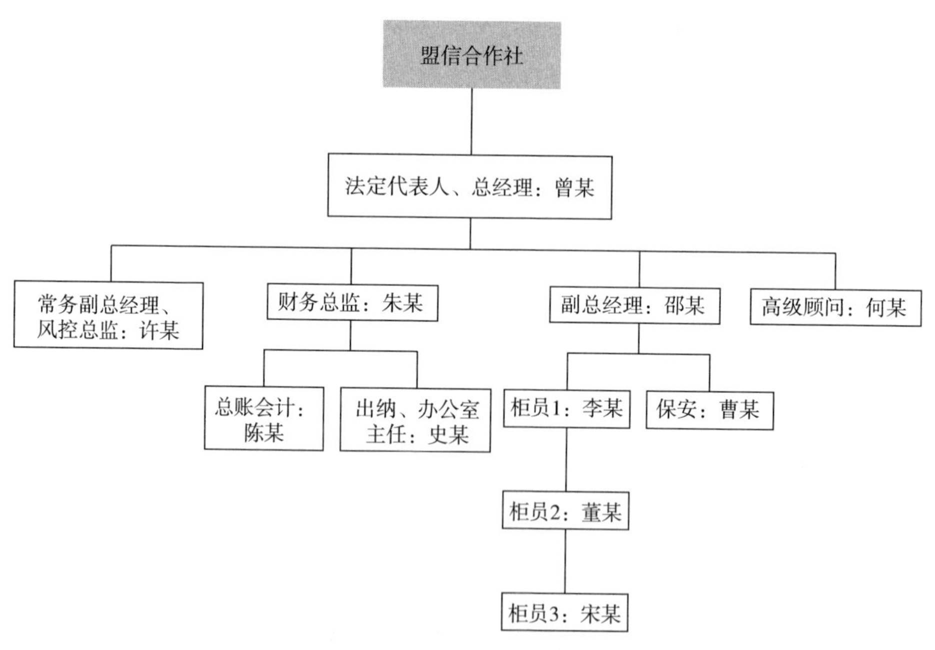

图 2.3　盟信合作社人员组织结构

（1）曾勇，担任法定代表人、总经理，对盟信合作社的经营起统领作用。

（2）何绪彬，担任盟信合作社高级顾问。从他的职责分工来看，一是共同参与了盟信合作社的顶层设计，二是负责对外吸收资金，发展下线，并且由他发展出了一个庞大的揽储网络团队。

（3）朱某，担任盟信合作社财务主管、财务总监。其主要负责办理资金入账，还本付息，以及资金分流等工作。

（4）许某，担任盟信合作社常务副总经理、风控总监。其主要职责是将吸收来的资金对外发放贷款，收回本息等。

（5）邵某，与总经理曾勇是亲属关系，担任盟信合作社副总经理。其主要负责协调人事关系，加强内部监督。

除此以外，还包括总账会计陈某、出纳兼办公室主任史某、柜员1李某、柜员2董某、柜员3宋某以及保安曹某等人。

至此，我们已经看到了一个银行的雏形。盟信合作社通过以假乱真的名字，与银行一模一样的营业场所，和分工明确的工作团队，已经让受害者信了七八分。

4/ 业务线条

在上一部分，我们说清楚了盟信合作社的内部组织结构和人员分工，但并不清楚它的业务是如何展开的。而这一部分，是盟信合作社欺诈的又一关键步骤，它将诱使受害人更进一步的信任。

在此，我将给大家介绍一起案件，它对我们解开盟信合作社的业务线条有着重大帮助。在我们对盟信合作社进行资料查询的过程中，发现了一起与盟信合作社关联的民事纠纷案件，即“原告吕建军与被告平安银行股份有限公司南京滨江支行票据损害责任纠纷案”。该案经南京市浦口区人民法院一审（民事判决书编号：〔2017〕苏0111民初9819号），南京市中级人民法院二审（民事判决书编号：〔2018〕苏01民终4639号），于2018年8月15日作出终审裁定。

从民事判决书中得知，吕建军，男性，1978年出生，常驻浙江省建德市。原告吕建军是盟信合作社金融欺诈案的受害者。吕建军于2014年5月21日将其持有的一张中国银行签发的见票即付的金额为1251万元的银行本票存入盟信合作社，随后盟信合作社向吕建军出具了一份编号为3200367，面额为1251

万元的“银行七天通知存款[①]”回执单，约定的存款年利率为0.385%，同时另按存款额每周1.7%的利率给吕建军贴息。按此，我们来计算吕建军的收益情况：

第一周，吕建军收到21.27万元，其中20万元为银行转账，1.27万元为现金支付；

第二周，吕建军收到21.3万元；

第三周，吕建军收到21.3万元；

第四周，吕建军收到21.3万元；

但到了第五周，盟信合作社并没有按时支付利息和贴息款。在吕建军的追问下，才收到盟信合作社支付的15万元。此时，吕建军意识到出了问题。他于2014年6月18日赶到盟信合作社要求取回存款未果，随即到银行查询其在5月21日存入盟信合作社的银行本票情况，方才发现该本票已于存入盟信合作社当日，在平安银行股份有限公司南京滨江支行予以贴现，贴现资金已经全部转入了盟信合作社法定代表人曾勇名下。

此时此刻，吕建军已经完全意识到自己上当受骗了。但是对他来说，在自己毫不知情的情况下，平安银行股份有限公司南京滨江支行未经其本人签字就对银行本票进行背书转让[②]，他认为这是侵权行为，据此向人民法院提起诉讼。

就吕建军这起民事纠纷案中所反映出的盟信合作社所使用的金融手段，我们暂且不说。我们通过这个案件，可以帮助我们厘清盟信合作社的业务线条。

盟信合作社一个完整的业务流程如图2.4所示。

第一步，存款人持银行本票至南京盟信合作社营业网点；

第二步，将银行本票作为存款交付给盟信合作社柜台工作人员，工作人员随即向存款人出具存款回执单；

① 个人通知存款是存入款项时不约定存期，但约定支取存款的通知期限。按提前通知期限的不同，分为一天通知存款和七天通知存款。

② 在票据行为中，常见的4个行为分别是签发、承兑、背书转让以及贴现。背书转让是指票据所有人将票据转让给他人的行为。票据贴现是指在票据未到期以前，将票据背书转让给他人，以获得快速回收资金的行为。

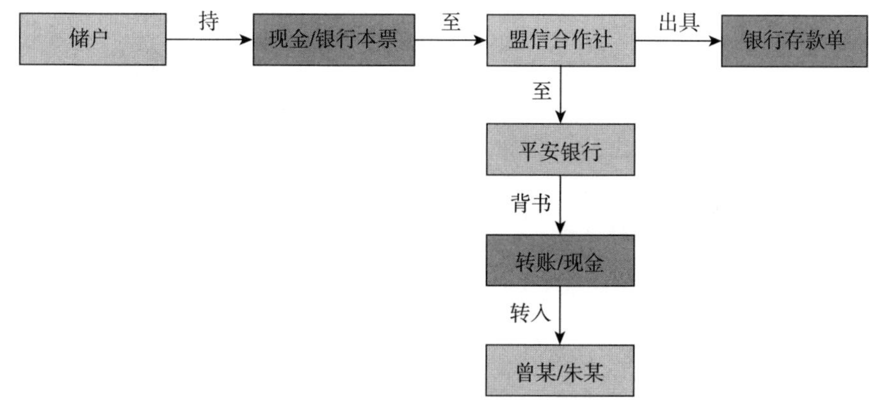

图 2.4　盟信合作社业务流程

第三步，盟信合作社将存款人存入的银行本票带至银行进行贴现；

第四步，银行将贴现款转至曾勇或朱某个人账户。

通过以上四个步骤，存款人的资金就落入了曾勇等人名下。他们内部再通过资金分流，维持盟信合作社的运营，实现他们的利益。

由于我们掌握的信息有限，无法得知在盟信合作社非法吸收的存款中，有多少是以现金方式存入的，有多少是以银行转账方式存入的，还有多少是像吕建军这样以银行本票方式存入的。但是我认为，盟信合作社接受以银行本票方式作为存款，是曾勇、何绪彬等人谋划的关键一步，是金融手段使用的重要表现。他们充分地利用了存款人的心理状态，和对银行本票知识的认知错误。

按照《中华人民共和国票据法》中的定义，票据是指由出票人签发的、约定自己或者委托付款人在见票时或指定的日期向收款人或持票人无条件支付一定金额的有价证券[①]，按照签发主体的不同，可以分为本票、支票和汇票三种（见图2.5）。

① 证券是各种权益凭证的总称。有价证券，是相对于无价证券而言的，是指持有人拥有对有价物的凭证，包括商品证券、货币证券和资本证券。

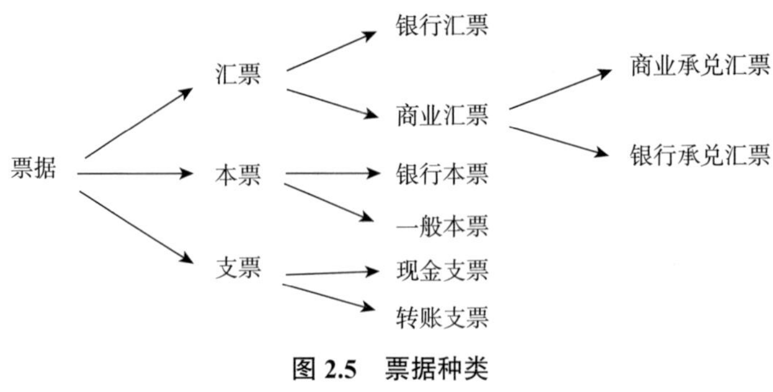

图 2.5　票据种类

支票是指由出票人签发的，委托办理支票存款业务的银行或者其他金融机构在见票时无条件支付确定金额给收款人或持票人的票据。汇票是出票人签发的，命令付款人在见票时或者在指定日期无条件支付确定的金额给收款人或者持票人的票据。如果付款人是银行，则称为银行承兑汇票；如果付款人是企业，则称为商业承兑汇票。而本票是由出票人签发的，承诺自己在见票时无条件支付确定金额给收款人或者持票人的票据。由企业签发的称为商业本票，由银行签发的称为银行本票（见图2.6）。

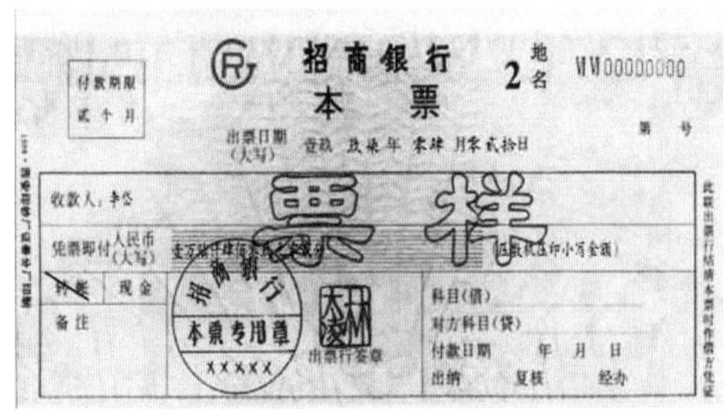
招商银行
本　票
2 地名
付款期限
贰个月
出票日期（大写）
票样
收款人：
凭票即付 人民币（大写）
转账　现金
备注
本票专用章
出票行签章
科目（借）
对方科目（贷）
付款日期　年　月　日
出纳　复核　经办

图 2.6　招商银行本票式样

那票据到底是什么？票据实质上是代表着一定数量货币请求权的有价证券，即货币证券，反映的是当事人之间的债权债务关系。票据作为货币证券，可以在法定的范围和条件下流通。但是，货币证券并不是货币，它不具有法律所规定的货币强制通用效力，只能在法定的特殊范围和条件下才可以发挥其作用。正是因为票据属于货币证券，代表了一定数量的货币请求权，并具有流通作用，所以才可以发挥汇兑、支付、结算和信用等基本功能。

票据代表一定数量的货币请求权，反映的是当事人之间的债权债务关系。更确切地讲，票据作为资产，是可以按照规定程序进行背书转让流通的。所谓背书，是指在票据背面或者粘贴单上记载有关事项并签章的票据行为。比如票据签发后，企业A通过背书转让的方式将票据的所有权转让给企业B，即在票据实物的背面加盖背书人（企业A）和被背书人（企业B）的公章，完成票据的所有权从背书人转移到被背书人的过程（见图2.7）。

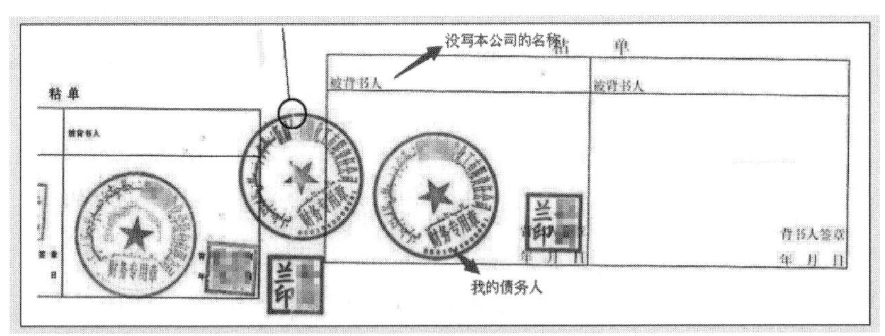

图 2.7　票据背书粘贴页式样

回到盟信合作社这起欺诈案上来，首先它接受银行本票作为存款。换位思考，现金存款是将现金真实地交付给盟信合作社，从存款人的心理感知上是不安全不放心的。而银行本票，从存款人的认知来看，资金仍然是在银行，而银行只是开立了一张银行本票。因此，存款人会认为，只要该本票没有被支付仍然还是自己的。正是因为这样一种心理认知，使得存款人敢于迈出第一步。其次，盟信合作社的策划者巧妙地利用了存款人对票据转让行为的认知错误。在“原告吕建军起诉被告平安银行股份有限公司南京滨江支行票据损害责任纠纷案”中，法院认为：

（1）涉案的银行本票是由中国银行签发的，承诺自己在见票时无条件支付确定金额给收款人或者持票人的票据。涉案的银行本票记载事项形式上完整，银行本票真实、有效，被告在见票后应当向持票人付款。

（2）背书是指在票据背面或粘单上记载有关事项并背书的票据。以背书形式转让的票据，背书应当连续。在本案中，涉案的银行本票记载的被背书人为曾勇，盟信合作社财务人员陈某持原告的银行本票，原告的身份证复印件，曾勇的身份证原件等，要求被告平安银行股份有限公司滨江支行支付该银行本票载明的金额至曾勇名下，应视为持票人的真实意思表达。被告在审查后将款项支付至曾勇账户中，并无过错。

（3）法律并未规定被告在向持票人提示付款时有核实出票人签名的真实性并且对出票人进行身份核查的义务，原告据此主张被告存在过错，本院不予支持。

我们可以试想，作为受害人的吕建军必然未曾想到，在未知的情况下，自己的银行本票已经被背书转让给了曾勇，财产权已经实现了转移。当盟信合作社的工作人员持银行本票到平安银行股份有限公司南京滨江支行进行贴现时，一切又都是合理合法的了。从另一个角度来讲，如果当初盟信合作社要求吕建军存入的是1251万元的现金，或者是银行转账，吕建军是否会同意？我个人认为，吕建军是不可能同意的。正如我前面所说，一旦涉及资金的真实交付，存款人在心理上必然有较大的忧虑，没有足够的信任是难以做出资金交付的。但是当盟信合作社接受银行本票作为存款方式时，对于吕建军来说，他并没有真实的交付资金。因为在他看来，钱还在中国银行。正是在这样的认识下，他才会为了收益将银行本票存入盟信合作社中。

当然，这是不是盟信合作社当初策划的真实意图，我们只能根据已有的材料做出推测。但是，从事件的结果来看，像吕建军这样的受害者必然是在这里中了圈套。

在“原告吕建军起诉被告平安银行股份有限公司南京滨江支行票据损害责任纠纷”这起案件中，我们还注意到一个细节。吕建军常驻浙江省建德市，但是盟信合作社却在江苏省南京市。从其本人的陈述来看，他是通过资金中介于某沟通好后，到达南京入住酒店，在许江的安排下到盟信合作社办理存款业务，随后便离开了南京。

另外，盟信合作社柜员宋某说：“如果客户自己来咨询我们存款事宜，都要电话请示曾勇或者朱海宇，他们会明确告诉是不是中间人拉来的客户存款。如果不是，我们对外回答的统一口径都是‘不办理业务’。”

据此我认为，盟信合作社在业务的开展过程中，对客户有明确的限定。盟信合作社的策划者心中很清楚“假的始终是假的”。因此，要想最大限度地降低被拆穿的风险，最好的办法就是选择异地客户，而且是中间人拉来的客户。因为对异地客户来说，他们对当地情况不了解，也缺乏当地的人脉资源，所以很难通过熟人了解其真实情况，又不太可能亲自花出大把时间来做调查，再加之是中间人拉来的客户，更容易取得信任。

至此，无论是主体包装还是业务线条，在盟信合作社的设计中，都是逻辑严谨的。可以说，社会公众遇到这样的布局，足以信了有九分。那还剩下的一分，来自哪里呢？这便是高息诱惑。

6/ 高息诱惑

阿基米德说：“给我一个支点，我就能撬起整个地球。”这体现了杠杆的力量！

在盟信合作社这起欺诈案中，同样可见杠杆的力量。在高息的诱惑下，存款人对利息的贪婪，市场中大量资金中介的推波助澜，才使得盟信合作社能够非法吸收社会资金高达4亿多元。

通过对〔2016〕苏0111刑初561号和〔2017〕苏01刑241号两份刑事判决书的整理，我们梳理出了盟信合作社在高息揽储过程中主要的发展关系网，从中可以看出资金中介的裂变关系和助推作用。

首先是作为盟信合作社的关键人物何绪彬，在吸储过程中率先发展了冯根财，再由冯根财发展了陈海鱼、来华鹰、谢鹏等人。随后，谢鹏、来华鹰又分别发展出新的业务关系人，如此裂变形成了庞大的吸储网络团队。经司法机关统计，冯根财揽储资金4476万元，来华鹰揽储资金2375万元，陈海鱼揽储资金2261万元，谢鹏揽储资金2095万元。就以上4人，合计揽储资金就高达1.1亿余元。

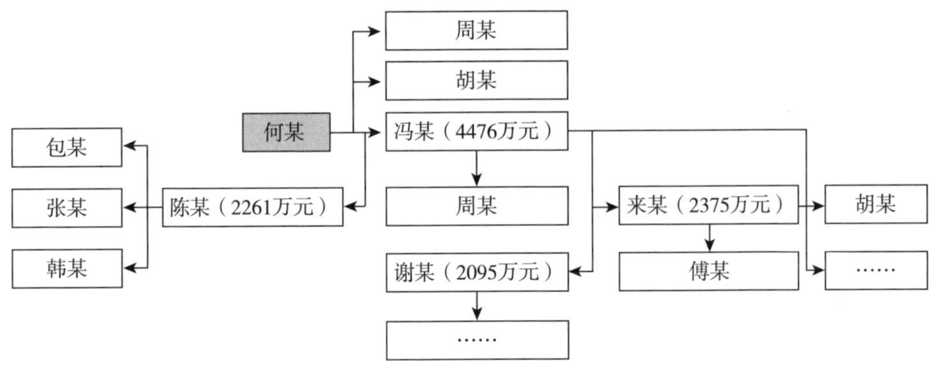

图 2.8　盟信合作社资金中介裂变关系网

在这里，我还要特别介绍其中的一个资金中介方，也就是盟信合作社这起金融欺诈案的被告之一黄文龙。中国裁判文书网公示的“关于黄文龙非法吸收公众存款罪”的〔2016〕苏0111刑初545号和〔2016〕苏01刑终77号刑事判决书显示，2014年4月，黄文龙从慎某处得知盟信合作社高息揽储的消息后，觉得这是一个赚钱的机会，便以高息为诱饵，通过打电话、发信息等方式对外宣传。黄文龙向张某揽储2000万元，向孙某揽储250万元，向黄某揽储1900万元，合计非法吸收资金4150万元。经司法机关调查，给存款人造成的实际损失为360.9万元，黄文龙通过揽储获得的收益约10万元。

为什么我会特别提示大家关注黄文龙这个资金中介方呢？根本原因是，当我在梳理整个关系裂变网时，却无从追踪到黄文龙详细的裂变关系。或许对于黄文龙来说，仅仅是从某个QQ群、微信群，或者是别人的口中偶然获得了盟信合作社高息揽储的这个消息。但是，就因为如此，他就为盟信合作社的欺诈添了薪加了柴，给存款人带来损失，而自己也为此付出了沉重代价。

没有人会认为自己傻，但是有人却为此付出了代价。为什么？关键就在“高额利益”这四个字上。

资金中介花大力气去推这个事儿的原因是这里有高额利益。从判决书中我们可以看到，盟信合作社在给予储户正常的银行利息基础上，又另行按照存款额的10%~15%进行贴息。

表 2.1　盟信合作社案发期间人民银行存款利率

序号	项目	利率水平
1	活期存款	0.35%
2	定期存款—三个月	2.6%
3	定期存款—半年	2.8%
4	定期存款—一年	3%
5	定期存款—二年	3.75%
6	定期存款—三年	4.25%
7	定期存款—五年	4.75%

注：根据中国人民银行（银发〔2012〕169 号）文件规定，自 2012 年 7 月 6 日开始执行的利率水平。

那什么是贴息呢？

贴息，是指商业银行或者其他机构，为了吸收或协助商业银行吸收更多的社会存款，除按国家规定的存款利率向存款人计息外，还按约定的贴息利率另行支付费用，我们把这种行为称为贴息。

我们以盟信合作社案中的另一位受害人赵某为例。根据盟信合作社的存款政策，除按照银行同期利率支付利息外，还另外支付10%的贴息额。而作为资金中介的来华鹰，又以向存款人承诺支付6%的贴息额为条件对外揽储。此后，赵某通过资金中介来华鹰在盟信合作社存款700万元。赵某在存款时，除了按照同期银行存款利率获得利息外，还可以获得6%的贴息额，即42万元（700万元×6%）。而来华鹰则可以分配到其中4%的贴息利差28万元。

贴息这种行为，倒并非是盟信合作社的独创。我认为，贴息的出现，有着必然性，但又有极大的危害性。如今，银行不是唯一的，银行的业务经营竞争也是异常激烈的。由于银行股东身份、规模大小的不同，在竞争中也存在着较大的差异，尤其是吸引客户存款方面。那些国有的、大型的商业银行在竞争中往往具有天然的优势，而大多数城市商业银行、农村信用合作社等区域性、规模小的机构难免揽储能力就弱。再加上监管机构对银行经营的考核要求，银行有时为了满足监管指标，也会采取像贴息这样的方式吸收资金来达到考核，回避监管处罚。这在业界，也是一个公开的秘密，大量的资金中介也因此而存在。

虽然贴息有着客观的市场需求，然而它的危害也是非常大的。首先，因为贴息行为有利益的存在，这就诱导了大量的资金中介或信息中介参与其中，使得真真假假难以区分，而有心者恰恰利用这种机会设局，各种欺诈案件频发。其次，贴息行为表面上看有利于商业银行的经营，存款人也能够获得更高的资金回报，似乎是有利而无害的，但实际上并非如此。商业银行为了获得资金，而支付了更高的利息和成本，但是“羊毛始终出在羊身上”，这就倒逼银行不得不以更高的利率放贷给借款人，而借款人因为过高的资金成本，又可能引发更大的经营风险，直至传递给社会，最终抬升了整个社会的系统性风险。从这个角度来讲，对贴息行为又必须要加以打击。

针对贴息这个问题，监管部门其实一直在干预。2018年6月8日，中国人民银行和银保监会办公厅在原（银监办发〔2014〕236号）文件基础上，印发了《关于完善商业银行存款偏离度管理有关事项的通知》（银保监办发〔2018〕48号），该文件改进了绩效考评体系，加强存款的基础性工作，强化存款日均贡献考评，从根源上约束存款“冲时点”行为。同时，银保监会也再次将高息揽储列为银行从业者的“十大禁止行为”，这些都对贴息行为起到了主动管控的作用。

但是，这种贴息行为有一定的隐蔽性，再加上在利益的诱导下，贴息市场仍然难绝，由此形成了一个庞大的中介市场，我们把这些从业者称为资金中介，或者资金掮客，他们的存在反过来又进一步推动了贴息行为的发生。正如在盟信合作社这起欺诈案中，资金中介就起着莫大的作用。

我们回到这起案件中来。盟信合作社给出的高达10%~15%的贴息，成了诱使资金中介参与的主要原因。在这部分贴息中，资金中介为了吸引存款人，拿出了其中一部分直接补贴给存款人，另一部分就作为自己的收益。比如，资金中介陈海鱼的证言中就提到：“何绪彬给我们的年贴息率是10%，让我们帮着拉存款。一般我们会给客户7%~8%的年贴息，剩下的我们平分，我们拿的提成是2%~3%的贴息。”像资金中介冯根财，就从贴息中获得了非法收入28万余元。

资金中介为了获得收入不断帮助盟信合作社揽客户，而存款人同样为了获得更高的收益而选择盟信合作社。正如我们之前介绍过的受害人吕建军，他将1251万元的银行本票，以七天通知存款的方式按0.385%的利率存入盟信合作社，在此基础上，资金中介于某还承诺给吕建军该笔存款一周1.7%的贴息，预期收益有多高，我们来一起算一算。

吕建军在盟信合作社办理完存款的当日，于某便支付了第一笔贴息款21.27万元（注：实算金额应为212670元），其中20万元为银行转账，另1.27万元为现金支付。

第一周结束后，于某继续向吕建军支付除21.27万元的贴息款外，还支付了七天通知存款利息923.68元，实付金额合计为21.3万元。

于某按此共支付了四周，到第五周时就出了问题，仅支付了15万元后就无钱支付。此时吕建军才到盟信合作社提款未果，随后到银行查询本票的情况，方才发现在办理存款的当日本票就已经被贴现，资金早已被划走了。

对吕建军来说，在前四周每周定期拿到贴息款时，是何等的高兴，何等的满足，绝不曾想到将有更大的损失发生。而作为资金中介来说，或许是自己不具备辨别能力，又或是明明知晓却在利益的诱惑下努力揽储，妄想着那高额的收入回报。但不管是哪一种，最终的结局都是有人在金钱上损失惨重，有人为此步入监牢，都将为此付出代价。

7/ 案件定性

2014年10月，随着南京当地公安机关的介入，相关责任人被抓捕，标志着盟信合作社的欺诈行为被终止。而随着南京市浦口区人民法院一审，南京市中级人民法院二审，对相关被告人作出了公正的判决。至此，盟信合作社这起“假银行真骗局”的欺诈案终于画上了句号。

关于这起案件的定性，我们先通过判决文书来看一看法院的观点。

在（2015）浦刑初字第451号刑事判决书中，法院认为：

被告人曾勇、何绪彬、来华鹰、陈海鱼、谢鹏非法吸收公众存款，扰乱金融秩序，数额巨大，其行为均构成非法吸收公众存款罪。被告人曾勇、何绪彬、来华鹰、陈海鱼、谢鹏共同实施非法吸收公众存款的犯罪行为，系共同犯罪。被告人曾勇系自首，依法可以从轻处罚。依照《中华人民共和国刑法》第一百七十六条第一款，第二十五条第一款，第六十七条第一款之规定，以非法吸收公众存款罪，分别判处……

在针对资金中介冯根财的（2017）苏01刑终33号刑事判决书中，法院认为：

被告人冯根财为他人向社会公众非法吸收资金提供帮助，从中收取提成，构成非法集资的共犯，其行为构成非法吸收公众存款罪。被告人冯根财当庭自愿认罪，酌情可以从轻处罚。依照《中华人民共和国刑法》第一百七十六条、第二十五条第一款、第六十四条之规定，以非法吸收公众存款罪判处被告人冯根财有期徒刑五年六个月，并处罚金人民币二十五万元；责令被告人冯根财退赔各集资参与人的经济损失……

从法院的判决认定来看，无论是作为主要策划人的曾勇、何绪彬，还是为盟信合作社揽储的资金中介，法院都以犯“非法吸收公众存款罪”的罪名对各被告人作出判决。“非法吸收公众存款”是典型的金融领域的犯罪类型。

通过对盟信合作社7份刑事案由文书的查阅，将各被告人的判处刑期和罚金情况整理成表2.2。

表 2.2　盟信合作社当事人法院判决结果统计

序号	姓名	职务 / 身份	罪名	刑期	罚金
1	曾勇	法定代表人 / 总经理 / 主策划人	非法吸收公众存款罪	九年	50 万元

续表

序号	姓名	职务 / 身份	罪名	刑期	罚金
2	何绪彬	高级顾问 / 主策划人	非法吸收公众存款罪	九年六个月	50 万元
3	许江	风控总监	—	—	—
4	绍某	副总经理	—	—	—
5	朱海宇	财务总监	非法吸收公众存款罪	八年	40 万元
6	冯根财	资金中介	非法吸收公众存款罪	五年六个月	25 万元
7	来华鹰	资金中介	非法吸收公众存款罪	四年八个月	20 万元
8	陈海鱼	资金中介	非法吸收公众存款罪	三年七个月	20 万元
9	谢鹏	资金中介	非法吸收公众存款罪	三年两个月	20 万元
10	黄文龙	资金中介	非法吸收公众存款罪	三年（缓刑三年）	15 万元

注：①根据盟信合作社 6 份刑事判决书内容整理。

②中国裁判文书网未查到许江、绍某二人的信息。

我认为，站在社会大众的角度来看，曾勇、何绪彬等人仿照农村信用社对盟信合作社进行里外包装，迷惑大众，以高额贴息和出具存款单为诱饵，诱使社会公众存款。事实上，盟信合作社是以“假银行”的名义行欺诈之实，是典型的金融欺诈案件。

8/ 案件点评

盟信合作社这起金融欺诈案为何会发生？我认为离不开扎根在老百姓心中的，对银行天然的信任感。

我国《商业银行法》第一章第二条明文规定：商业银行是指依照本法和《公司法》依法设立的吸收公众存款、发放贷款、办理结算等业务的企业法人。

从这个定义中，我们至少可以理解4层含义：

（1）商业银行的性质是企业，它不是政府行政机关，不是事业单位，而是彻彻底底的企业，而且是营利性企业，同市场中千千万万的其他营利性企业一样。

（2）商业银行经营对象的特殊。一般企业经营的是老百姓日常生活中吃穿住用行所使用的商品，是大米、衣服、眼镜等普通商品，而商业银行所经营的对象是货币这个特殊商品，这也决定了商业银行经营对象的特殊。

（3）商业银行经营业务的特殊。除商业银行以外，还有其他经营货币这个特殊商品的机构，我们都统称为金融机构。但它们同商业银行的区别在于：只有银行业金融机构才能面向社会公众吸收存款，其他金融机构是不允许的。

（4）商业银行经营关系的特殊。一般企业作为市场独立主体，遵循“自主经营、独立核算、自负盈亏”的经营原则，同市场中其他主体之间是自由公平的买卖关系，即一个愿买一个愿卖，只要不是国家禁止的产品或服务，交易都是可以的。而商业银行同市场中其他主体之间是信用关系①，信用关系的发生是有前提和条件的，这也决定了它经营关系的特殊。

从国家货币发行体系和社会经济运转的角度看，商业银行更扮演着重大的作用。它规范有序的运营，是保障社会经济发展的关键。因此，国家从法律层面规定了商业银行的性质，并且对商业银行的名称、注册条件、审批方式、注册流程和运营监管等都做出了明确的规定。所以，在老百姓的心中，商业银行是非常值得信任的，不同于其他的企业。

盟信合作社虽然名称里没有“银行”二字，但是容易让人联想到“信用社”。在我国六类商业银行中，信用合作社在我国经济发展中同样起着关键作用。当前，大家所看到各地的城市商业银行的前身就是各地的城市信用合作社。而农村信用合作社正处在改制过程中，在部分地区已经实现了改制，成了农村商业银行，但在广泛的农村地区，仍然在很多地区以信用合作社的形式存在。这些老百姓习以为常的信用社，正好被曾勇、何绪彬等人所利用。

当然，在这起金融欺诈案中，也充分地反映了社会大众对金融知识的匮乏和对银行的基本认识的缺乏。正如我们前面所说的，在如今这个网络如此发达、信息如此透明的时代，我们只需要通过相关部门的网站平台就可以核验到银行的真伪，但是受害人没有这样做。如果受害人吕建军在到盟信合作社存款之前，能够通过银保监会官网查询一下盟信合作社是否具有“金融许可证”，他就能避免上当受骗。

其实，在分析完盟信合作社的金融欺诈后，我们并没有发现这有多么的不可思议，以及使用了多么高深的金融知识。总结来看，曾勇、何绪彬等人就做了三件事情：

① 经济范畴中的信用关系是一种借贷行为，普遍存在于现代市场经济运行中。

第一件事是包装盟信合作社这个“假银行”，从名称上关联信用社，从场地上按信用社模样布置，从人员上按银行从业人员培训，并要求员工对一些敏感的问题进行回避性回答。

第二件事是发展揽储网络团队。他们以高额贴息为诱饵，以利益驱动为手段，最终发展了一大批资金中介，为他们的骗局添砖加瓦。

第三件事是利用存款人对票据的错误认知。以票据作为存款减轻了存款人交付资金时的担忧，并提供存款单来赢得存款人的信任，最终达成他们的目的。

在我看来，策划者就做了这三件事，哪一件事都没有多么深不可测，但是当他们组合在一起时，就发挥了巨大的力量。其实回到本质，还是老百姓对银行的天然信任。如果大众再多一点金融常识，只要核验一下银行的真伪，就足以揭开盟信合作社的全部面纱。

国艺产权交易所案——虚假交易所欺诈

在我国金融市场体系中，全国性的标准化交易所一共有7家，即“3+3+1”。其中，3家证券交易所，分别是上海证券交易所、深圳证券交易所和北京证券交易所；3家商品期货交易所，分别是郑州商品期货交易所、大连商品期货交易所和上海期货交易所；以及1家金融期货交易所，即中国金融期货交易所。

2015年中，一个叫“国艺产权交易所”的机构出现在市场中，它以艺术品作为底层资产，通过发行艺术品权益份额作为交易标的，吸引投资者通过平台参与买卖投资。然而，看似平常的案件，其背后却是精心策划的金融欺诈。犯罪分子通过设立非法交易所实现牟利，最终给参与者造成了重大的财产损失。

在这起案件中，如果受害者有稍许的金融常识，知晓我国“3+3+1”的金融交易所体系，那他们定然是不会参与其中的，也不会因此蒙受损失。

国艺产权交易所案——虚假交易所欺诈

1/ 案情简况

交易所一般是指各类商品或资产交易的场所。交易所既有有形的，也有无形的。比较普遍的，比如在各个地区的蔬菜水果批发市场，可以称为蔬菜水果交易所，这是看得见摸得着的，我们称为有形的交易所。再如，世界上以各国货币之间的兑换比率作为交易对象，并通过网络技术进行在线的电子化交易的场所，可以称为外汇交易所，只是这种交易所是以电子数据网络化的形式存在，看得见的是一连串的数字，却又摸不着，我们称为无形的交易所。交易所的主要职能是方便各类商品及资产的交易，便利商品、资产的转让流通。金融资产的交易所解决了各类资产的变现问题，实现了对不同资产的定价评估，对一个国家经济的发展起到了重要作用。正因为如此，世界各国对交易所的建立与发展都有着相对完善的制度规定，和相对严格的准入门槛，其目的自然是保障交易所健康有序地发展，发挥其应有的价值功能。

然而，交易所具有的定价功能和交易功能同样被不法分子所关注，他们把交易所的这些功能视为一台提款机，谁要掌握了它，就可以源源不断地攫取财富。正是在这样的利益诱惑下，各种山寨版的交易所被创造出来，不法分子打着交易所的名义，实则为自己谋取非法利益，给社会造成了重大的损失。为此，公安机关和金融监管部门对虚假交易所的打击从来不曾间断，但虚假交易所仍难以销声匿迹。

2019年9月12日，上海市第一中级人民法院依法公开审理了一起以被告人张海龙为首，在香港设立中国国际艺术品产权交易所有限公司（以下简称国艺产交所），之后又在中国（上海）自由贸易试验区设立上海创怿嘉投资管理有限公司（以下简称创怿嘉投资公司）作为国艺产交所的国内代理和资金结算公司的案件。自2015年11月起，被告人张海龙与颜志忠等人在未经国家主管部门批准的情况下，将金丝楠木等实物艺术品打包为“古墨集珍”等36个艺术品资产包在国艺产交所发售，并通过互联网、宣讲会等方式公开宣传，诱骗投资人在国艺产交所交易资产包权益份额。经司法鉴定机构统计，截至2017年7月国艺产交所关停，张海龙、颜志忠等人变相吸收投资者资金累计高达110亿余元，造成1万多名投资人损失合计40亿余元。参与人数之多，损失规模之大，令人触目惊心。

我们不禁要问，国艺产交所这个虚假交易平台到底是如何被创建起来的，又是如何完成欺诈的？为了弄清这起欺诈案的真相，我们以“上海创怿嘉投资管理有限公司”作为关键词，在中国法院裁判文书网进行检索，截至2021年11月2日，合计检索到各类刑事案由文书10份。我们以这10份材料为基础，来给大家解析国艺产交所金融欺诈的本质。

2/ 底层资产

关于国艺产交所这起金融欺诈案，我们首先从它的交易资产说起。

一开始我们就指出，所谓交易所，就是各类商品或资产交易的场所。那国艺产交所交易的是何种商品，哪些资产呢？

要回答这个问题，我们得先认识资产、证券以及资产证券化三个金融词汇。

首先，什么是资产？任何拥有价值的，无论有形的还是无形的资源，都是资产。按照价值形式的不同，一般分为实物资产和金融资产。土地、厂房、设备、实物黄金等的价值以实物形态存在，这是实物资产。而只要以金融形态存在的资产，我们都称为金融资产，如银行存款、商业汇票、应收票据、股票、债券、基金等。

其次，什么是证券？证券由“证”和“券”两个字构成，“券”是它的表现形式，而“证”才是它的本质。证券的本质是证明某个事实，反映某种权利的工具。因此，证券是各种权益凭证的总称，代表着一定的财产索取权。按照定义我们可知，商业汇票是证券，应收票据是证券，股票同样是证券，都是以证券的形式来表示的。证券也是资产的一种。

知识扩展1

理解资本证券的两个基本点

理解资本证券，首先得先理解证券。

所谓证券，是指各种权益凭证的总称，可以用来证明证券持有人享有某种特定权益的法律凭证。比如，你手机上收到的快递取件码就代表着你拥有这个取件码指代的快递，可以据此去取快递，又比如某提货单的持有者能够据此提货单到约定的地点提货，再比如某债券的持有人可以据此要求债务人按期支付本息。这些都是证券。

按照不同的种类划分，证券可分为商品证券、货币证券、资本证券和其他证券（见图3.1）。从证券的存在形态来看，证券主要是以纸质载体为主，但随着网络技术的发展，电子化和数据化已经成了主流趋势，证券的形态也从各种有形的纸质载体转为无形的数字化形态。

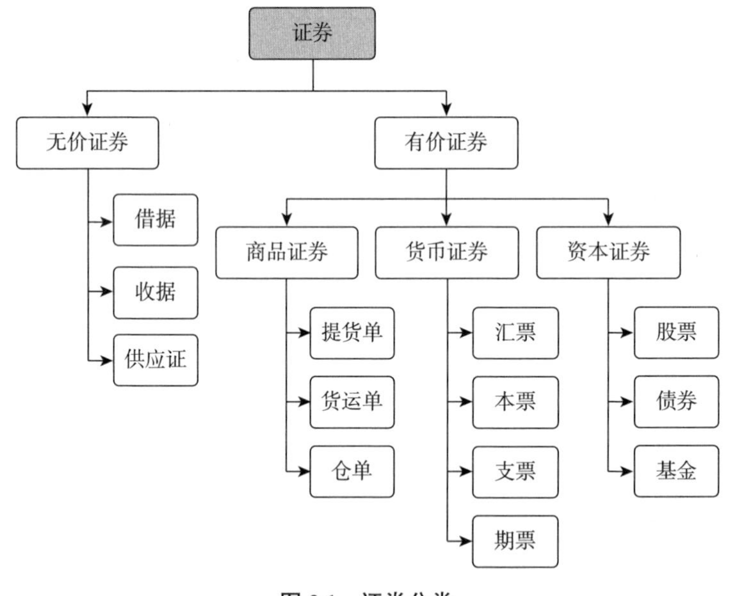

图 3.1　证券分类

在此，我们主要介绍资本证券。理解资本证券，我们要抓住两个要点：

第一，资本证券具有资本的性质。资本最大的特征就是能够带来价值增值，因此资本证券最大的特征自然是能够给证券的持有人带来价值增值。

第二，资本证券是一种虚拟资本。资本证券的虚拟性表现在它的存在形态上。从本质上看，资本证券本身没有价值，也不能在生产过程中发挥作用，但是它是“现实资本的纸制复本”。从量上看，虚拟资本量的变化并必然不反映现实资本量的变化。

我们以股票为例，股票是资本证券。对于股票的持有者来说，他可以据此获得股息、分红，并且参与公司的经营治理。从这里可以看出，股票具有资本的性质。同时，股票的表现形式可能仅仅是持有人证券交易账户上的一串数字，这串数字本身是没有价值的，但代表了持有者对该股票对应公司的权益，对应着固定比例的资产收益，是具体且真实的。从这个意义上讲，股票是持有人拥有的现实公司资产价值的“纸质副本”。

理解资本证券，既要理解它资本的性质，也要抓住它虚拟的特性。

最后，什么是资产证券化？资产证券化是指以一个或多个底层资产为基础，通过特定的方式将该资产转换为在金融市场上可以自由买卖的证券的行为。

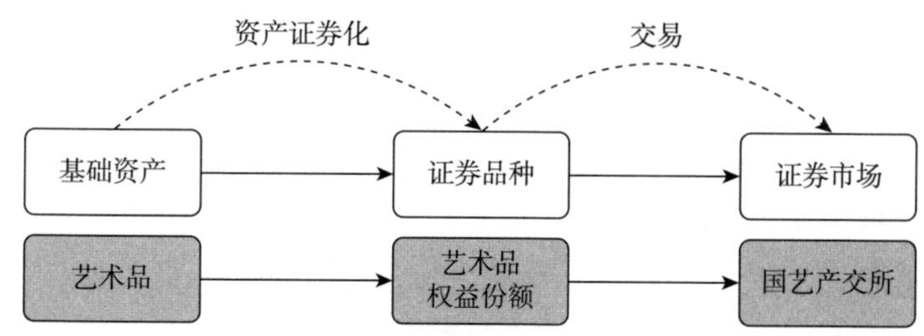

注：根据〔2018〕沪 0109 刑初 1110 号判决书整理。

图 3.2　资产证券化结构

按照底层资产的不同，一般可以分为：

（1）实体资产证券化：即实体资产向证券资产的转换，是以实物资产和无形资产为基础发行证券并上市的过程。

（2）信贷资产证券化：是指把缺少流动性但有未来现金流的信贷资产（如银行的贷款、企业的应收账款等）经过重组形成资产池，并以此为基础发行证券。

（3）证券资产证券化：即证券资产的再证券化过程，就是将证券或证券组合作为基础资产，再以其产生的现金流或与现金流相关的变量为基础发行证券。

（4）现金资产证券化：是指现金的持有者通过投资将现金转化成证券的过程。

理解资产、证券和资产证券化，是我们分析国艺产交所交易资产的关键。

回到国艺产交所这起案件上来。为了弄清这个案件，我们得先来看以下三份刑事判决书：

第一份，在针对被告人傅某某的（2019）0115刑初3318号刑事判决书中，对傅某某的指控如下："2016年9月，傅某某伙同他人，将持有的35件玉雕作品，2套金丝楠木雕件包装成"玉澤[①]桢楠"资产包，该资产包经评估机构虚假评估后，伪造一份评估价值为8000万元的《艺术品价格评估报告》，后再将该资产包推荐至国艺产交所开展份额化交易……"

第二份，在针对被告人杨金荣的〔2018〕沪0120刑初1354号刑事判决书中，对杨金荣的指控如下："2016年11月至2017年7月，杨金荣将金某的书法作品《白居易之琵琶行》，交由上海清韵艺术品检测鉴定中心虚假评估为3000万元，后将该作品以'中国草王'资产包的名义，于2016年11月28日在国艺产交所发售2000万股，每股价格1元……"

第三份，在针对被告人李俊、顾福臣的〔2018〕沪0120刑初1323号刑事判决书中，对李俊、顾福臣的指控如下："2016年中至2017年7月，李俊、顾福臣伙同他人，将刘某、刘凤、王建雄的黄龙玉雕刻作品及孙富均的国画作品交由苏州青禾轩艺术品价格评估公司虚假评估为1.27亿元，后将该资产打包为'龙玉丹青'资产包，于2016年11月18日在国艺产交所上市，共发售8000万

① 澤，读作duó。

股，每股价格1元……”

根据以上资料，我们对在国艺产交所交易的资产要从两个层次来分析：

第一个层次称为底层资产。在判决书中提到了玉雕、金丝楠木雕件、书法、陶瓷等艺术作品，这里首先需要明确，这些艺术品是资产，而且是实物资产，但是它们却不是在国艺产交所交易的资产，真正交易的是另外一类资产。

这就是第二个层次，称为证券资产。从判决书中大家可以看到，各被告人将这些艺术品交由评估机构虚假评估后，打包成相应的艺术品资产包，命名为“中国草王”“龙玉丹青”等，之后再以这些资产包作为价值基准，发行价格为1元/股的艺术品资产权益份额。

按照我们对资产证券化的理解，在国艺产交所欺诈案中，他们首先完成了艺术品资产的证券化。在此，他们以各类艺术品实物作为基础资产，通过评估机构的虚假价值评估，把评估价作为定价基准，发行每股1元的标准化艺术品权益份额。这里的权益份额实质上就是证券。

我们以“中国草王”资产包艺术品权益份额为例。该资产包评估价值为3000万元，按1元/股的价格发售了3000万股权益证券。假设某投资者当前持有“中国草王”1000万股权益证券，那就代表着该投资者拥有《白居易之琵琶行》这件书法艺术品1000万元的价值，占总价值的1/3。假设该件艺术作品价值上涨到6000万元，那该投资者对应拥有的价值也将上涨至2000万元；反之，价值下降则按同比例降低。在此我想强调，该投资者持有的不是艺术品实物资产，而是艺术品权益证券。

从以上的分析中我们得知，国艺产交所本质上交易的是以艺术品为底层资产发行的标准化艺术品权益证券，这才是参与国艺产交所投资的投资者真正交易的资产。

假如我们的分析到此结束，大家看到的不过是一个艺术品实物资产的证券化过程，存在的问题似乎也仅仅是对资产的虚假价值评估，无法彻底揭开国艺产交所欺诈的本质。因此，我们还得继续往下讨论，厘清在这起案件中国艺产交所到底扮演着怎样的角色。

3/ 运作平台

国艺产交所在这起案件中扮演着什么角色？这是本案的关键。在此，我们首先要给大家普及有关交易市场的基本常识。

交易市场，是商品或资产交易的场所。根据其存在的形式划分，可以分为有形交易市场和无形交易市场；根据其组织形式划分，可以分为场内交易市场和场外交易市场。

我们以菜市场为例。顾名思义，菜市场是蔬菜交易的市场。年轻人比较习惯去超市买菜，简单又方便，而一些有经验的阿姨们却更喜欢去一些街边零散的地方直接向农民购买价格更便宜、更新鲜的蔬菜。你看，像超市有规定的营业时间，有明确标识的价格和统一的称重器等。对于像这样有着固定的交易场所、交易时间和交易规则的市场，我们就称为场内交易市场。并且，这样的市场大家集中在一块儿交易，看得见摸得着，是有形的。因此，它是有形的交易市场。反之，像街边零散的蔬菜售卖，它没有固定的交易时间，没有固定的交易地点，也没有固定的交易规则，像这样的市场我们就称为场外交易市场。由于交易的不集中、零散和不确定，它的交易时刻都有可能发生。因此，这样的市场我们称为无形的交易市场。所以说，像超市这样的菜市场，是场内交易市场，是有形的交易市场；而像街边这种零散的菜市场，我们称为场外交易市场，是无形的交易市场。

只要是交易市场，不论是场内的还是场外的，它都有以下五个基本功能：

功能一：信息披露。通过交易市场，能够把供需双方的信息呈现出来，这是交易市场的首要功能。

功能二：交易撮合。供需双方通过交易市场中反馈的信息，彼此匹配需求，达成交易。

功能三：商品或资产定价。在交易市场中，集中了大量的供需双方，他们的出价最终会形成商品或资产的成交价格，这便是定价功能。

功能四：资源配置。苹果公司的一部手机需要的零件成千上万，对任何一个单一企业来说，要想独立解决，这几乎都是不可能的事情。但是，通过交易市场，就可以找到它需要的部件。这就是资源配置的一种形式。

功能五：宏观调控。比如，最近蔬菜的价格上涨比较快，政府部门就可以通过交易市场来投放蔬菜储备，可以向购买者进行价格补贴，等等，通过这些手段就能实现对价格的调控，体现了交易市场具有宏观调控的功能。

我们按照交易对象的不同，可以将交易市场分为商品交易市场、货币交易市场以及证券交易市场。在此，我们主要谈的就是证券交易市场。

在一个国家的金融体系中，证券交易市场是其重要的组成部分。为此，政府监管部门对证券交易市场的发展都非常重视，对各类证券交易所的设立都有严格的标准和审批程序。

我们以北京证券交易所为例。北京证券交易所（简称北交所）于2021年9月3日注册成立，是经国务院批准设立的我国第一家公司制证券交易所，受中国证券监督管理委员会（简称证监会）的监督。其工作范围包括依法为证券集中交易提供场所和设施、组织和监督证券交易以及提供证券市场管理服务等业务，如图3.3所示。

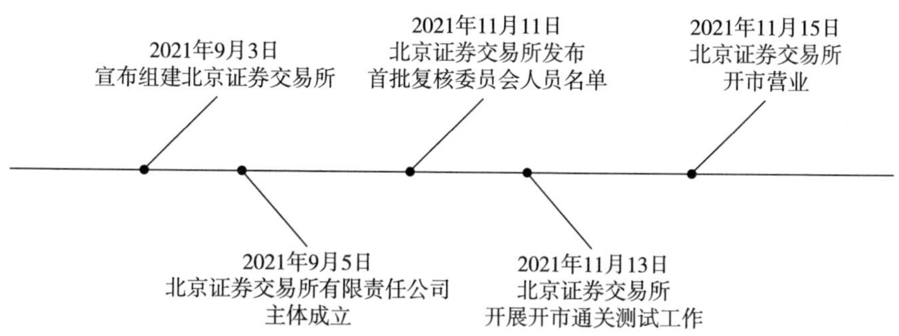

注：根据北京证券交易所发布信息时间节点整理。

图 3.3　北京证券交易所发展节点

2021年9月2日，习近平总书记在2021年中国国际服务贸易交易会全球服务贸易峰会发表致辞并宣布："我们将继续支持中小企业创新发展，深化新三板改革，设立北京证券交易所，打造服务创新型中小企业主阵地。"这是对资本市场更好服务构建新发展格局、推动高质量发展作出的新的重大战略部署，是实施国家创新驱动发展战略、持续培育发展新动能的重要举措，也是深化金融供给侧结构性改革、完善多层次资本市场体系的重要内容，对于更好发挥资本市场功能作用、促进科技与资本融合、支持中小企业创新发展具有重要意义①。

① 北京证券交易所介绍资料来自其官网。北京证券交易所 . 本所简介［EB/OL］.［2021-11-03］. http://www.bse.cn/company/introduce.html.

除上海证券交易所、深圳证券交易所和北京证券交易所三大场内交易所外，还有全国中小企业股份转让交易系统，以及各地设立的股权交易所，区域股权交易中心等，构成了我国多层次的资本市场结构。但是，交易所的设立在我国有着严格的标准和程序。一般须经国务院授权和各级人民政府批准，在证券监管部门的监督指导下才能建立。

知识扩展2

当前我国区域股权交易市场备案情况

2012—2017年是我国区域性股权交易市场发展的黄金5年，相关政策较为宽松。但是自2017年开始，在整个金融行业面临严监管的背景下，区域性股权交易市场的监督力度持续加大。

2017年发布的两个文件开始正式规范区域性股权交易市场。这两个文件分别为2017年1月20日国务院办公厅印发的《关于规范发展区域性股权市场的通知》（国办发〔2017〕11号）以及2017年5月3日证监会发布的《区域股权市场监督管理办法》（证监会第132号令）。除之前37号文和38号文规定的重点内容外，还明确了以下几个重要事项，即：

1. 之前省、自治区、直辖市、计划单列市行政区域内已设立运营机构的，不再设立；尚未设立运营机构的，可设立一家。

2. 已设立两家及以上运营机构的，省级人民政府要积极稳妥推动整合为一家。

3. 区域性股权市场不得为所在省级行政区域外的企业私募证券或股权的融资、转让提供服务。

4. 实行合格投资者制度，即投资者需要是投资经验达到2年以上、具备较强风险承受能力且金融资产不低于50万元人民币的自然人。

由此可以看出，我国区域股权交易市场不再新增设立，国家将严格控制数量，并且将区域股权交易市场统一纳入证监会的监管范围，实行统一监管。

截至2019年7月26日，证监会一共分3批次公示了全国区域性股权交易市场运营机构的备案名单，合计34家。具体名单见表3.1。

表 3.1　备案名单

序号	地区	名称	成立时间	注册资本（亿元）	备案批次
1	北京	北京股权交易中心有限公司	2015 年	4.00	第一批
2	河北	石家庄股权交易所股份有限公司	2010 年	0.45	第一批
3	内蒙古	内蒙古股权交易中心股份有限公司	2014 年	1.94	第一批
4	辽宁	辽宁股权交易中心股份有限公司	2013 年	1.00	第一批
5	上海	上海股权托管交易中心股份有限公司	2010 年	2.68	第一批
6	江苏	江苏股权交易中心有限责任公司	2013 年	2.00	第一批
7	安徽	安徽股权托管交易中心有限责任公司	2013 年	2.00	第一批
8	福建	海峡股权交易中心（福建）有限公司	2011 年	2.10	第一批
9	江西	江西联合股权交易中心有限公司	2015 年	2.21	第一批
10	湖南	湖南股权交易所有限公司	2010 年	1.00	第一批
11	广西	广西北部湾股权交易所股份有限公司	2011 年	2.20	第一批
12	重庆	重庆股份转让中心有限责任公司	2012 年	1.56	第一批
13	四川	天府（四川）联合股权交易中心股份有限公司	2013 年	1.00	第一批
14	陕西	陕西股权交易中心股份有限公司	2014 年	1.20	第一批
15	甘肃	甘肃股权交易中心股份有限公司	2013 年	4.38	第一批
16	青海	青海股权交易中心有限公司	2013 年	2.36	第一批
17	宁夏	宁夏股权托管交易中心有限公司	2015 年	0.60	第一批
18	新疆	新疆股权交易中心有限公司	2012 年	1.10	第一批
19	大连	大连股权交易中心股份有限公司	2013 年	0.50	第一批
20	宁波	宁波股权交易中心有限公司	2015 年	0.80	第一批
21	厦门	厦门两岸股权交易中心有限公司	2013 年	0.90	第一批
22	天津	天津滨海柜台交易市场股份公司	2010 年	2.20	第二批
23	浙江	浙江股权交易中心有限公司	2012 年	1.00	第二批
24	山东	齐鲁股权交易中心有限公司	2013 年	2.25	第二批
25	河南	中原股权交易中心股份有限公司	2015 年	3.50	第二批
26	湖北	武汉股权托管交易中心有限公司	2011 年	1.00	第二批
27	广东	广东股权交易中心股份有限公司	2018 年	3.11	第二批

续表

序号	地区	名称	成立时间	注册资本（亿元）	备案批次
28	海南	海南股权交易中心有限责任公司	2014 年	0.50	第二批
29	深圳	深圳前海股权交易中心有限公司	2018 年	5.00	第二批
30	青岛	青岛蓝海股权交易中心有限责任公司	2014 年	1.00	第二批
31	山西	山西股权交易中心有限公司	2013 年	1.00	第三批
32	吉林	吉林股权交易所股份有限公司	2011 年	1.00	第三批
33	黑龙江	哈尔滨股权交易中心有限责任公司	2014 年	1.00	第三批
34	贵州	贵州股权交易中心有限公司	2010 年	1.00	第三批

注：①资料来自中国证券监督管理委员会官网（网址：http://www.csrc.gov.cn/）。

②部分主体名称和注册资本金有已经发生编号。在本表中，主体名称以备案名称为准，注册资本以截至 2021 年 11 月 3 日查询为准。

被告人张海龙知道，境内对交易所的设立有着严格的审批标准和办理程序。他要想在境内办理艺术品产权交易所，几乎是不可能的。再加之，国内信息的透明度比较高，比较方便公众对信息的检索与核查，真假很容易被识破。为此，他取道香港，迂回推进。

2015年6月，张海龙在中国香港地区注册成立了中国国际艺术品产权交易所有限公司。该公司完全是空壳公司，除了工商登记注册外，没有任何金融类执照。由于香港地区对公司注册主体的名称少有限定，产权交易所这个名称就这样被注册下来了。从这个名字来看，很容易误导社会大众，再加之社会大众对香港地区公司注册制度缺乏了解，无法核查信息的真伪，就给张海龙等人策划这起欺诈案提供了机会。

同年8月，张海龙通过张杰在上海自贸区注册成立了上海创怿嘉投资管理有限公司，法定代表人为张杰。由于张海龙在境内注册的创怿嘉投资公司作为一般业务事项企业，并不需要进行前置审批，就让张海龙获得了在国内进行经营的合法主体。

于是，在中国国际艺术品产权交易所有限公司和上海创怿嘉投资管理有限公司之间，它们通过业务的方式形成了关联。也就是说，张海龙等人以在香港注册的中国国际艺术品产权交易所有限公司，即“产权交易所”的名义作为经营主体，而实质上是以在上海注册的上海创怿嘉投资管理有限公司作为真实的经营主体。因此，二者的关系从职责上看，国艺产交所承担着交易所的职责，为上市资产的交易提供服务；而创怿嘉投资公司作为国艺产交所在国内的代理机构，履行代理商的职责，负责向国艺产交所推荐交易资产和执行交易资金结算等工作。

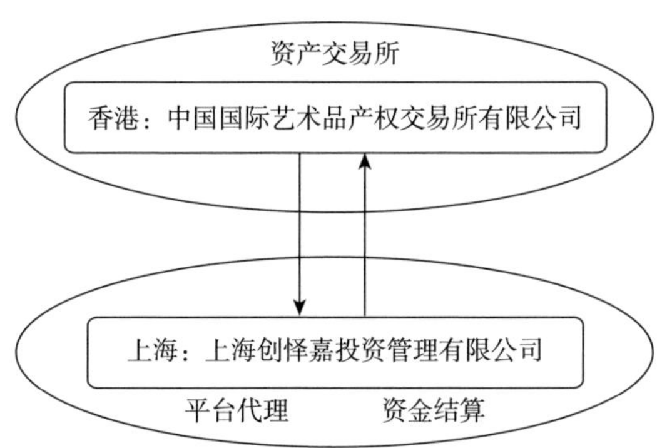

注：根据〔2018〕沪 0109 刑初 1110 号判决书整理。

图 3.4　国艺产交所平台结构关系

从表面上看，由于国艺产交所和创怿嘉投资公司的股东和法定代表人的不同，一般性的核查很难了解到这两个平台之间的关系。但是，国艺产交所和创怿嘉投资公司实质上都是由张海龙幕后实际控制的企业，表面上呈现的国艺产交所和创怿嘉投资公司之间的代理关系，不过是张海龙等人一手操作的迷局。从根本上看，张海龙注册的香港公司不过是利用了“产权交易所”这个名头，而一切运作都在创怿嘉投资公司。

创怿嘉投资公司作为真正的运作主体，内部构建了比较完整的组织结构和人员班子。我们通过对〔2019〕沪0120刑初83号刑事判决书的整理，梳理出了创怿嘉投资公司部分人员的分工情况（见图3.5）。

首先，创怿嘉投资公司法定代表人为张杰，但幕后实际控制人为张海龙。张海龙担任董事长一职，负责全盘运作。根据张杰本人的供述，他主要负责公司的人事、财务及后勤等工作。

其次，副总经理有三人，分别是余绍先、陆平华和张展桂。根据张海龙及各被告人的供述，余绍先分管运营，主要职责包括艺术品评估、资产宣传以及制定交易规则、规章制度等；陆平华分管业务，主要负责包括发展推荐商、后台结算等管理工作；张展桂则没有具体的信息，无法判决他的职责分工。

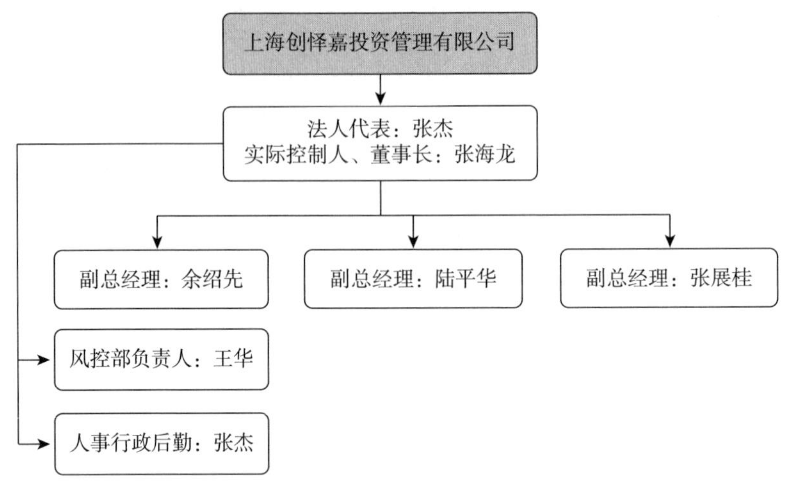

注：根据〔2019〕沪0120刑初83号判决书整理。

图3.5　上海创怿嘉投资管理有限公司人员组织结构（部分）

最后，风控部负责人王华。据王华本人供述，他是2016年2月进入创怿嘉投资公司担任资金结算部负责人的。2016年3月起开始担任风控部负责人，其主要职责是根据领导要求采集每个资产包的数据，包括账户持有份额、免佣金账户内资金情况等，以及制作免佣金账户的出金申请表给领导审核。

通过前期我们对交易所知识的介绍，以及境内证券交易所设立的条件我们可知，张海龙完不具备在境内设立证券交易所的可能。为了取得“产权交易所”这个名头，他采用了分步实现的路径。首先，张海龙借道香港，注册了国艺产交所；其次，再通过张杰在境内注册了创怿嘉投资公司；最后，再将香港注册的国艺产交所和境内注册的创怿嘉投资公司进行关联。通过以上三个步骤，实现了他的目的。

从对国艺产交所和创怿嘉投资公司的关系，以及创怿嘉投资公司内部各主要负责人的职责分工中我们可以看出，张海龙等人策划了一个虚假的国艺产交所作为证券资产的交易平台，在这个名义平台之下则是由在上海注册的创怿嘉投资公司来具体运作。因此，创怿嘉投资公司才是这起案件真正的运作主体。

至此，我们已经揭开了国艺产交所这起欺诈案的第一个骗局，即虚假的证券交易平台。

4/ 业务模式

在了解了国艺产交所及创怿嘉投资公司的作用之后，我们来一起看看这起欺诈案的完整发生过程（见图3.6）。

第一步，创怿嘉投资公司与推荐商签订合作协议，约定推荐商开发市场并获取返佣；

第二步，推荐商将各种实物艺术品打包组合成艺术品实物资产包；

第三步，推荐商将艺术品实物资产包交由评估公司进行价值评估；

第四步，推荐商将经评估的艺术品实物资产包推荐至创怿嘉投资公司；

第五步，创怿嘉投资公司将推荐商所推荐的艺术品实物资产包，以评估公司所出具的评估价值为基础，按1元/股的价格进行拆分发行，完成艺术品实物资产的资产证券化。之后，再通过后台系统将该艺术品的资产权益证券发布到国艺产交所交易系统进行交易；

第六步，推荐商发展投资者，以及市场中其他投资者通过国艺产交所交易系统注册，参与投资交易；

第七步，推荐商通过创怿嘉投资公司提供的免佣账户，进行“对倒交易”，控制资产价格。

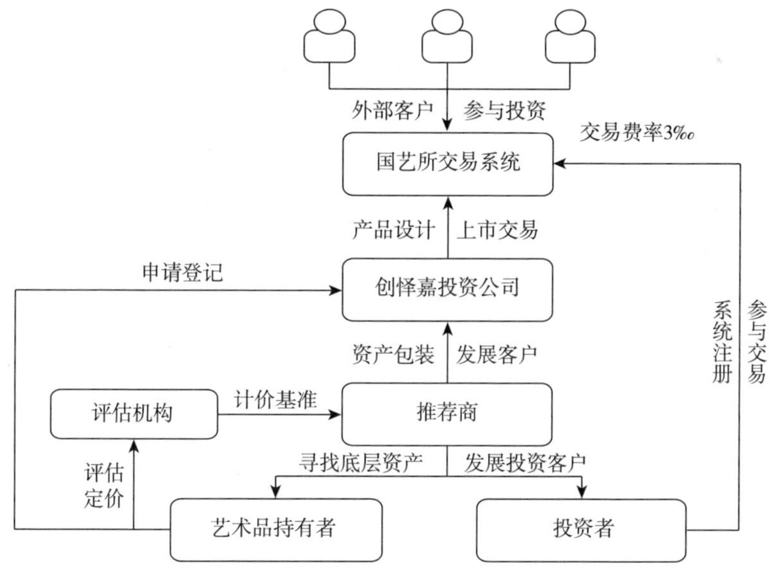

注：根据〔2018〕沪0109刑初1110号判决书整理。

图 3.6　国艺产交所业务流程

以上是国艺产交所完整的业务流程。

在我们梳理国艺产交所业务流程的过程中，我们还特别注意到，他们业务流程不仅逻辑严谨，而且在每一步的操作进程中，都有完整翔实的文件资料。我们通过对查询到的国艺产交所10份刑事案由文书的分析，总共找到了在国艺产交所的业务执行中出现的8份完整的文件资料，名称分别是：

（1）《艺术品原持有人声明和承诺》；

（2）《艺术品资产包上市合作协议》；

（3）《艺术品资产评估报告》；

（4）《艺术品发售上市申请书》；

（5）《艺术品资产包发售说明书》；

（6）《艺术品权益份额发售上市三方协议》；

（7）《上市资产包三方协议份额分配证明》；

（8）《持仓证明》。

针对在国艺产交所运行中的业务流程和业务开展中签订的合同文书，我们可以做出以下判断。

第一，推荐商与创怿嘉投资公司之间的关系。推荐商在国艺产交所的业务模式中，扮演的是经纪商角色，具备推荐资产交易和发展投资客户的权利。

从其收益模式来看，推荐商的收益主要来自两个方面：一是对资产提供者收取的服务费和利润分成，二是对其发展的客户参与资产交易产生的佣金返利。按照国艺产交所的交易规则，国艺产交所交易系统将自动扣除客户交易金额的3‰作为交易手续费。其中，创怿嘉投资公司要将交易手续费的40%~70%返佣给推荐商。

以上两个方面的收益，是推动推荐商拓展市场、发展客户的真正动力。我们统计了该案件中涉及的艺术品资产及推荐商的详细信息，具体信息如表3.2所示。

表 3.2　国艺产交所推荐商推荐艺术品资产信息

序号	资产名称	推荐商	评估价值	实际价值
1	玉澤桢楠	—	8000 万元	31.72 万元
2	卓玉裁云	—	8000 万元	206.11 万元

续表

序号	资产名称	推荐商	评估价值	实际价值
3	鸿运吉福 A			
4	岭南传人			
5	神奇多彩	上海惠融实业有限公司	5000 余万元	105.38 万元
6	诗意浪漫			
7	五彩斑斓			
8	紫檀艺韵	亚洲地产俱乐部有限公司	2000 万元	—
9	中国草王	上海旅墨文化发展有限公司	3000 万元	—
10	龙玉丹青	伊森堡金丝华辰（北京）文化发展有限公司	1.27 亿元	—
11	皇家神木	上海比洛农艺有限公司	4000 万元	142.66 万元
12	翰墨长卷	上海旭华物业有限公司	3000 万元	—
13	中国山水	上海东沃文化传媒有限公司	3600 万元	16.4 万元
14	中国生肖	上海东沃文化传媒有限公司	4000 万元	2.52 万元

注：①实际评估价值是由万隆（上海）资产评估有限公司做出；

②该表格是根据〔2019〕沪 0115 刑初 3318 号等系列判决书整理。

第二，推荐商推荐的艺术品资产，必须要经资产评估机构进行评估。在国艺产交所的业务模式中，创怿嘉投资公司会把评估机构介绍给推荐商，并向评估公司收取20%~30%的评估回扣，评估公司也会按照要求将资产包的评估价格评高4~5倍，甚至更高。

从〔2018〕沪0109刑初1110号刑事判决书中，同案关系人谢某某的供述证实："谢某某是上海觉微艺术品评估鉴定有限公司的法定代表人。2016年4月，毛鑫华让谢某某为'五彩斑斓'资产包做评估，资产包里面是一些彩色瓷器。评估并没有实际做，鉴定报告上300万元的评估价格是根据毛鑫华的要求决定的。由公司直接打印出鉴定报告，交由涂某某和他的朋友在《鉴定报告》上签字。"

在另一份刑事判决书〔2019〕沪0120刑初83号中，我们可以看到类似的情景。作为证人出庭的庄某某和李某某的证言证实："庄某某是青禾轩公司的实际控制人，李某某是该公司的鉴定师。2016年中，张海龙联系青禾轩公司实际控制人之一的王瑞芳，由王瑞芳联系庄某某，庄某某又联系李某某后，一同到张海龙的创怿嘉投资公司，对'龙玉丹青'资产包进行评估。这个资产包一部分是孙富均的国画，一部分是刘某、王建雄的黄龙玉雕刻作品。张海龙给了一个价格区间，国画部分做到了6200万元，雕刻部分做到了6500万元，合计评估总价是1.27亿元，价格肯定虚高。”

由此可见，在国艺产交所的业务流程中，资产评估机构并未进行实质性的评估，评估流于形式，评估价值虚假、夸大。同时，评估价格受张海龙等人影响，问题极为严重。

第三，推荐商推荐的艺术品实物资产包，经创怿嘉投资公司按权益份额设置发布，实质上这是对艺术品实物资产进行证券化。

国艺产交所交易的底层资产是艺术品实物资产，但投资者交易的资产却是证券化的艺术品权益份额。比如，“龙玉丹青”资产包虚假评估总价格约1.27亿元，创怿嘉投资公司将该资产包分割为标准份额1元/股的价格后，通过国艺产交所发售了8000万股。

从张海龙的供述中得知，当资产包新上市时，推荐商一般只对外发售1%~3%的份额，其余份额都是由推荐商通过自己控制的免佣账户进行“对倒交易”，控制价格。所以，对一般的投资者来说，所持有的资产权益份额都不大，也就不可能要求进行实物艺术品交割，这也是在国艺产交所运营期间，没有任何一件实物艺术品交割的原因。

第四，国艺产交所的运作过程具有完整的法律文件，对艺术品实物资产的提供者，以及市场的参与者有一定的迷惑性。

合同文件是确保合作双方权利与义务的重要法律形式。老百姓都知道，如果双方没有合同口说无凭，一般是难以取信的。但是，是不是意味着有合同文件的就一定是有效的呢？当然不是。就从这起案件来说，这些合同文件是促使受害人相信国艺产交所，为其欺诈的真实目的助力的。但这个道理，受害者应该是没有理解的。

此时此刻，除业务流程的第七步外，国艺产交所的业务流程我就给大家说清楚了。关于第七步，推荐商通过创怿嘉投资公司提供的免佣账户，进行价格操作，是揭开这起欺诈的最后一步，我们在下一部分介绍。

5/ 控价手段

要想吸引更多的投资者参与交易，关键是让投资者产生获利的错觉。对，是错觉。国艺产交所的操盘者深谙这个道理。张海龙等人在设计国艺产交所的业务模式中，就是这样考虑的。他们的办法主要是通过一系列的交易制度设计和控价手段来达成目的。

比如，国艺产交所的交易制度规定，如果某艺术品的资产权益份额连续3日交易价格低于0.5元/股，将会被警示或暂停交易。因此，这就要求推荐商必须通过控价手段，使得交易价格满足监管要求，否则资产将会被退市。

那如何对价格进行控制呢？在国艺产交所的业务模式中，创怿嘉投资公司给每位推荐商提供两个免佣金交易账户，推荐商通过在两个账户进行“对倒交易”，以实现对价格的控制。所谓“对倒交易”，本质上就是自买自卖。

比如，A账户向B账户以1.5元/股的价格买入，第二日B账户又以1.6元/股的价格卖给A账户，第三日A账户又按1.7元/股的价格卖给B账户……

通过以上连续的操作，既能够加大权益证券的活跃度，又能够有效控制价格的走势。当推荐商真正想要卖出资产的时候，就可以连续控制几个涨停板[①]，吸引其他投资者参与买入。此时，推荐商就能够卖出，投资者则成了受害者。

根据〔2021〕沪02刑终60号刑事判决书所述，被告人陈忠强伙同他人，将其持有的艺术品实物资产打包为“中国山水”和“中国生肖”两个资产包，经苏州百利文评估事务所虚假评估为3600万元和4000万元，后又把上海东沃文化传媒有限公司作为推荐商，以“中国山水”和“中国生肖”的名义在国艺产交所上市交易。以上两项资产确定的发行价格均是1元/股。截至2017年7月11日国艺产交所终止交易，我们以这项资产上市当日至终止交易期间的价格数据为基准，绘制成如下K线图[②]。

由图3.7可见，“中国山水”艺术品资产权益证券上市首日价格为1.05元/份，历史最高价为2.62元/份，历史最低价为0.54元/份，最高价是最低价的4.85倍。另外，“中国生肖”艺术品资产权益证券最高价是最低价的2.63倍。而实际上，这两项虚假评估价格高达7600万元的艺术品资产包，其实际价值仅仅是18.92万元。

---

① 涨跌停板制度，在证券交易中比较常见。以我国主板股票为例，单只股票交易日最大涨幅为10%，最大跌幅为10%。因此，一只股票单日波动幅度则达到20%。

② K线图，最早出现在日本米市，用于记录米价，之后广泛运用于金融领域，用来反映交易资产的价格走势。K线图主要由四个价格决定，即：开盘价、收盘价、最高价、最低价。

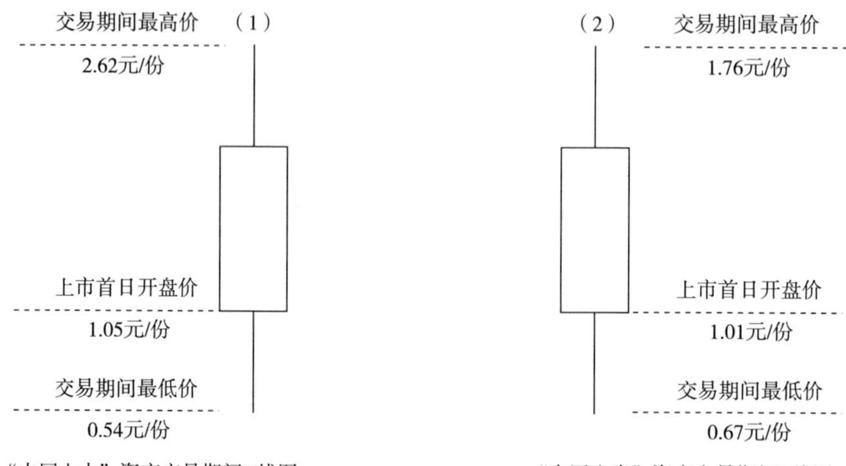

注：根据〔2021〕沪 02 刑终 60 号判决书整理。

图 3.7 “中国山水”和“中国生肖”资产交易期间 K 线图

根据司法机关的调查统计，“中国山水”艺术品资产权益证券共吸引了1051名投资者参与，资产总买入金额1110万余元，已卖出金额1413万余元。其中536位投资者交易亏损50万余元，未卖出资产171万余元。而“中国生肖”艺术品资产权益证券共吸引2282位投资者参与，资产买入总额6680万余元，已卖出总额6263万余元。其中1016位投资者交易亏损638万余元，未卖出资产887万余元。

除此之外，创怿嘉投资公司还在发行份额、价格控制以及交易变现方面给推荐商做指导，共同维护这场不合法的欺诈行为。

6/ 造成损失

国艺产交所这起欺诈案，从2015年5月张海龙在香港注册国艺产交所起算，至2017年7月终止交易，整整两年的时间里，作为国艺产交所实际运作主体的创怿嘉投资公司，一共获得了1.4亿余元的巨额收入。其中，有4000万余元是向推荐商收取的上市服务费，而通过交易系统产生的交易佣金收入就高达1亿余元，另外还向评估公司收取了几百万元的评估费回扣。

在国艺产交所赚得盆满钵满的同时，大量的投资者却损失惨重。根据刑事判决书中所公布的数据，我们对10个主要的艺术品资产包进行了统计，见表3.3。

表 3.3 国艺产交所投资者亏损情况

序号	资产名称	参与人数	交易亏损人数	交易亏损金额	备注
1	玉澤桢楠	1595 名	594 名	1500 万余元	
2	卓玉裁云	1507 名	546 名	330 万余元	
3	鸿运吉福 A	—	518 名	138 万余元	未卖出 134 万余元
4	岭南传人	—	47 名	7 万余元	未卖出 6 万余元
5	诗意浪漫	—	331 名	56 万余元	未卖出 89 万元
6	五彩斑斓	—	365 名	107 万余元	未卖出 321 万余元
7	紫檀艺韵	900 余名	300 余名	130 万余元	
8	中国草王	800 余名	360 余名	900 万余元	
9	龙玉丹青	1800 余名	900 余名	1000 万余元	
10	皇家神木	2600 余名	1600 余名	6400 万余元	
11	合计	—	5015 名	10568 万余元	

注：根据国艺产交所案件刑事判决书整理。

从表3.3中可以看出，“皇家神木”艺术品资产权益证券，共吸引了2600余名投资者参与交易，其中有1600余名投资者交易亏损，合计交易亏损金额高达6400万余元。另外，像“五彩斑斓”艺术品资产权益证券，共造成365名投资者亏损，交易亏损107万余元。同时，在国艺产交所被关停时，部分投资者未卖出的资产总额合计321万余元。

经合计，仅以上10件艺术品资产权益证券，一共就给5015名投资者造成交易亏损，合计损失高达1.0568亿余元。讽刺的是，在投资者交易亏损高达1亿多元的同时，却为国艺产交所带来了1亿余元的交易佣金收入。

这场由张海龙等人一手策划的欺诈案，无论过程多么辉煌耀眼，但它的结局是注定失败是必然的。

7/ 事件定性

我们以查询到的10份刑事案由文书为基础，把国艺产交所这起欺诈案中有关的被告人分为四类，并根据判决结果来了解法院对这起案件的定性。

第一类被告是以张海龙为代表的运作主体的工作人员。

由于针对张海龙的刑事判决书在中国裁判文书网并未公示，我们无从获得详细的资料。不过，我们通过网络查询到一则信息，内容如下：

“2019年9月12日下午，上海市第一中级人民法院依法公开宣判被告人张海龙、颜志忠等15人集资诈骗、诈骗、提供虚假证明文件系列案，对张海龙、颜志忠等被告人分别以集资诈骗罪、诈骗罪、提供虚假证明文件罪判处无期徒刑至有期徒刑二年六个月不等的刑罚，并处没收个人全部财产或罚金[①]。”

同时，在针对被告人季某某的〔2018〕沪0120刑初1321号刑事判决书中，提到季某某是张海龙的业务员，其先后介绍、协助杨金荣、邱人浩上市“中国草王”“翰墨长卷”2个资产包，从中获利10余万元。从这里可以看出，季某某的身份是业务员，应属于运作主体的工作人员之一。

关于季某某的犯罪，法院的观点如下：

“被告人季某某以非法占有为目的，结伙采用虚构事实、隐瞒真相的方法骗取他人钱财，数额特别巨大，其行为显已触犯刑律，构成诈骗罪。公诉机关指控的罪名成立。被告人季某某在共同犯罪中起次要、辅助作用，是从犯，依法应当减轻处罚。被告人季某某具有坦白情节，且在家属的帮助下缴纳了违法所得及罚金，本院采纳辩护人提出的适用缓刑的意见。”

综上，法院以诈骗罪，对被告人季某某判处有期徒刑三年，缓刑三年，并处罚金人民币10万元。同时，将违法所得10万元发还各被害人。

第二类被告是在这起欺诈案中，以推荐商身份参与的人员。

在我们收集的资料中，推荐商的刑事判决书最多，其中以“李俊、顾福臣等集资诈骗案”的〔2018〕沪0120刑初1323号最有代表性。

在刑事判决书中，法院是这样表述的：

“本院认为，根据现有证据，被告人王贤华在张海龙的纠集下，伙同李俊、顾福臣等人，采用向社会公开宣传、投资人相互之间口口相传等方式，吸引社会不特定对象在张海龙未经相关部门依法设立的国艺产交所投入资金，并造成大量投资人经济损失，且事实上又无任何实物交割的诈骗犯罪行为，侵害的主要客体是金融管理秩序，次要客体才是投资人的财产权利，故被告人李俊、顾福臣、王贤华等人的行为应构成集资诈骗罪，系共同犯罪，且集资诈骗数额特别巨大。据此，法院判决如下：

（1）被告人李俊，犯集资诈骗罪，判处有期徒刑三年六个月，并处罚金

① 看看新闻官方账号．张海龙、颜志忠等15人集资诈骗系列案今日宣判[EB/OL].[2021-11-03]. https://baijiahao.baidu.com/s?id=1644473369358934958&wfr=spider&for=pc.

人民币10万元；

（2）被告人顾福臣，犯集资诈骗罪，判处有期徒刑四年，并处罚金人民币10万元。”

第三类被告是评估机构的评估师。在国艺产交所这起欺诈案中，评估师对艺术品资产的虚假评估，夸大评估价格，给投资者造成了重大的损失，对案件的发生有显著的作用。但在我们掌握的判决书中，并未查询到针对评估师的判决材料，无从知晓具体的判决结果。

第四类被告是为国艺产交所提供艺术品实物资产的持有人。关于他们，法院又是如何认定的呢？

在针对被告人陈忠强的〔2021〕沪02刑终60号刑事判决书中，公安机关和法院的调查说明了以下三个事实：（1）陈忠强本人的身份是画家；（2）陈忠强把他人拥有的15幅画作打包为“中国山水”资产包，评估价格为3600万元，另外把自己拥有的12幅画作打包为“中国生肖”资产包，评估价格为4000万元；（3）陈忠强以这两个资产为基础，借用上海东沃文化传媒有限公司的名义，推荐至国艺产交所上市交易。

我们特别注意到，在这份判决书中，法院有一份非常关键的说明，内容如下：

“陈忠强本人是一名画家，陈忠强及其妻孙某均陈述，陈忠强的画作在市场上出售最高成交价为10万元。孙某陈述‘中国山水’画的作者们的画作市场价与陈忠强相仿。陈忠强也应当明知他人的画作在市场上的一般合理价格，其将自己的‘中国生肖’（共12幅）画作及他人的‘中国山水’（共15幅）画作分别做成两个资产包，交由涉案人员庄晓雄评估，估价分别为4000万元、3600万元。该评估价格严重背离了市场合理价格，资产包价值被明显虚估。陈忠强在明知上述情况后，仍将两个资产包产权按每个3000万元的价格进行拆分，每个资产包产权均拆分成3000万股，每股为1元。陈忠强将拆分后的部分产权份额在国艺产交所出售，侵犯了投资人的财产权利。”

以上法院的表述中，清楚地写明了被告人陈忠强明知价值虚高，却仍然推荐至国艺产交所上市交易，法院认为陈忠强的行为是以欺诈方式非法牟利，这是极为恶劣的一点。最终，法院以被告人陈忠强，犯集资诈骗罪，判处有期徒刑十年，并处罚金人民币10万元。

总之，在国艺产交所这起案件中，法院以诈骗罪、集资诈骗和提供虚假证明文件罪对各被告人依法作出判决。

在我看来，这是一起以艺术品实物资产为基础，通过虚假评估，发售艺术品资产权益证券，利用国艺产交所这个虚假平台进行欺诈的案例，完全符合金融欺诈的特征。因此，我认为这是一起典型的金融欺诈案件。

8/ 案件点评

当我们全面解析了国艺产交所这起金融欺诈后，回头再看这起案件的发生时，坦率地讲，我们不能苛责每一位参与者都没能辨别真伪，不能说每一位受害者都是自己的问题。

第一，艺术品实物资产十分独特，这加大了投资者投资的难度。

近些年来，随着国内经济的发展，艺术品的投资需求不断上升，客观上吸引了大量的潜在参与者。但是艺术品具有三个特点：一是它的价值评估难以做到绝对的公允[①]；二是艺术品资产真假鉴别在业内本来难度就大；三是艺术品资产整体来说价值偏高，且不易分割。

大量的投资者想要参与艺术品的投资，但是又不具备这样的实力，而张海龙等人正是抓住了这样的市场需求，将艺术品实物进行权益分割，这样就降低了参与艺术品投资的门槛，客观上满足了一些人的艺术品投资需求。所以，正是因为有这样的市场，有这样的需求，当张海龙创建了国艺产交所后，才能吸引那么多的受害者参与投资。

第二，市场中交易所种类繁多，许多人对我国金融体系不了解，国艺产交所对缺乏金融知识的受害者确实有一定的迷惑性。

此时此刻，如果你打开互联网，把“交易所”作为检索条件，我相信你一定能够查到各式各样的交易所。正如我们之前给大家讲到，在我国，交易所的设立有着严格的标准和审批程序，与大家在网络上看到的各种所谓的“交易中心”“交易所”是有本质区别的。但是，正是这些客观存在的各种各样的交易所，对于社会公众来说，他们又如何分得清楚呢？因此，当国艺产交所出现在他们面前时，他们自然也不会怀疑。再加之国艺产交所注册在香港，他们就更加难以核验了。

第三，在这起案件中，资产评估机构起到了推波助澜的作用。资产评估

① 公允，是会计学领域的专业词汇。一般是指公允价值。所谓公允，就是客观的、真实的价值反映。

机构作为市场中的专业服务机构，本应该客观、公允地反映资产的价值，出具真实的评估报告。对于一般的社会大众，我们只能相信这样的专业机构出具的专业意见，尤其是像艺术品这样的特殊资产。但是，在这起案件中，资产评估机构却发挥着相反的作用，它们虚假评估，夸大价值，严重地误导了投资者。

正是以上种种客观原因的存在，尤其是2012—2017年，各种类型的交易所大量出现，鱼龙混杂真假难辨，才有了不法分子借机创建虚假交易所的机会。因此，监管部门加强对交易所的整顿和治理是非常必要的。

2011年11月11日，国务院发布了《关于清理整顿各类交易场所　切实防范金融风险的决定》（国发〔2011〕38号）文件，其中规定："除依法设立的证券交易所或国务院批准的从事金融产品交易的交易场所外，任何交易场所均不得将任何权益拆分为均等份额公开发行，不得采取集中竞价、做市商等集中交易方式进行交易；不得将权益按照标准化交易单位持续挂牌交易，任何投资者买入后卖出或卖出后买入同一交易品种的时间间隔不得少于5个交易日；除法律、行政法规另有规定外，权益持有人累计不得超过200人。"

2012年7月12日，国务院办公厅发布了《关于清理整顿各类交易场所的实施意见》（国办发〔2011〕37号），文件明确了清理整顿的范围包括从事权益类交易、大宗商品中远期交易以及其他标准化合约交易的各类交易场所，包括名称中未使用"交易所"字样的交易场所，但仅从事车辆、房地产等实物交易的交易场所除外。其中：

第一，权益类交易包括产权、股权、债权、林权、矿权、知识产权、文化艺术品权益及金融资产权益等交易；

第二，大宗商品中远期交易，是指以大宗商品的标准化合约为交易对象，采用电子化集中交易方式，允许交易者以对冲平仓方式了结交易而不以实物交收为目的或不必交割实物的标准化合约交易；

第三，其他标准化合约，包括以有价证券、利率、汇率、指数、碳排放权、排污权等为标的物的标准化合约。

当前，随着各项措施的落地，国内各类交易所步入了规范发展的阶段。同时，我想强调，投资者应当加强对交易所的认识，增强金融投资知识，注重投资风险的防范与识别，避免再次上当受骗。

优索环保案——民间借贷欺诈

你要别人的利息，而别人可要的是你的本金啊！

借贷，人类社会最普遍的经济行为，它与我们每个人都息息相关。没有人敢说“我这一辈子绝不向他人借钱”。在当今社会经济活动中，一个人可能既是债权人，又是债务人，债权债务关系始终伴随并影响着我们。

借贷的本质是偿还。然而，在现实生活中，许多投资者忘记了这个基本原则，他们首先关注的是利息的高低。往往是谁出的利息高，就把资金借给谁，结果常常是连本金都收不回来。在“优索环保案”中，犯罪分子以民间借贷作为工具，以超高的利率和超短的期限为诱饵，非法向社会公众吸收资金，最终导致大量受害者无法收回本金，造成重大的经济损失。

在这起案件中，犯罪分子并没有运用多么高超的金融知识，但仍旧吸引了大量受害者参与，其中的根源就在于投资者违背了借贷的偿还性本质。

优索环保案——民间借贷欺诈

1/ 案情简况

自人类社会活动诞生以来，“借”这种行为就伴随着人类。可以是借一斗大米，还一斗大米，也可以是借一头水牛，还一头水牛。当钱币出现在我们的生活中时，借钱也就成了一种比较普遍的现象。

在专门经营信贷的机构诞生以前，人与人之间就已经发生了借款行为。如今，按照现行的法律规定，除经国家有关部门批准，专门从事信贷业务的经营机构①对外出借资金以外，其他在个人与个人之间，个人与机构之间，机构与机构之间所发生的借贷行为，都可以称为民间借贷。

借贷行为的背后，反映的是一种债权债务关系。它指的是债权人将资金出借给债务人，债务人按照约定的条件，按期支付利息，到期还本的法律关系。因此，站在借款人的角度来看，这是一种以支付利息为条件的融资行为。而站在出借人的角度来看，这是一种以获取利息为收益的投资行为。当前，国家以法律形式明确规定：“合法的民间借贷受法律保护。”然而，从实际情况来看，在民间借贷之下，却暗藏着非法融资、高利贷、砍头息，以及暴力催收、黑恶团伙等违法行为，对此，国家相关部门一直保持高压态势，持续打击，但以民间借贷作为合法外衣的违法犯罪活动仍然高发。

2016年12月15日，由河南省南阳市卧龙区人民法院公开宣判的，针对“上海优索环保科技发展有限公司、刘伟华非法吸收公众存款”的案件，将上海优索环保科技有限公司（以下简称优索环保公司）带入公众视野。此后，各地人民法院针对优索环保公司非法集资案的关联刑事诉讼进入了高峰期。随着

① 在我国，专门从事信贷业务的经营机构称为金融机构。民间借贷的范围比较广，只要是非金融机构发生的借贷行为，都可以视为民间借贷。

案件的陆续宣判，这起案件的全貌才逐渐显露出来，更加彻底地揭露了这起由段国帅、陈翔等人一手策划的，利用优索环保公司作为借债主体，以民间借贷为手段，向社会公众非法吸收存款的事件真相。

此时此刻，许多受害者才恍然大悟。这个号称“上市公司”“实力雄厚”以及“背景强大”的优索环保公司，不过是段国帅、陈翔等人处心积虑美化的结果，他们的目的就是要骗取受害人的资金。大家或许仍有疑惑，这起案件到底是如何发生的？段国帅、陈翔等人到底利用了受害者的哪些知识盲区和对金融的误解，才最终引诱受害者上当受骗的呢？

当我们以“优索环保”作为关键词，在中国裁判文书网进行检索，截至2021年8月15日，合计查询到刑事案由文书22份。我们将此作为基础材料，对案件进行了详细、全面的梳理。我们发现，这起案件涉及484名集资参与人，共755份合同，合同金额高达119725000元，实际损失金额103323440.06元。

同时，在对案件判决书的梳理过程中，我们更加清晰地了解了事件的事实真相。毫不客气地讲，优索环保公司这起案件是一场自始至终、彻头彻尾、精心伪装的金融欺诈案，而它是这样开始的。

知识扩展1

“偿还”是债权债务关系的本质

“有借有还，再借不难”是债权债务关系最基本的特征。

债权债务关系是债权人和债务人之间所发生的资金借贷行为。出借资金的一方称为债权人，借入资金的一方称为债务人。债权人和债务人，以及双方之间的借贷行为，共同构成了债权债务关系。

在任何一个债权债务关系中，至少要有五个基本要素：

第一，借贷主体。在债权债务关系中，存在两方当事人，一方是债权人，另一方是债务人，缺少任何一方都不可能形成债权债务关系。

第二，借贷金额。也称为借贷本金，是指借贷的资金规模。

第三，借贷期限。表明借款时间的长短。

第四，借款利率。这是出借资金的价格，并按此计算利息。

第五，还款方式。

在一个债权债务关系中，除以上五个基本要素以外，还可能存在其他的补充要素，这些要素共同支持一个完整的债权债务关系。

比如，A借款100万元给B，借款金额100万元，借款期限1年，约定的借款利率为12%，到期还本付息。并且，该借款约定C为B的借贷承担还款担保。

在这里，第一，A和B是借款主体，A是债权人，B是债务人；第二，借贷本金是100万元；第三，借款期限为1年；第四，借款利率是12%；第五，到期还本付息则是偿还方式；第六，C为B的借贷承担还款担保，这就是补充要素。

根据债权债务关系中偿还保障的不同，我们可以把债权债务关系划分为以下三种：

1. 抵押债权债务关系。显然，抵押债权债务关系是以抵押物作为基础，对债权债务关系承担还款保障的方式。只要抵押物价值稳定，能够足额覆盖借贷本息，这种方式对债权人来说是最安全的。

2. 担保债权债务关系。担保债权债务关系的核心是担保，在此，担保人对债务人的还款承担连带偿还责任，共同形成对债权人的义务。但是，并不是所有人都可以担任担保人。一般来说，担保人自身的还款实力要优于原债务人，否则担保将毫无意义。我经常说，一个穷光蛋给另一个穷光蛋担保，并不改变穷光蛋的本质。

3. 信用债权债务关系。信用债权债务关系是这三种债权债务关系中相对来说风险最大的。因为这是债务人以自身信用条件为基础来保障债务偿还的，有很大的不确定性。

当然，对于抵押、担保和信用这三种债权债务关系，不能简单绝对地强调谁的风险就一定大，谁的风险就一定小，需要结合具体的借贷主体、抵押资产和担保条件等情况，进行具体的分析。

在认识债权债务关系时，一定要清楚债权债务关系的本金和利息并不是并列的关系，而是以收回本金为前提，利息收益是随后的。只有把握这个关系后，在涉及具体的债权债务关系时，才能作出正确的处理。

2/ 主体平台

假设有两家公司向你借钱，一家是上市公司[①]，另一家是非上市公司，请问你会借给谁？在大家的认知中，一般都认为上市公司实力更为雄厚，还债能力会更强，因此自然更愿意借给上市公司。

这就谈到了债权债务的问题。借款反映的是一种债权债务关系，是债务人按照约定的条件偿还本息的行为。因此，对出借资金的一方来说，要确保能够按照约定收回本息，一是借款主体信用要好，二是本息偿还要有保障。同样，站在借款者的角度，要想借到钱，就必须得确保这两个条件。

对于正常的民间借贷，无论是出借者还是借款者，都会秉持诚实守信的原则，不隐瞒、不欺诈。但是，在大量民间借贷中，却有不少是以民间借贷为由头，实质上进行欺诈的假借贷真骗局，比如优索环保公司这起案件。作为策划者来说，他们深谙借贷的精髓：要想老百姓掏钱，首先你得包装出一个高大上的主体平台。优索环保公司正是在这样的想法下创立的。

在互联网上，优索环保公司是以“环保科技公司”“国际投资集团控股”以及“上市公司”的名头对外宣传的。在这样的名头下，优索环保公司被塑造成一家实力雄厚的企业，然而事实真的是这样吗？

首先，我们先看一份刑事判决书。根据〔2016〕豫1303刑初724号刑事判决书，作为同案犯出庭的段国帅本人的供述时说：“2013年7月，我成立上海优索环保科技发展有限公司，该公司是招商引资项目，办公地点在上海市徐汇区徐汇路华林大厦12楼，公司的法人是我本人，主要经营范围是环保科技产品的研发和销售。我们当初成立这个公司就是先以承担债务入股的方式，花了3000万元收购了无锡唐氏环保科技有限公司，他们生产的有城市垃圾处理设备，并且有示范工厂。公司成立以后，高薪聘请了8个环保科技专家，组织20多名人员在全国和当地的政府部门谈建垃圾处理厂项目，由我们建厂提供设备进行运营，政府部门根据垃圾处理量给公司补贴……”

其次，在〔2016〕豫0105刑初988号刑事判决书中，河南省环境保护产业协会副会长兼秘书长毕某，作为证人出庭时证实：“上海优索环保科技发展有

① 上市公司，是指其股票在证券交易所公开上市交易的公司。这里需要区别公众公司和上市公司，上市公司一定是公众公司，但是公众公司不一定是上市公司。比如，在我国新三板挂牌的企业，属于公众公司，但不是上市公司。

限公司法人段国帅邀请其到上海参加上市仪式，并考察相关垃圾处理技术，其去上海考察后当天就回郑州了……”并且，多位受害人证实，他们都参与了优索环保公司的上市仪式。

最后，在互联网上，优索环保公司是这样介绍自己的：“优索环保公司成立于2013年，是由美林国际投资集团投资控股的环保高新技术企业，公司总部位于上海市吴淞路308号耀江国际广场，注册资本3000万元人民币……”

上述的信息真实可信吗？我们通过裁判文书和互联网信息查询工具，对段国帅本人的供述以及互联网宣传的资料进行了核实。

第一，关于主体问题。全国企业信用信息网①显示，2013年7月，上海优索环保科技有限公司在上海成立，注册资本3000万元。创始股东分别是段国帅、王俊丽和朱纪得，股份比例分别是51%、30%和19%。从股份比例来看，段国帅是公司的大股东和实际控制人。

首先，从股权关系来看，优索环保公司与美林国际投资集团之间没有关系。通过全国企业信用信息网查询，其中有两家机构，一家为美林国际有限公司，该公司是成立于2007年的外资企业，而另一家是美林国际投资股份有限公司，该公司成立于2001年，目前处于“已告解散”状态。我们无从知晓，优索环保公司所宣称的美林国际投资集团到底是哪一家。不过从现有的信息来看，优索环保公司的宣传缺乏事实依据。

其次，关于段国帅所说的“优索环保公司在成立后，以承担3000万元债务的方式收购了无锡唐氏环保科技有限公司”这种说法，我们通过全国企业信用信息网查询了无锡唐氏环保科技有限公司的股权结构和变更记录，并未查询到二者之间存在任何关联。并且，在对被告人陈翔的刑事判决书中，陈翔提到：“段国帅提供了一些公司资料用于包装宣传，其中一家是无锡帅世杰环保科技有限公司。”而在全国企业信用信息网上，该公司并不存在。

由此可见，无论是段国帅本人所说的无锡唐氏环保科技有限公司，还是陈翔提到的无锡帅世杰环保科技有限公司，从权威渠道查询的资料来看，它们之间都不存在直接的股权关系。但是，部分受害人确实又在陈翔的组织之下，实地对项目进行了考察。我们据此可以推断，段国帅可能是通过其他方式，与

① 由国家市场监督管理总局主办的国家企业信用信息公示系统，供社会公众查询企业基本信息。网址是 http://www.gsxt.gov.cn/。

有关的环保公司形成了某种关联，为之后大量集资人考察项目做好了铺垫。

第二，关于上市问题。优索环保公司是上市公司吗？我可以肯定地回复你“不是的”。

据查，2014年5月16日，优索环保公司在上海股权托管交易中心[①]挂牌，挂牌交易代码是200735。这里涉及一个金融领域的专业词汇“上市”。

所谓上市，也称为首次公开募股（IPO），它是指企业通过证券交易所首次公开向投资者发行股票，募集资金用于企业发展的过程。因此，一般把股票在证券交易所公开上市交易的公司，称为上市公司。那优索环保公司在上海股权托管交易中心挂牌，属于上市吗？优索环保公司能称为上市公司吗？

在此我想强调的是，近些年随着我国多层次资本市场的发展，国家鼓励并引导企业从间接融资向直接融资[②]转变。在此背景下，除全国统一的股权交易市场外，各地还建立了一批地方性、区域性的股权交易中心，这些股权交易中心承担着为本地区企业提供挂牌服务、信息展示以及促进融资的职责。以四川省为例，2013年7月，经国务院授权，四川省政府和西藏自治区政府批准，在原成都（川藏）股权交易中心基础上，成立了天府（四川）联合股权交易中心，简称天府股交中心。天府股交中心的核心功能就是为川藏非上市公司特别是中小微企业和全国投资者提供投融资对接服务。在天府股交中心官网首页，清晰地载明了“区域性股权市场是非上市企业直接融资的主渠道”这样的提示信息。

从以上对上市的定义和理解中，我想说明以下四点：①上海股权交易中心是同天府（四川）联合股权交易中心一样，是区域性的股权交易所；②股权交易中心的主要职能是为本地区企业提供挂牌服务，挂牌实质上是展示，即向特定的合格投资者提供企业融资的信息，因此，挂牌区别于上市；③股权交易中心面向的是中小微企业，这些企业仍然处在发展早期，具有极大的不确定性；④任何依法注册的企业，都可以申请在股权交易中心挂牌展示。

---

① 上海股权托管交易中心，是区域性股权交易所，业内惯称为“新四板”。

② 比如，股票市场融资是直接融资行为，供需双方直接完成融资，而银行信贷属于间接融资，资金供需双方通过银行这个金融中介机构达成融资需求。它们划分的依据是看在融资过程中是否有金融中介机构参与。

因此，优索环保公司以在上海股权交易中心挂牌，宣传其是上市公司，这是典型的夸大和误导社会公众，以期塑造出优索环保公司实力雄厚的形象，这是有意为之的。

通过以上对运作主体的分析，我们可以看出，段国帅、陈翔等人所塑造的优索环保公司是“环保科技公司”“国际投资集团控股”以及“上市公司”，这些名头都是存在严重问题的。但是，在这一系列的操作之下，对缺乏基本金融常识的投资者来说，就产生了幻觉。尤其是当受害人自己也亲自参与了所谓的上市仪式后，这一切就更加得到了强化。

3/ 项目包装

在“环保科技公司”“国际投资集团控股”以及“上市公司”这些高大上名头的包裹下，大家必然相信优索环保公司实力雄厚，信用良好。但要想借到钱，这还不够！

在日常生活中，如果你想要向别人借钱，别人总得问个一二三[①]，你得讲讲为啥要借钱，对吧！也就是说，你得有个合理的理由。如果你说你借钱是为了还债，那你几乎不可能借到钱。但如果你说你现在有个好项目，差一点启动资金，那你借到钱的可能性就比较大。为什么？因为出借者会据此判断，你是否还得起钱。因此，一个好的充满前途的项目，是你借到钱的非常关键的因素。

在优索环保公司这起欺诈案中，段国帅、陈翔等人在精心包装了公司主体后，接下来的关键就是包装个好项目，而正处在风口期的环保项目自然是他们最好的选择。

2011年4月19日，国务院转发了由住建部、环保部、发改委、卫生部等16个部门联合印发的《关于进一步加强城市生活垃圾处理工作意见的通知》（国发〔2011〕9号），进一步将城市生活垃圾处理项目推向了发展的高潮。随之而来的，是各地方政府相关的政策配套，以及招商部门对垃圾处理项目的引进。在这个大的政策背景之下，各式各样围绕“城市垃圾处理”的环保科技公司应运而生。

在这之中，有的是认认真真、踏踏实实从事科技研发或实干项目的企

① 问个一二三，是四川当地的一种说法，是指要问清楚情况，弄明白缘由的意思。

业，它们为各地城市发展和环保卫生等作出了贡献，但其中也不乏像优索环保公司这样无业务的皮包公司。它们善于借社会的热点、时代的背景，把虚无缥缈的企业通过巧妙设计，伪装成高大上的公司。优索环保公司宣称的项目模式是这样的：它们是为各地政府解决垃圾处理问题的，由优索环保公司修建垃圾处理厂和供应处理设备，并提供专业化的运营，而政府部门再根据他们的处理量来支付费用，给予补贴。

我们换位思考，站在政府职能部门的角度来看，优索环保公司一是可以解决城市垃圾处理问题，二是可以缓解政府投资的压力，三是企业先投资政府后付费是较为稳妥的。在优索环保公司这样的巧言令色下，政府难道不心动吗？

正是在这样的背景下，优索环保公司就很容易被当地政府作为招商引资项目落地，而这恰恰成了段国帅等人为自己强大的背景和正规的公司做的信用背书。

另外，从老百姓的视角来看，第一，项目都是国家支持的，那肯定是好项目；其次，都是当地政府招商引资过来的，应该不会有假；第三，环保科技项目太高大上，而建垃圾处理厂是再简单不过的了。老百姓还会想，这是个好生意，一个城市一天要产生那么多的垃圾，这些垃圾都需要处理，处理完了就需要付费，付费的又是政府，政府是很有保障的。再说，当企业把垃圾处理厂修好后，垃圾处理厂又搬不走拉不动，有固定资产在，怕什么。

沿着这一套逻辑推理下来，老百姓会得到一个结论：这是一个好项目。当然，以上仅仅是我个人的一个逻辑推理，但是，我觉得高大上的项目老百姓不一定关心，但对自己身边的事情他们一定有自己的看法。

在这个过程中，如果还有有心者巧妙利用一些微妙的关系，那就更容易让你上当受骗了。

在针对被告人陈翔的刑事判决书中，作为证人出庭的河南省环境保护厅产业协会副会长兼秘书长的毕某，因优索环保公司曾经向河南省环境保护厅、河南省环境保护协会致函，请求有关部门给优索环保公司在当地发展环保相关业务提供支持，双方之间有了函件往来。段国帅便以此为由邀请毕某到上海股权托管交易中心参加挂牌仪式，并合影留念，而这也就成了证明段国帅本人有强大的政府资源，以及项目获得政府部门支持的重要依据。殊不知，这些都是段国帅精心策划的，是诱导大家上当的其中一步。

4/ 关联担保

为了让投资者相信优索环保公司具备还款的实力，段国帅、陈翔等人还为他们的借款设计了担保机制。

通过查询，在优索环保公司这起金融欺诈案中，一共出现了六家案外公司，分别是河南至翔商贸有限公司、无锡帅世杰环保科技有限公司、贵州欣源矿业有限公司、巩义铝钒土矿、云南美林矿业开发有限公司和西双版纳银海福林石斛有限公司。

以上六家公司是在针对被告人陈翔的〔2016〕豫0105刑初988号刑事判决书中陈翔供诉由段国帅提供给他的，在针对被告人段国帅的（2020）豫0105刑初245号刑事判决中段国帅本人的供述中也有所提到。

通过对判决书内容的详细分析，我们得知：

河南至翔商贸有限公司的主要任务是完成借款资金的走账。投资人通过该公司的POS机刷卡，最终再将资金转至段国帅本人的银行卡中。

西双版纳银海福林石斛有限公司则作为担保公司出现在本案中。在针对被告李爽等人的（2019）豫13刑终50号刑事判决书中，是这样表述的："2014年5月以来，李爽在优索环保公司法人段国帅的授权下，在南阳非法募集资金，公开宣传该公司是一家国家扶持、前景良好的上市公司，需增资扩股，用于在全国经营建设生活垃圾回收利用站，并许以高息（主要是月息4分），借款人为优索环保公司，出借人为集资参与人，借款人以西双版纳银海福林石斛有限公司的全部资产作为担保，双方签订借款协议。"

由此我们得知，西双版纳银海福林石斛有限公司是以全部资产对优索环保公司的借款承担还款履约保障的。正如我们在前面所强调的，担任担保人是有条件的。只有当担保人的偿还实力明显优于被担保人时，担保才有意义。然而，作为受害者，对于这样一家为借款提供担保的公司，它的资产实力和偿还能力到底如何，或许他们从来没有关心过。

至于其他的公司，与段国帅本人到底是怎样的关系，我们没有更充足的资料，也就无法做出准确的判断。在这起案件中，它们的出现，或者是为段国帅本人增分添彩，证明他有实力，或者是成为担保机构，为优索环保公司的借款提供担保。无论是哪一种，它们都是这起案件中策划者设计的一个环节。

5/ 用好人才

在优索环保公司这起欺诈案中，除段国帅本人以外，另一位核心人物是案件的具体实施者陈翔，他对这起欺诈应该说是“功不可没”的。

当我梳理了由陈翔管理的近10个客户经理的刑事判决书，以及他们最终的判处刑期后，我不由得感慨，能力强和集资规模大的人的刑期更长、处罚更重。这也足以告诫所有人，能力必须要基于正确的事情，要以德行为基础，否则真的就是灾难。

2014年8月，在段国帅、陈翔的策划之下，优索环保公司在河南召开了定向增资扩股发布会，正式启动了优索环保公司在河南地区的非法集资行为。

2014年初，陈翔受段国帅的委托，在河南省郑州设立了优索环保公司郑州办事处，由陈翔担任总经理，段国帅安排申凯文协助。之后，陈翔利用自己的人脉，通过公开招聘等方式建立了一个十几人的客户经理团队。通过对裁判文书的整理发现，直接隶属于陈翔管理的被提起刑事诉讼的客户经理就有八人。另有一人叫王伟，我们并未查询到其被诉讼的记录。不过，在针对报告人刘伟华的刑事判决书中，明确提到王伟曾在优索环保公司郑州办事处工作。

王伟在其女友王某艳的牵线搭桥下，促成了被告人刘伟华在河南省南阳市成立优索环保公司南阳办事处，刘伟华担任南阳办事处负责人。在他的努力之下，又组建了十几人的客户经理团队。据统计，南阳办事处共计向63人集资了2334万元，其中客户经理欧阳金环一人就募集了3174000元。

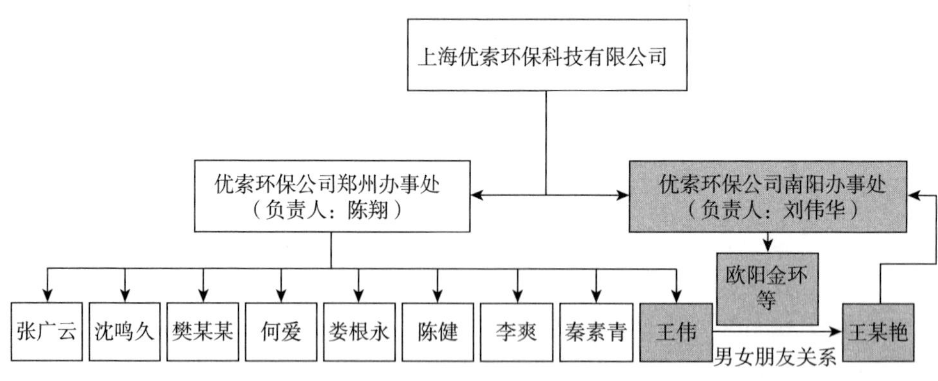

图 4.1　优索环保公司郑州办事处人员关系

刘伟华负责的优索环保公司南阳办事处集资的规模，占整个优索环保公司全部集资119725000元的总规模，还仅仅是个零头，更大的部分还是来自陈翔负责的优索环保公司郑州办事处。通过对相关刑事判决书的整理，隶属陈翔管理且被提起刑事诉讼的客户经理共8位。其中，集资涉及人数最多、规模最大的是客户经理李爽，共计向104人募资，合计集资规模高达2835万元，占优索环保公司总集资规模的24%左右，足可见其“贡献”之大。

表 4.1　优索环保公司郑州办事处集资明细

序号	姓名	涉及人数	集资规模（人民币元）
1	张广云	43	7470000
2	沈鸣九	32	11220000
3	樊某某	34	13920000
4	何爱	24	8030000
5	娄根永	16	4180000
6	陈健	39	8000000
7	李爽	104	28350000
8	秦素青	16	7750000
合计	—	308	88920000

注：根据优索环保公司关联刑事判决书数据整理。

在进一步对陈翔集资团队的梳理过程中，我们还可以看到另外的一些信息。

第一，1960年出生的陈翔，2008年曾因犯诈骗罪被判处入狱。在其团队成员中，有4位都与他是老相识，这个熟人关系网络对他的集资起到了重要作用。

表 4.2　优索环保公司郑州办事处客户经理基础信息统计

序号	姓名	性别	出生年份
1	张广云	女	1952 年
2	沈鸣九	男	1969 年
3	樊某某	女	1972 年
4	何爱	女	1963 年
5	娄根永	男	1980 年

续表

序号	姓名	性别	出生年份
6	陈健	男	1978 年
7	李爽	女	1980 年
8	秦素青	女	1980 年
9	陈翔	男	1960 年
10	刘伟华	女	1962 年

注：根据优索环保公司关联刑事判决书数据整理。

第二，在这10人的核心团队中，女性6人，男性4人。我无法猜测这是否是有意为之。假如这是有意行为，那显然是充分地利用了女性更容易获得信任的优势。

第三，从年龄分布结构来看，这个团队可绝不是小年轻的脑门一热，而是都有着比较丰富的社会阅历。年龄最大的是生于1952年的张广云，在2016年案发时已经64岁了；年龄最小的有3位，分别是娄根永、李爽和秦素青，他们都出生于1980年，案发时也已经36岁了，绝对不算缺乏判断力的小年轻。

第四，在这个集资网络中，有的成员除了给优索环保公司集资外，还给其他公司募资。根据（2015）宛刑初字第448号刑事判决书显示，被告人李爽除给优索环保公司集资2835万元以外，还自2013年起给河南汇中生物公司非法募集资金，累计7990万元，由此可见当地集资行为的普遍。

我们无从知晓，在河南以外的地区，优索环保公司是否也有集资的行为。不过仅陈翔负责的优索环保公司郑州办事处，在短短几个月的时间里就已经集资上亿元，可怕至极。

优索环保公司这起欺诈案真正让我感到震惊的是，这个集资网络绝不仅仅是我们前面提到的这10个客户经理。在利益的诱惑之下，这个网络会不断地扩张，像吸血鬼一样源源不断地从老百姓手中吸取资金。这个事情真正可怕之处在于，它会蔓延，会发酵。

6/ 以利为饵

我们一直在说，优索环保公司这起欺诈案是在民间借贷的外衣下进行的。在这一部分，我们就一起来揭露优索环保公司的借贷骗局。

在对优索环保公司关联刑事判决书的整理中，我们认为有两份判决书是非常具有代表性的，值得大家深思。

第一份是针对被告人胡春梅的刑事判决书。在〔2018〕豫0703刑初253号刑事判决书中，对被告人有详细的说明，其中提到自2013年8月起，胡春梅租赁新乡市卫滨区淘宝城706房间作为工作场所，通过口口相传，看幻灯片等方式，为包括优索环保公司在内的多家公司非法吸收资金赚取提成。至案发未归还资金529.5545万元。其中，为优索环保公司非法吸收资金33万元。因上述行为，胡春梅被法院以非法吸收公众存款罪判处有期徒刑四年，并处罚金6万元。

第二份是针对被告人刘朝怀的刑事判决书。在〔2017〕豫1329刑初66号刑事判决书中，提到刘朝怀曾担任过保险销售员、银行信贷员，以及当地乡村小学教师，在当地有着较好的人脉威望，容易获得当地人的信任。凭借这种优势，刘朝怀便以比银行收益更高的利率向当地群众借款，汇集资金之后又以更高的利率借给企业。

据统计，刘朝怀自2012年起，共计向当地群众吸收存款744.7387万元，然后以月息1.5%~3%不等的利率分别出借给优索环保公司255万元，万裕公司288万元，以及南阳易林公司380万元，合计出借923万元，其中180万元为刘朝怀自有资金（见图4.2）。

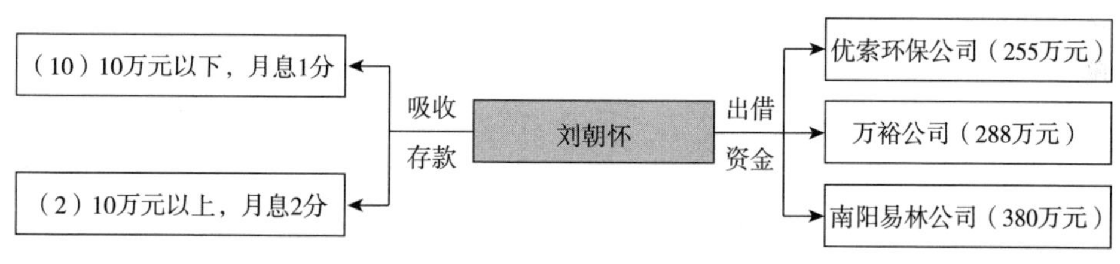

注：根据〔2017〕豫1329刑初66号判决书整理。

图4.2 刘朝怀资金来源去向

我们特别注意到，在判决书中提到，刘朝怀给存款人出具各种存单、理财单和收据等，其中有一份人民币理财专用收据是这样出具的：

“今收到卢某人民币理财款15000元，月划算利率为1%，期限为三个月。起息日为2014年12月28日，满期日为2015年3月28日。”

从以上收据中我们得知，刘朝怀以月利率1%，年利率12%的利率水平向当地群众吸收存款，然后再以更高的利率出借给企业，赚取利差，其行为显然是违法的。因此，法院以刘朝怀犯非法吸收公众存款罪，判处有期徒刑三年，罚金5万元。

以上两个案子都涉及优索环保公司，属于关联案件。不管是胡春梅，还是刘朝怀，甚至还有其他人，他们这样做的根本原因还在于一个“利”字。

在优索环保公司这起案件中，段国帅、陈翔等人可谓是谋划精密，拿捏精准。

首先，在分配机制上，陈翔的收益是集资总额的4%，而客户经理则拿集资额的30%。刘伟华是通过王伟的关系联系上的，所以他所获得的收益是集资额的15%~25%。我们把判决书中的数据整理绘制成表4.3。由表可见，客户经理陈健获得了5738800元的佣金收入，在统计的数据信息中，排名第一位。

表 4.3　优索环保公司部分客户经理佣金收入统计

序号	姓名	获得佣金收入
1	陈翔	4894400 元
2	张广云	3881500 元
3	沈鸣九	5260800 元
4	樊某某	2300600 元
5	何爱	393500 元
6	娄根永	未查询到数据
7	陈健	5738800 元
8	李爽	1133300 元
9	秦素青	200000 元
10	刘伟华	100 多万元
11	欧阳金环	296000 元

注：根据优索环保公司关联刑事判决书数据整理。

可以想象，在短短几个月的时间里，获得上百万元的收入对任何人来说都是有诱惑力的，这也是为什么能吸引那么多人参与的关键原因。

其次，陈翔还使用了一个杀手锏，把老百姓的“面子意识”充分利用起来了。在段国帅的授权下，陈翔花费了700多万元，为客户经理每人配置了一辆奔驰牌汽车。大家不要小看这个事情，它会带来两个结果，一是满足了这些客户经理的虚荣心，增强他们集资的动力；二是向投资者传递出一个信号，那就是这个公司很有实力。你看，面子和里子都有了，谁还不心动呢？

最后，剩下的就是搞定投资者，也就是他们的客户。在优索环保公司给出的集资方案中，有以下五个核心要素：

（1）该集资行为明确为借款，双方要签订借款协议；

（2）借款期限为四个月；

（3）借款利息按月息4分计算；

（4）借款时优索环保公司会提前支付两个月的利息；

（5）在借款协议中，约定了以段国帅的关联公司作为担保主体。

也就是说，假如投资者借款100万元的话，首先可以拿到8万元的利息，只需支付92万元，第三个月收到利息4万元，第四个月又会收到利息4万元，同时收到优索环保公司归还的100万元本金。

我们抛开上帝视角，设身处地地去考虑优索环保公司所创设的场景，在基于熟人的社会关系里，有充满前途的公司，股东强大的关系背景，以及非常短的借贷期限，立即兑现的收益回报，再加之客户经理的巧舌如簧。此时此刻，你真的能够逃脱吗？

知识扩展2

民间借贷利率的新变化

民间借贷是一种历史悠久、广泛存在的民间金融活动。

民间借贷主要是指自然人之间、自然人与法人或其他组织之间，以及法人或其他组织相互之间，以货币或其他有价证券为标的进行资金融通的行为。经金融监管部门批准设立的从事贷款业务的金融机构及其分支机构发放贷款等相关金融业务不属于民间借贷的范畴。

民间借贷是否合法？1986年颁布的《民法通则》第九十条规定：“合法的借贷关系受法律保护。”从我国法律规定及司法实践来看，合法的民间借贷关系是受法律保护的，只要借贷双方意思表示真实，不违反国家法律、行政法规的禁止性规定，相应的民间借贷行为就是合法的，应当受法律保护。

关于我国民间借贷利率的规定，可以分为三个阶段：

1. 2015年9月1日以前。根据最高人民法院《关于人民法院审理借贷案件的若干意见》［法（民）〔1991〕21号］第六条规定：“民间借贷利率可以适当高于银行的利率，各地人民法院可根据本地区的实际情况具体掌握，但最高不得超过银行同类贷款利率的四倍。超出此限度的，超出部分的利息不予保护。”

表 4.4 人民银行历次人民贷款基准利率调整（部分）

金融机构人民币贷款基准利率（2015 年 10 月 24 日更新）					
调整时间	六个月以内（含六个月）	六个月至一年（含一年）	一年至三年（含三年）	三年至五年（含五年）	五年以上
1991.04.21	8.10	8.64	9.00	9.54	9.72
2012.07.06	5.60	6.00	6.15	6.40	6.55
2014.11.22*	5.60		6.00		6.15
2015.03.01	5.35		5.75		5.90
2015.05.11	5.10		5.50		5.65
2015.06.28	4.85		5.25		5.40
2015.08.26	4.60		5.00		5.15
2015.10.24	4.35		4.75		4.90

① * 自 2014 年 11 月 22 日起，金融机构人民币贷款基准利率期限简并为一年以内（含一年）、一年至五年（含五年）和五年以上。

② 该数据图表详见人民银行官网（网址：http://www.pbc.gov.cn/zhengcehuobisi/125207/ 125213/125440/125838/125888/2943018/index.html）。

根据中国人民银行发布的历次人民币贷款基准利率调整表，以2015年8月6日前最近一次贷款基准利率调整，即2015年6月28日确定的贷款基准利率，按照银行同期四倍利率计算，此时民间借贷利率的上限分别为：一年以内19.4%，一年至五年21%，五年以上21.6%。

2. 自2015年1月1日起至2020年8月20日止。最高人民法院《关于人民法院审理借贷案件的若干意见》［法（民）〔1991〕21号］于2015年8月6日废止，取而代之的是《最高人民法院关于审理民间借贷案件适用法律若干问题的规定》（法释〔2015〕18号），该文件第26条规定：“借贷双方约定的利率未超过年利率24%，出借人请求借款人按照约定的利率支付利息的，人民法院应予支持。借贷双方约定的利率超过年利率36%，超过部分的利息约定无效。借款人请求出借人返还已支付的超过年利率36%部分的利息的，人民法院应予支持。”

在此期间，民间借贷执行“两段三区”利率规则，即：利率最高约定36%，超过36%的利息部分，绝对无效；约定利率在24%~36%的部分，属于自然债务，未偿还的该段利率法院不予支持，已经偿还的部分也无须返还；约定的利率少于等于24%的，全部有效。

3. 2020年8月20日至今。为顺应贷款市场报价利率（LPR）定价方式，降低中小微企业的融资成本，引导整体市场利率下行，最高人民法院在2020年8月18日对《民间借贷司法解释》中利率的“两段三区”进行修正，将2020年8月20日以后的民间借贷案件利率保护上限调整为同期LPR贷款基准利率的四倍。

图 4.3　上海银行间同业拆放市场

按照当前一年期贷款基准利率3.85%的四倍计算，民间借贷利率的上限为15.4%。

当前，民间借贷非常频繁，民间借贷引发的法律纠纷较多。在民间借贷中，还隐藏着非法经营、高利贷、砍头息，以及暴力催收、黑恶团伙等，给社会带来了不安定因素，因此国家相关部门一直对涉及民间借贷的犯罪行为持续打击，保持高压态势。

7/ 事件定性

一起案件的发生，往往牵扯着不同的涉案主体。通过解析我们发现，在优索环保案中存在着三个典型的涉案主体，分别是案件的主谋段国帅，案件的主谋和组织者陈翔，以及具体实施集资的客户经理群体。他们在案件发生和发展的过程中，扮演和承担的职责是不一样的。对此，法院会如何认定他们的行为，是非常值得关注的。因此，为了便于认识这起案件的性质，我们从这三个涉案主体的角度来看看法院的观点。

一是被告人段国帅，优索环保公司法定代表人，案件的主要策划者。河南省郑州市金水区人民法院于2020年9月28日，对被告人段国帅作出了刑事判决，编号为（2020）豫0105刑初245号。因段国帅不服一审判决结果，随后向河南省郑州市中级人民法院上诉，同年10月28日，该院作出维持原判的终审裁定，为案件画上了句号。

法院在判决书中是这样表述的："2014年4月，被告人段国帅在郑州市金水路229号浦发国际金融中心9号楼设立上海优索环保科技发展有限公司郑州办事处，由陈翔担任总经理，之后招聘了陈健等人为客户经理，未经国家相关部门批准，违反国家金融管理法规，通过口口相传等方式向社会公开宣传，虚构优索环保项目是国家扶持、由环保厅厅长亲自审批项目，段国帅有强大的政府背景等事项。以月息4分，并预先支付2个月的利息款为诱饵，承诺到期还本付息，通过与客户签订借款协议，由客户转账或付现金等方式向社会公众吸收资金。后被告人段国帅用所吸收资金，提前支付客户8%的利息，支付客户经理融资额30%及融资负责人陈翔融资总额4%的提成，除将少部分用于项目开发、房屋租赁费、办公费用、购买车辆外，大部分融资款项通过段国帅名下的河南至翔商贸有限公司转入平安信托有限责任公司挪作他用。2014年8月该公司资金链维持出现问题后，陆续停止还本付息。"

据此，法院认为：被告人段国帅未经国家相关部门批准，违反国家金融管理法规，扰乱金融秩序，向社会公众即社会不特定对象吸收资金，数额巨大，被告人段国帅的行为已构成非法吸收公众存款罪，公诉机关指控被告人段国帅犯非法吸收公众存款罪罪名成立。根据《中华人民共和国刑法》有关规定，判决如下：

（1）被告人段国帅，犯非法吸收公众存款罪，判处有期徒刑八年，并处罚金人民币35万元；

（2）赃款、赃物依法予以追缴。

由于被告人段国帅还牵扯另一起诈骗案，被判处有期徒刑十年，并处罚金人民币50万元。数罪并罚，最终决定执行有期徒刑十五年，并处罚金人民币85万元。

二是被告人陈翔，优索环保公司郑州办事处负责人，在这起案件中起着至关重要的作用。河南省郑州市金水区人民法院于2017年6月22日，对被告人陈翔作出判决，判决书编号为〔2016〕豫0105刑初988号。

法院在判决书中明确指出，被告人陈翔作为本案的策划人之一，与段国帅具有同样的作用，应认定为主犯。据此，法院以被告人陈翔，犯非法吸收公众存款罪，判处有期徒刑八年，并处罚金人民币35万元。

三是以被告人陈健为代表的客户经理们，他们在优索环保案的发生过程中同样起着关键作用，为此他们也将承担相应的法律责任。或许大家会有一个疑问，这起以上海优索环保科技有限公司作为犯罪主体的集资案件，是否应当认定为单位犯罪。客户经理仅作为员工，是否应当认定为是从犯，或者是否可以认定为是职务行为而免予处罚？对此，法院有专门的说明：被告人在共同犯罪中，应为本人涉及的合同金额负责，不宜区分主从。因此，各被告人不能以单位犯罪而非个人犯罪获得豁免①。

在此我们特别强调，从以上法院的认定中可知，作为员工，不能完全以执行单位决定，履行岗位职责为由，而免予刑事处罚。这对全体上班族都是一个警示。

我们以查询到的22份刑事判决书作为基础材料，统计了陈翔负责的优索环保公司郑州办事处客户经理的主要判决结果，如表4.5所示。

① 豁免，法律俗语。作为单位员工，因执行单位决定，履行工作职责，所导致的犯罪行为，应认定为职务行为，由单位承担法律责任，员工免予处罚。

表 4.5 优索环保公司郑州办事处客户经理判决结果（部分）

序号	姓名	罪名	判处刑期	罚金
1	张广云	非法吸收公众存款罪	三年三个月	10 万元
2	沈鸣九	非法吸收公众存款罪	三年三个月	12 万元
3	樊某某	非法吸收公众存款罪	二年	5 万元
4	何爱	非法吸收公众存款罪	三年六个月	15 万元
5	娄根永	非法吸收公众存款罪	三年	6 万元
6	陈健	非法吸收公众存款罪	三年	10 万元
7	李爽	非法吸收公众存款罪	二年六个月	30 万元
8	秦素青	非法吸收公众存款罪	三年	10 万元

注：根据优索环保公司关联刑事判决书数据整理。

在这起案件中，无论是作为主谋的段国帅和陈翔，还是作为具体实施，执行集资的客户经理们，法院都是以非法吸收公众存款罪这个罪名对被告人定性的。非法吸收公众存款罪，是金融领域犯罪的高发罪名，强调的是犯罪主体对社会不特定对象非法吸收存款的犯罪事实，是一种典型的集资行为。

在我看来，表面上优索环保公司是以民间借贷的方式募集资金，而实际上却是以非法手段向社会公众吸收存款。从民间借贷的行为来说，只要方式、手段、利率等符合法律规定，国家将予以保护。但是，以民间借贷作为手段的非法集资，却是违法行为。就这起案件来看，它是隐藏在民间借贷的合法外衣下的非法行为，属于典型的金融欺诈案。

8/ 案件点评

优索环保公司这起以民间借贷作为集资手段的金融欺诈案，已经落下了帷幕。但是，在优索环保公司之外，是否还有另外的主体，它们正复制着同样的事情。在被告人刘朝怀之外，是否仍然还有人以同样的方式一边吸收着资金，一边又对外放贷呢？这让我感到很担忧。

我们解析这起案件，除了帮助大家了解事件发生的过程，以及事件造成的损失后果，更为重要的是希望大家能够从中吸取经验教训，能够真正理解债权债务关系。只有当大家都能够正确认识民间借贷，识别民间借贷骗局，才能避免下一次相同案件的发生。

我们反复强调，借贷的发生中，“偿还性”是第一位的，这是债权债务关系的根本。不管是以经营信贷业务为主的金融机构发生的借贷，还是广泛存在于社会中的民间借贷，都属于借贷，其本质都是债权债务关系。因此，必须奉守“偿还”第一性。

然而，在实际借贷过程中，不少债权人却仍然以利率作为借贷的第一位。谁出的利率高，得的利息多，就优先出借给谁。从投资的角度来看，投资的目的是获利，这本没有错。对于一笔资金，在同样的时间内取得的利息越多，收益越大，当然也就越划算了。持有这样的观点，是错误地理解了债权债务关系中“偿还性”和“收益性”的关系。我认为，这二者不是并列的关系，而是“偿还性”先于“收益性”的关系，是在最大化保障借贷本金收回的前提下，考虑并兼顾“收益性”。如果违背了这个原则，那就是“你想要人家的利息，人家还想要你的本金呢”！

在正确理解了债权债务“偿还性”和“收益性”的关系之后，债权人就应当着重从三个方面对债务人进行考察。

一是对债务人自身信用条件的考察。在考察债务人的信用条件时，一方面是道德层面的，另一方面是实力层面的。道德层面主要是解决“想不想还”，而实力层面主要是解决“还不还得起”。

二是对债务人借款目的与动机的考察，即为什么要借钱，这是一个非常重要的问题。如果借款人借钱是为了赌博，那这个借贷本身就是不合法的。如果借款人借钱是为了发展，那就应当考虑其发展的合理性和可能性。

三是借款人是否提供增信保障条件。增信保障的目的显然是增强还款保障。因此，在考察增信保障条件时，要重点考察增信保障的真实性、合理性和合法性。

掌握了以上有关债权债务的基本知识后，并不意味着我们可以百分之百避免上当受骗。但是，对于像优索环保公司这样的金融欺诈，我们却完全可以避免。回顾优索环保公司提供的借款条件，其中借款利率是月息4分，也就是说借款年利率高达48%。就这一个条件我们可以推断出两点，一是它违反了国家对于民间借贷的利率规定，这是违法的；二是考虑到企业逐利性，优索环保公司需要很高的利润率才能保障利息的支付，从这个角度看，它是不合逻辑的。

华尔街之路案——原始股欺诈

这是一起荒唐的金融欺诈案！

如今，越来越多的企业登陆资本市场。企业的成功上市，早期的投资者赚得盆满钵满，成就了一大批的富翁，财富盛宴刺激着大家的神经。“无股权不富”也成为了这个时代投资者的人生信条。

当前，以股权投资为名的各种欺诈也是此起彼伏。“华尔街之路案”，是犯罪分子以原始股投资为名，通过传销模式发展投资者，以上市成功将获得上百倍的收益为诱饵，引诱投资者参与，最终欺诈受害者的钱财。

据估算，能够成功登陆资本市场，上市成功的企业不到市场企业总数的1%。由此可以想象，财富的盛宴并非是人人都能享有的。但是，在少数造富示例的鼓动下，大量既不懂企业，更不懂资本的群众盲目参与，躁动的心恰好被犯罪分子所利用。

我们之所以说“华尔街之路案”荒唐，是因为它无主体、无业务、无经营。然而，它仍然引诱了全国超30万人参与，这不得不引起我们反思......

华尔街之路案——原始股欺诈

1/ 案情简况

“阿里巴巴2014年9月21日在美国上市，造就了几十位亿万富翁，上千位千万富翁，上万名百万富翁。1元原始股就变成了161422元；

“腾讯2014年6月16日在香港上市，当时造就了五位亿万富翁，七位千万富翁和几百万位百万富翁。当年投资1元原始股，现在就变成了14400元；

“拼多多2018年7月26日上市，上市前投资1万元原始股，上市后就变成了866万元；

“华尔街之路项目控股全球上市及准上市公司，对接各行各业，是中国控股全世界的国际公司。现在投资原始股，一经上市你将获得上千上百万的财富。”

这是互联网上流传的一则宣传资料，当你看完之后，是否感到激情澎湃？在如今这个无股权不富的时代，股权投资已经成了许多人的追逐梦想，实现财富自由的方法。

然而，正是在这样的背景下，不少打着股权投资的名义，原始股上市的骗局应运而生，它们抓住社会大众想要暴富的心理，不断地引诱着社会公众上当受骗，受害者一次次地悔恨不已，但又一次次地深陷其中。作为金融观察者，既有对受害者的同情，又有对设局者的痛恨。虽然公安机关不断加大打击力度，但仍然无法铲除欺诈的祸根，究其根源还在于社会大众缺乏对股权投资的基本认识，暴富的想法仍然不绝。

知识扩展1

同甘共苦是股权的本质特征

任何一个企业都离不开一定量的资本，这是维系企业生存和发展的基础。

公司资本的来源，无外乎两种，一种是债权人借款形成的资本，另一种是股东出资形成的资本。债权人出资形成的资本称为债务资本，股东出资形成的资本称为股权资本。一家公司，可以是100%的股东出资，但不可能是100%的债权人出资。至于一家企业的股权资本和债务资本的比例结构，对处于不同行业、不同阶段，以及不同风格的企业，应根据实际发展需要来决定。

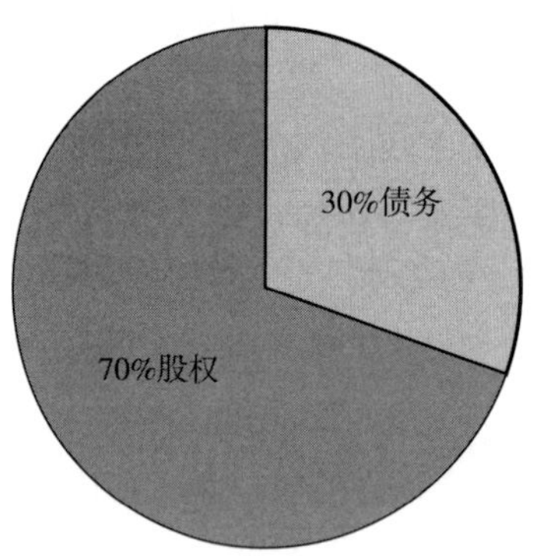

图 5.1　资本结构

股权资本的出资者，从身份上讲都统称为股东。出资者出资比例的多少，可以反映股东持有公司股份的大小。持有股份多的，我们称为大股东；反之，则称为小股东。

不论是大股东还是小股东，都是公司的股东，都持有公司一定的股权。因此，这里有三个问题需要解释。

问题1：公司的主体地位。

根据法律规定，公司是指依据一国《公司法》依法设立的，以盈利为目的的企业法人组织。因此，公司是具有独立法人资格的主体，享有权利的同时，也承担相应的义务。

问题2：股权的五个特征。

股东作为股权的所有者，依法享受收益的同时，也承担相应的风险。股权具有5个特征：第一，收益性。股东可以依照持有的股权参与公司利润的分配。第二，风险性。企业的经营存在亏损和破产的风险，股东按照持股比例承担相应的损失。第三，期限性。公司一旦成立，只要持续经营，股东不能要求退股。从理论上讲，公司是永久的，除非依法解散或破产清算。第四，流动性。虽然股东不能要求退股，但是在一定的条件下，可以向其他股东或者第三方转让股权，与公司脱离关系。第五，参与公司治理。作为公司股东，可以依法行使投票权、选举权以及提案权，履行股东职责，行使股东权利。

问题3：股东与公司之间的关系。

虽然是股东出资设立的企业，但是，股东和公司之间是独立的主体，各自独立承担法律责任。同时，股东作为公司的出资人，依法享有相应的权益。因此，从本质上，股东通过持有的股权，依法享有公司的权益。股权本质上反映的是所有权关系。股东的权益与公司的经营密切相关，企业经营得好，股东的收益高；反之，股东也要承担相应的损失。因此，可以归纳为一句话：股东与公司之间是“同甘共苦”的关系。

这就好比，你的爸爸（精子的提供者）和你的妈妈（卵子的提供者），他们共同出资成立了你。这里，你就是公司，而你的爸爸妈妈就是你的股东。你们都是独立的个体，在你年满18岁以后，都将各自独立承担法律责任。在你的一生中，你的父母会因你而荣。在你犯错时，别人都说“这是哪家的孩子”。同时，你的父母会参与你的一生，从你大学专业的选择，到你谈恋爱组建家庭，他们都会关心，甚至干预。甚至当你已经三四十岁，他们仍然挂念你的工作、事业。他们的一生都与你无法分离。所以说，当下一次你的父母再过问你的事情时，可千万别再说“不关你的事”，毕竟他们可都是你的股东啊！

这就是你和你父母的关系，与公司和股东的关系完全相同。

关于原始股投资的骗局，一个叫“华尔街之路”的案件引起我的重视。经查，华尔街之路案是以原始股投资为由头，巧妙设计了原始股和优先股，以拉人头式的传销方式为手段，在全国吸引了30多万人参与其中，给受害者造成了巨大的财产损失，社会影响非常恶劣。经公安机关、检察院以及法院等部门的联合调查，终于给这起以原始股上市为名义的金融欺诈案画上了句号。

策划者已经被判入狱，受害者也已经实际承担了损失。但是这起案件带给我们的思考仍在继续。我们把“华尔街之路”作为关键词，在中国裁判文书网进行检索，截至2021年10月12日，共查询到3份刑事案由文书。我们将此作为分析的基础，展开对这起案件的剖析。我们希望通过对这起案件的解析，帮助更多的人认识到其金融欺诈的本质，以避免再次上当受骗。

“华尔街之路”这起案件的发生，我们从以下几个方面展开说明。

2/ 项目主体

既然“华尔街之路”是以投资原始股并通过上市实现投资回报为诱饵的项目，那我们就从上市主体开始说起。

在〔2020〕湘0111刑初816号刑事判决书中，法院指出：“2018年10月左右，林有源（具体身份不详，在逃）指使被告人盛征在香港注册‘华尔街国际实业集团有限公司’等三家公司。随后林有源在原‘云数贸’‘建业联盟’等传销组织的微信群中宣传‘华尔街之路’项目，宣称该项目是扶贫、爱国项目，是一个全民参股，对接全世界180多个国家，帮助其他企业在全世界进行上市占股，并最终实现‘华尔街国际实业集团有限公司’上市的项目，购买该公司原始股或优先股能够获得高额回报……”

另外，在〔2020〕湘0102刑初678号刑事判决书中，作为证人出庭的同案犯盛征证实：“在2018年11月左右，盛征在香港登记注册了三家公司，分别是华尔街国际贸易实业有限公司、四季盛富国际贸易有限公司和新亿金国际贸易有限公司。老板林有源用华尔街国际商贸实业有限公司搞了一个叫‘华尔街之路’的项目，说公司很快就要在美国上市，可以投资入股获得股权分红……”

从以上法院的调查以及被告人盛征的供述中，我们基本可以厘清“华尔街之路”这起欺诈案的运作主体架构（见图5.2）。

首先，我们在中国香港特别行政区政府公司注册处官网（网址：https://www.cr.gov.hk）查询，并未检索到“华尔街国际实业集团有限公司”的信息。

也就是说，主体公司并不存在。

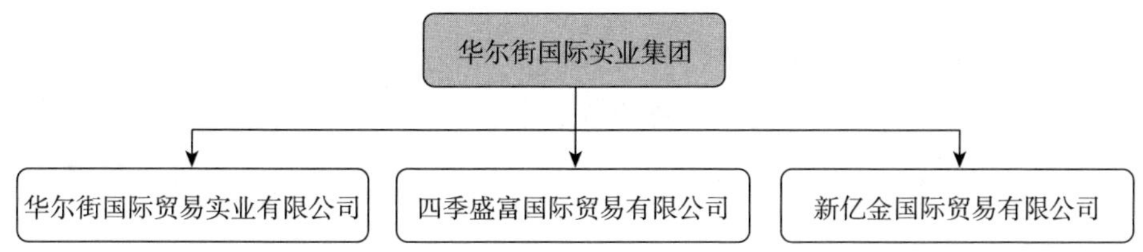

注：根据〔2020〕湘0102刑初678号判决书整理。

图5.2 “华尔街之路”项目运作主体架构

其次，盛征在香港注册了三家贸易公司，分别是：华尔街国际贸易实业有限公司、四季盛富国际贸易有限公司、新亿金国际贸易有限公司。通过查询可知，几家公司的性质均为私人控制企业。

因此，从以上的查询中我们得知，林有源、盛征等人在这三家公司的基础上，虚构了华尔街国际实业集团。

其实，受害者只要对“华尔街之路”这起欺诈案的主体稍作查询，就能够发现它不合常理。第一，如果运营的是一个全民性的项目，怎么可能是一个私人企业控制的呢？第二，如果真如策划者所宣称的那样经营的是扶贫项目，那为何公司主体不是实体企业，而仅仅是家贸易公司呢？从这些不合常理中，已经有了端倪，受害者其实完全可以识别到的。

在我看来，根本原因还在于受害者缺乏基本的金融常识。作为一名专业投资者，面对任何投资项目，第一步要做的就是尽调[①]。通过尽调，我们可以避免60%以上的骗局，但遗憾的是受害者们连基本的尽调都不会做，这才给骗子留了机会。

3/ 原始股权

在“华尔街之路”这起欺诈案中，原始股成为他们的工具。那什么是原始股呢？

投资者出资设立企业，出资者称为股东。根据股东出资的数额，可以确

① 尽调，也称为尽职调查。是指对被投资主体展开全方位、多维度的调查核实，了解信息的真实性和准确性，判断机会和风险。

定股东的持股比例。股东按照其持有股份比例的大小，依法享有相应的权利，同时也承担相应的义务。

根据投资者所持股份或股票权利的不同，可以分为普通股和优先股。优先股股东在某些权益方面优先于普通股股东。关于二者的区别：第一，优先股股东优先分配股息，且股息水平固定；第二，优先股股东优先分配剩余财产；第三，优先股股东一般不参与公司的经营决策。

虽然优先股和普通股在股东权益方面有所差异，但是这不妨碍它们从性质上看都是一样的，反映的都是所有权关系，是与企业“同甘共苦”的关系。

按照股东取得股份或者股票阶段的不同，可以分为原始股和非原始股。所谓原始股，是相对于上市股票而言的。在一家企业上市之前，股东和高级管理者所持有的股份或股票都可以称为原始股份或原始股票，简称原始股。

为什么大家都热衷于原始股呢？这是因为，从全世界现有的企业上市制度来看，在公司股票上市时，一般会有一定幅度的价格上涨，由此给原始股东带来的财富暴增是吸引大家的原因。比如，某投资者在A公司上市前以1元/股的价格买入A公司100万股票。一旦A公司股票上市，股票上涨至10元/股的话，那投资者就获得了10倍的财富增值。

知识扩展2

企业上市流程一览

上市，是企业步入资本市场关键的一步。

当前，国内企业上市大概有三种途径。第一种途径，是国内企业直接在上海证券交易所、深圳证券交易所或北京证券交易所申请上市。第二种途径，是国内企业直接在中国大陆以外的地区或其他国家证券交易所申请上市，比如在香港证券交易所、纽约证券交易所、纳斯达克证券交易所、新加坡证券交易所等申请上市。第三种途径，是国内企业在境外架设离岸公司，并通过离岸公司在境外交易所申请上市。

由于各国对企业上市的法律制度不同，不同交易所对申请上市企业的要求和标准不同，企业在申请上市时，应当严格遵照企业注册所在地和申请上市所在地国家的法律法规。在此，我主要介绍企业申请境内上市的流程。

当前，按照我国多层次资本市场发展的建设思路和实施路径，各证券交易所根据发行上市条件的不同，又划分为不同的上市板块。截至2021年11月19日，交易所及股转中心各板块的上市或挂牌企业数据，从表5.1中可知。其中，我国三大证券交易所的上市公司总数已经达到4642家，总市值高达892789.43亿元。

表 5.1　国内交易所及股转中心各板块上市 / 挂牌情况

序号	交易所名称	上市板块	上市 / 挂牌公司数量
1	上海证券交易所	主板	1653 家
		科创板	360 家
2	深圳证券交易所	主板	1486 家
		创业板	1062 家
3	北京证券交易所	—	81 家
4	全国中小企业股份转让交易系统	创新层	1228 家
		基础层	5799 家

注：① 数据来自各交易所及股转中心，截至 2021 年 11 月 19 日。

② 本表于 2021 年 11 月 21 日整理绘制。

虽然在各板块发行的上市条件不同，但这并不影响企业的上市流程。具体来看，企业上市流程可以分为四个阶段（见图5.3）：

1. 改制阶段。自企业确定上市计划后，第一步就是启动企业的改制工作，即企业从有限责任公司改制为股份有限公司。在改制阶段，需会计师事务所、律师事务所等主要中介机构协助参与，共同完成企业的股份制改革。

2. 辅导阶段。按照我国企业上市发行程序，改制结束后进入辅导阶段。该阶段主要由具有主承销商资格的证券公司担任辅导机构。在辅导阶段，证券公司辅导工作组要对该公司的股东及高级管理人员进行上市法律法规的相关培训及考核，开展规范化公司治理辅导，并对该公司是否达到上市条件进行评估。在辅导结束后，证券公司还应提出辅导意见。同时，进入辅导阶段的企业，一般会在各省证券监督管理局官网进行公示。

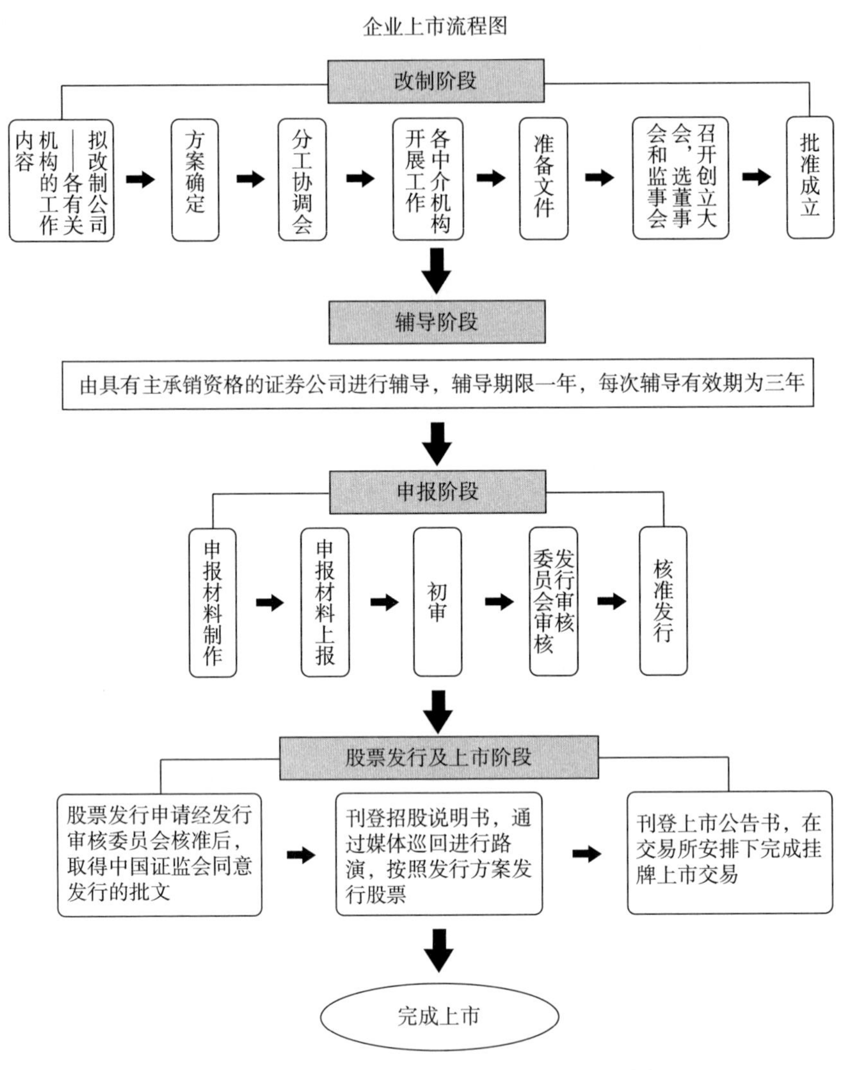

图 5.3　国内企业上市流程（图片来源于网络）

3. 申报阶段。经辅导结束并且合格的企业，在主办证券公司的牵头下，制作申报材料，并按照申报程序，提交材料进行审核。经发行审核委员会核准同意的企业，由证监会发放发行批文，正式进入实质性发行阶段。

4. 股票发行及上市阶段。进入发行阶段的企业，对外刊发招股说明书，进行路演、询价，并最终确定股票发行价格。同时，在证券交易所的安排下，正式登陆证券交易所上市交易。

至此，企业走完全部的发行上市流程。需要注意的是，企业上市之后，应当严格按照证券交易所的规定，履行持续性信息披露义务，畅通与投资者的沟通。

正是在这样的诱导下，“华尔街之路”项目幕后策划者林有源指使被告人盛征在中国香港注册公司主体后，并在林有源的组织之下，册封被告人高俭峰、汤贵贤、吴旭英、吴明川和赵劲松为五龙首长，并在互联网、微信群等平台，宣称华尔街国际实业集团有限公司在2020年于美国上市，以此为由对外出售原始股。

为了增加项目的可信度来迷惑受害者，林有源等人进行了一系列的精巧设局。

第一，高举扶贫、爱国、全民参与的旗号。根据查询的网络宣传资料显示，“华尔街之路”项目宣称是国家2.0版本的扶贫政策，是一个对接全世界185个国家与地区，以帮助其他企业在全世界上市为目的的项目，投资“华尔街之路”项目股权，就能实现共同富裕。甚至该项目还喊出了“取缔美国霸权霸主地位，建立世界金融中心，引领世界100年”这样的口号。这对许多不明真相的受害者形成了巨大的诱惑。

第二，私制股权证书文本，增加可信度。林有源等人精心设计了“华尔街之路”项目的股权证书，以迷惑社会大众。其具体细节包括：

（1）林有源等人宣传“华尔街之路”项目是由国际互联网监管局认证的。

我们先不论该机构是否存在，但从一般常识认知我们都应当知道，对于像发行股票、债券等这样的事宜应该是由金融监管部门负责，颁发文件或证书也应当是由金融监管部门颁发才合理，怎么会由一个所谓的互联网监管机构负责呢？这显然是不合逻辑的。况且，当我们通过互联网查询时，根本无法核实到有关这个机构的任何信息。

（2）林有源等人宣传“华尔街之路”项目的股权证书是由中国香港印钞厂印制的，防伪精度与人民币一样，带有“W”标识，且具有“二维码+三维码”识别功能，用手机搜一搜便知个人信息。并且在股权证书上还印有天安门、天坛、长城、华表等图案。

同样，且不说林有源在股权证书上印制代表国家形象的图案不合法不合规，就其宣称由香港印钞厂印制都是滑天下之大稽，稍对我国印钞发行制度有所了解的人，都不至于相信。

（3）林有源等人宣称，华尔街国际实业集团有限公司公章上分别印有五角星和香港特区紫金花图标。

首先，华尔街国际实业集团有限公司这个主体，本身就无法查询核实到，自然不是合法主体；其次，在香港合法注册的公司，这点倒是属实的。因为只要是在香港属地注册企业，其公章上都有紫金花图案，这并非是“华尔街之路”项目的专属特例。

（4）林有源等人宣称“华尔街之路”项目股权证书由深圳证券平台发放。

这里宣称的所谓深圳证券平台本身就是一个迷雾弹，既让不明真相的群众误以为是深圳证券交易所，又让你无从具体查询。总之一句话，林有源等人在私制的股权证书上下足了功夫，目的就是迷惑社会大众，以增加其信用背书。

搭建平台网站，实现股权可查。作为老百姓来说，能够在互联网上查询到自己的股权信息，这是很重要的。为此，林有源等人在境外设计了华尔街国际实业集团官方网站（网址：https://www.hejzl.com）。通过该网站，所有购买了“华尔街之路”项目股权的投资者都可以在该网站上查询到自己的股份数量，并定期公示优先股成员的奖励及分红信息等。

林有源发展的下线团队还谎称华尔街国际实业集团旗下有上市公司，以增强项目的可信度。在针对被告人付任华、付成秀等人的〔2020〕湘0102刑初678号刑事判决书中，作为受害人的蒋某证实：“付任华宣称，金光财富和盛福财富是‘华尔街之路’项目下面的子公司，这两家公司都是上市公司。”对于这样的宣传，只要进行简单核查，就可以确定它是虚假信息。

林有源等人正是通过以上四个方面，精心设计了一个以“扶贫、爱国、全民参与”为旗号的，背景强大、实力雄厚的项目，他们通过互联网，以传销手段出售原始股来谋取非法利益，在全国吸纳了331285名会员，涉案金额高达2亿多元。

为何一个连主体都不存在的虚假项目，却能吸引三十多万人参与，这其中的原因是什么？在我看来，还在于大量的受害者深信原始股带来的财富神话。

近年来，部分优质企业上市时，市值的大幅上涨，使得原始股东、高级管理人员的财富暴增，带动了市场中投资者的情绪。但是，投资者一定要了解的是，在大量的企业中，能够走到上市阶段的企业并不多。哪怕企业上市之后，仍然有不少企业跌破股票发行价格。在这种情况下，投资者并不是都能获得很好的收益，甚至亏损者更多。但是，社会公众的眼球都盯住了赚钱的案例，而忽略了更多的失败案例，这才是真正让人忧心的地方。

4/ 模式解析

在“华尔街之路”这起欺诈案中，林有源等人以出售原始股为由头，以传销模式进行欺诈。对此，我们可以从其模式中得到清晰的答案。

在“华尔街之路”项目中，参与者首先需要交纳5000元购买4999股“华尔街之路”项目原始股，成为原始股持有者，合计原始股1份。在此基础上，该项目向投资者提供了三种模式发展会员：

第一种模式：对碰。在“华尔街之路”项目的推广与宣传中，一直宣称零成本投入，其解决方案就是对碰。

对碰方式有两种（见图5.4）：

一种是原始股持有者推荐两人购买“华尔街之路”原始股，被推荐者每人缴纳5000元，共计1万元。此时，作为推荐人的原始股持有者只需向林有源交纳这1万元中的4500元，而自己留存5500元，即除收回自己5000元的投资外，另可获得500元的收益。同时推荐人持有的1份原始股将升级为优先股，而被推荐人则各获得1份原始股。

另一种是两位被推荐人在购买“华尔街之路”原始股时，被推荐人每人只需缴纳2250元共计4500元。此时，推荐人需向林有源缴纳全部4500元，而自己不留存。这种方式下，推荐人虽然没有获得收益，但是自己的原始股可以升级为优先股，同时，被推荐人将各获得1份原始股。

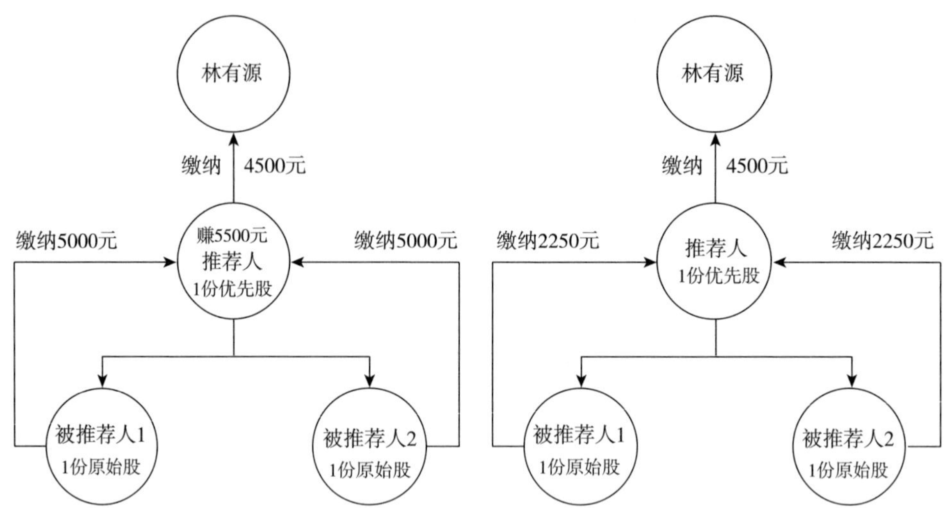

注：根据〔2020〕湘 0102 刑初 678 号判决书整理。

图 5.4　“华尔街之路”项目对碰模式

第二种模式：扶贫。该模式是指优先股的持有者拥有免费的扶贫点位，可以直接推荐两人购买原始股，被推荐人每人缴纳5000元共计10000元。此时，优先股持有者只需上交这10000元中的9000元，自己留存1000元，同时获得1份优先股。

第三种模式：直推。该模式是指优先股持有者推荐一人或者多人购买原始股时，每人缴纳5000元，推荐人每推荐一人向林有源缴纳4200元，自己留存800元，依此类推。

另外，在〔2020〕湘0102刑初678号刑事判决书中，证人王某乙还曾提到：“扶贫单，就是由三个人参与，一共只需缴纳9000元，就可以获得14997股股权，其中一人获得优先股1份，另外两人获得普通股各1份。”

在我们已经掌握的资料中，没有找到明确的针对优先股股东的分配方案。但是，从以上三种模式中，我们已经洞悉了“华尔街之路”这个项目模式的设计逻辑（见图5.5）。

第一层逻辑，投资原始股，实现百万分红。在“华尔街之路”这个项目中，他们以原始股作为由头，就是利用了受害人对原始股上市带来的巨大财富贪念，以预期华尔街国际实业集团于2020年在美国上市为诱饵，引诱投资者参与。

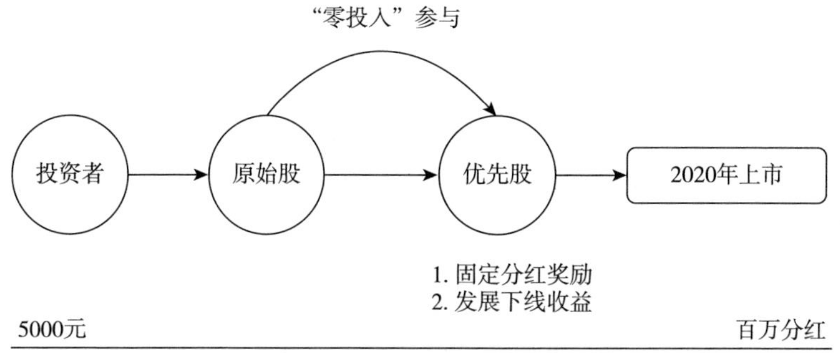

注：根据〔2020〕湘0102刑初678号判决书整理。

图5.5 “华尔街之路”项目模式设计逻辑

第二层逻辑，差异化原始股和优先股的获利能力，以优先股为诱饵，引诱投资者发展下线。“华尔街之路”这个项目发展的核心逻辑就是要拉更多的人参与，才能维持项目的运转。那么，如何才能调动大家积极发展下线呢？这就是优先股出现的目的。优先股相较于原始股，一是获利方式更多，优先股既可以获得股东分红奖励，同时还能通过“直推”和“扶贫”模式赚钱；二是获利能力更强。同样的推荐会员，原始股只能获得500元的利润，但是优先股至少可以获得800~1000元的利润。正是在这样的收益刺激下，才会促使投资者不断地去发展下线会员，从而获得更多的收益。

第三层逻辑，正是“华尔街之路”项目所宣称的“零投入”参与模式。占便宜是人的天性，不花钱却可以获得一些股权是大多数人无法抗拒的。在“华尔街之路”这个项目中，显然策划者正是利用了这样一种心理倾向。在这个项目中，投入5000元，拥有了原始股，只需要再推荐两人参与，不仅可以回本，还能赚500元，这就是零投入。

从以上的解析中，我们已然发现，参与者支付5000元购买“华尔街之路”项目的原始股仅仅是第一步。如果原始股持有者想要获得更大的收益，就必须不断地发展下线，推荐他人参与进来。不管是推荐过程中赚得的利润，还是推荐后原始股升级为优先股，总之始终需要不断地发展他人加入，才能够维持所谓的“零投资、高回报”。

实际上讲到这里，这个项目传销模式的本质已经暴露无遗，只是大多数的参与者深陷其中，不可自拔。

5/ 传销面目

关于传销的认定，我国法律有明文规定。在《最高人民检察院、公安部关于公安机关管辖的刑事案件立案追诉标准的规定（二）》第七十八条明确规定：组织、领导以推销商品、提供服务等经营活动为名，要求参加者以缴纳费用或者够买商品、服务等方式获得加入资格，并按照一定顺序组成层级；直接或者间接以发展人员的数量作为计酬或者返利依据，引诱、胁迫参加者继续发展他人参加，骗取财物，扰乱经济社会秩序的传销活动，涉嫌组织、领导的传销活动人员在三十人以上且层级在三级以上，对组织者、领导者应予立案追诉。

在上一部分中，我们已经清楚地知晓，“华尔街之路”项目是以不断发展下线会员，拉人头的方式来维系项目运转的。那我们的判断是否正确呢？我们可以从公安机关的调查中得到更为确切的答案。

在本案的幕后控制人林有源的指使下，被告人盛征在香港注册了三家公司，并且负责整个“华尔街之路”项目的资金收取、向境外转款、向参与者发放股权分红、发展会员以及报单奖励等。从盛征的工作职责中，足见其对案件的发展起着关键的作用。

根据对掌握的刑事判决书的整理与分析，我们发现，林有源在公司内部设立了董事局、股东局等高层机构，分别设置报单中心（主要负责为推荐人发展下线会员时执行收款事宜）、财务部门（主要职责是将报单中心收到的资金汇集管理）、纪律检查部门和后台客服。按照他们的规定，对已参与的人员，如果其发展的下线人数达到100人或者满足其他条件时，则升级为股东局成员。此时，平台将为其单独成立报单中心。

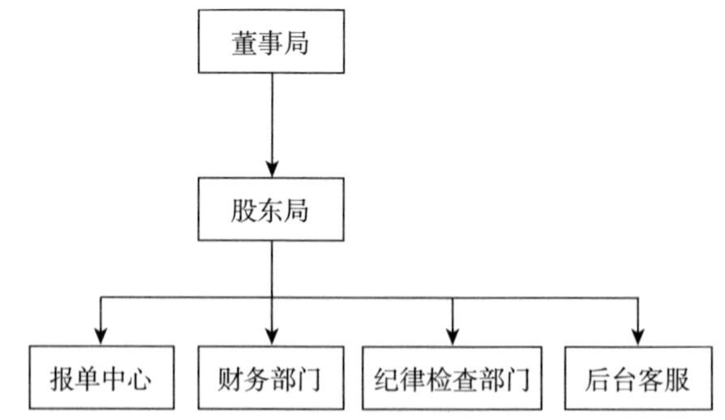

注：根据〔2020〕湘0111刑初判决书整理。

图5.6 “华尔街之路”项目组织结构

林有源在设置组织结构的同时，还组建了以被告人高俭峰等五人组成的市场拓展团队，他们被称为“五龙首长”。正是在五龙首长的大力宣传下，“华尔街之路”项目在互联网上迅速蔓延。在短短一年的时间内，发展的会员就遍及全国。

根据湖南省天网电子数据司法鉴定中心出具的湘天网司鉴中心〔2019〕电鉴字第173号和湘天网司鉴中心〔2019〕电鉴字第230号《司法鉴定意见书》显示：“华尔街之路”项目合计发展会员331285人，会员之间存在推荐关系，上下层级关系总计56个层级。同时，在文件中还对相关涉案人员所处的层级、发展的人数等进行了详细的说明。

我们根据材料中所获得的资料，将各涉案人员的层级情况及发展人数等统计成表5.2。

表 5.2 “华尔街之路”部分被告人传销层级

所属层级	姓名	下级层数	直接下级人数	累计下级人数
第二层	高俭峰	54 层	423 人	91411 人
	汤贵贤	50 层	49 人	75723 人
	吴旭英	30 层	119 人	19979 人
	吴明川	36 层	258 人	15760 人
	赵劲松	42 层	169 人	17127 人
	付任华	21 层	43 人	3218 人
第三层	罗绿平	18 层	19 人	1161 人
	付成秀	15 层	15 人	861 人
	钟文荣	12 层	2 人	124 人
第四层	王顺义	18 层	45 人	3304 人
	李艳梅	17 层	17 人	856 人
	熊瑛	19 层	17 人	555 人
第五层	雷翠连	11 层	17 人	263 人
	周世根	18 层	4 人	131 人
第六层	梁雪芬	9 层	8 人	87 人
	涂宗洋	10 层	2 人	68 人

注：根据〔2020〕湘 0111 刑初 876 号、〔2020〕湘 0102 刑初 678 号判决书整理。

从表5.2可知，处在的层级越高，说明他在传销组织中的地位越高；发展的人数越多，说明他的影响力就越大。比如，作为五龙首长之一的高俭峰处在第二层级，其下线会员层级高达54层，直接发展会员423人，累计会员高达91411人。另外，像处在第三层级的钟文荣，他虽然只直接发展了两名下线，但是这两名下线却非常能干，又不断往下发展。在钟文荣的层级关系中，下级层数达到了12层，累计人数也有124人。这正是传销的可怕之处，你不知道在哪个层级，就有一个能人将你的团队发展壮大。但是这样的壮大，不值得高兴，反而意味着更多的人受害。

至此，我想再没有人怀疑“华尔街之路”项目的传销本质。作为这起案件的策划者，他们不过是以原始股投资为名，以传销作为手段来实施其欺诈的。在这个项目中，那些持有优先股的参与者所获得的分红不过是受害者的损失而已，脱离了实际财富创造得到的利润都是不靠谱的。

6/ 收益来源

在此之前，我们已经解析了“华尔街之路”项目的运作模式，剖析了策划者设计这套模式的逻辑基础，以及揭露了这个项目传销的本质特征。在我看来，利益是撬动“华尔街之路”项目发展的杠杆，是吸引三十多万人参与的根源。在这个项目中，策划者又为参与者“画”了一个怎样的“利益之饼”啊？

我们已经知道，投资者要想参与“华尔街之路”项目，就得支付5000元购买4999股原始股，合计原始股1份。此时，投资者就成了原始股持有者。对原始股持有者来说，他所获得的收益来自两个方面：一是通过“对碰”模式，推荐下线发展会员，从中赚取利润；二是按照林有源等人的宣传，公司将于2020年在美国上市，上市后每份原始股可以享受百万股权分红。

假如投资者在公司没有上市之前想获得更多的收益，策划者又给了机会，就是将投资者手中的原始股升级为优先股。因为如果投资者持有的是优先股，就可以定期获得分红，并且还可以通过“扶贫”“直推”等模式发展会员，而这两种模式获得的利润都要比原始股股东更高。

在针对被告人付任华、付成秀的〔2020〕湘0102刑初678号刑事判决书中，证人蒋某的证言证实：“购买了优先股的投资者每个季度都能得到290~310元不等的派息。”由此我们可以看出，在“华尔街之路”项目的设计中，优先股是具有定期分红派息的，这对参与者来说是非常有吸引力的。

因此，按照“华尔街之路”项目所公布的模式，当投资者想要获得更多的优先股时，不管是“对碰”模式，还是“扶贫”模式，都要求投资者不断地发展下线。当持有的优先股越多，投资者就能获得更多的定期分红派息，这样参与者的收益才能更稳定。

总览“华尔街之路”这个项目的全过程，我们始终没有看到投资者可以直接购买优先股的途径。因此，我们认为优先股的获得，必须要通过发展下线会员。正是在这样的激励机制下，参与者必须不断地发展更多的亲朋好友加入，甚至是一家人参与。

通过对刑事判决书中各涉案人员获利的金额整理，统计如表5.3所示。从表5.3中可以看到，部分被告人涉案金额及非法获利的情况。

表 5.3 “华尔街之路”项目部分被告人涉案金额及获利情况

序号	姓名	涉案金额（元）	非法获利（元）
1	汤贵贤	—	1230000.00（约）
2	高俭峰	—	1510000.00（约）
3	吴明川	—	250000.00（约）
4	吴旭英	—	240000.00（约）
5	赵劲松	—	530000.00（约）
6	王顺义	—	660000.00（约）
7	付任华	7515952.34	323820.63
8	罗绿平	3892957.87	176806.31
9	付成秀	2878242.43	230884.28
10	李艳梅	2709458.59	180799.40
11	雷翠连	1041371.20	38000.00
12	熊瑛	1583595.23	95699.40
13	钟文荣	211500.36	609.30
14	梁雪芬	144000.69	3309.90
15	涂宗洋	324453.00	—

注：①根据〔2020〕湘 0111 刑初 876 号、〔2020〕湘 0102 刑初 678 号判决书整理。

②表中“—”表示该数据在判决文书中未公示，未查询到。

其中，被告人高俭峰在短短一年不到的时间里，就非法获利高达151万余元。而作为股东局之一的被告人付任华，涉案金额高达751万余元，规模之大让人震惊。

可笑的是，这些传销团队的骨干人员们是否也期许着“华尔街之路”项目的上市，实现他们百万收益的梦想。其实现在看来，他们哪里需要等待上市，发展下线会员就能实现他们的目标。而所谓的上市，不过是为受害者画的一个大大的饼而已。

至此，这起以“华尔街之路”命名，以原始股投资为由头，采用传销手段进行欺诈，参与人数众多，影响恶劣的案件终于被揭开了全部的面纱。当回头再看这起案件时，我们认为策划者并没有用到多么专业的金融知识，也没有多么精妙的设局，但能够让三十多万人上当受骗，这其中的原因除了人性底层的贪婪外，我想还是跟社会大众缺乏必要的基础金融知识有关。当我们在谴责传销参与者的同时，我们又深感惋惜，这是因为有不少的参与者，他们既是受害者，又是案件的推动者。最终，他们都锒铛入狱，这种代价不可谓不大啊！

7/ 事件定性

在我们全盘解析了“华尔街之路”这起案件后，相信你已经认识到了其传销的本质特征。但是，对于这起案件，我们应该如何定性呢？对此，我们先来看看法院的观点。

由于我们并未找到案件幕后实际控制人林有源的刑事判决材料，有关他的更多情况我们不得而知。在我们已经掌握的材料中，有两份资料较为重要。

第一份是湖南省长沙市雨花区人民法院于2020年12月3日作出的〔2020〕湘0111刑初816号刑事判决书。该份判决书主要是针对包括被告人盛征在内的10位案件核心人员的诉讼情况。

法院认为：被告人高俭峰、汤贵贤、盛征、吴旭英、吴明川、王顺义、赵劲松结伙以推销股权为名，要求参与者以缴纳份额费用的方式获得加入资格，并按照一定顺序组成层级，直接或者间接以发展人员的数量作为返利依据，引诱参与者继续发展他人参加，骗取财物，扰乱社会经济秩序的传销活动，7名被告人的行为均已构成组织、领导传销活动罪，且属于情节严重，应予处罚。

被告人陈方园、董伟春、赵晔明知是犯罪所得而予以转移，3名被告人的行为均已构成隐瞒犯罪所得罪，且属于情节严重，应予处罚。

公诉机关指控的事实和罪名成立，本院予以支持。在组织、领导传销活动共同犯罪中，被告人高俭峰、汤贵贤、盛征、吴旭英、吴明川、王顺义、赵劲松均起主要作用，均系主犯；在隐瞒犯罪所得共同犯罪中，被告人董伟春、赵晔均起主要作用，均系主犯，均应当按照所参与的全部犯罪处罚。10名被告人均自愿认罪，且被告人盛征、赵劲松的亲属分别已代为退缴非法所得款95万元、53.6万元，对10名被告人均可以酌情从轻处罚。

在另一份湖南省长沙市芙蓉区人民法院针对“华尔街之路”项目另外10名被告人的审判中，法院于2021年1月28日做出刑事判决，案件编号为〔2020〕湘0102刑初678号。在该份判决书中，法院是这样表述的：

被告人付任华、罗绿平、付成秀、李艳梅、熊瑛、雷翠连、周世根、钟文荣、梁雪芳、涂宗洋组织、领导以股权分红为名，要求参加者以购买股权的方式获得加入资格，并按照一定的顺序组成层级，直接或间接以发展人员的数量作为返利依据，引诱参加者继续发展他人参加，骗取财物，扰乱经济社会秩序，其行为均构成组织、领导传销活动罪；其中付任华、罗绿平、付成秀、李艳梅、熊瑛、雷翠连、周世根、钟文荣发展下线的人数在120人以上，属情节严重。公诉机关指控的罪名成立。

在共同犯罪中，付任华处于第二层级，其他被告人均为其直接或间接发展的下线，起主要作用，系主犯；付成秀、罗绿平、李艳梅、雷翠莲、熊瑛、周世根、钟文荣、梁雪芳、涂宗洋起次要作用，系从犯，依法可减轻处罚。付任华系缓刑考验期内犯罪，付成秀系缓刑考验期内发现判决宣告以前还有其他罪没有判决，均应撤销原判缓刑，数罪并罚。罗绿平、雷翠连均曾犯组织、领导传销活动罪，在有期徒刑执行完毕后五年内故意又犯组织、领导传销活动罪，系累犯，依法应从重处罚。付任华、罗绿平、付成秀、李艳梅、熊瑛、周世根、钟文荣、梁雪芳、涂宗洋到案后如实供述自己的罪行，自愿认罪认罚，依法可从轻处罚；雷翠连到案后基本如实供述自己的罪行，可从轻处罚。周世根、梁雪芳退缴了违法所得，可酌情对其从轻处罚。各辩护人的相关辩护意见，本院予以采纳。

我们根据以上两份刑事判决书，对被告人的基本情况及判决结果进行了汇总统计，如表5.4所示。

表 5.4　“华尔街之路”项目部分被告人基本情况及判决结果

序号	姓名	出生年份	文化程度	罪名	刑期	罚金
1	高俭峰	1977 年	初中文化	组织、领导传销活动罪	六年六个月	30 万元
2	汤贵贤	1982 年	大学文化	组织、领导传销活动罪	六年六个月	30 万元
3	盛征	1965 年	高中文化	组织、领导传销活动罪	六年	30 万元
4	吴旭英	1972 年	小学文化	组织、领导传销活动罪	六年	30 万元
5	吴明川	1977 年	初中文化	组织、领导传销活动罪	六年	30 万元
6	王顺义	1970 年	初中文化	组织、领导传销活动罪	六年	30 万元
7	赵劲松	1969 年	初中文化	组织、领导传销活动罪	五年	30 万元
8	陈方圆	1987 年	初中文化	组织、领导传销活动罪	三年九个月	10 万元
9	董伟春	1987 年	高中文化	组织、领导传销活动罪	三年六个月	6 万元
10	赵晔	1978 年	高中文化	组织、领导传销活动罪	三年三个月	5 万元
11	付任华	1962 年	高中文化	组织、领导传销活动罪	六年六个月	20 万元
12	付成秀	1960 年	初中文化	组织、领导传销活动罪	三年六个月	10 万元
13	罗绿平	1976 年	高中文化	组织、领导传销活动罪	四年	10 万元
14	雷翠连	1960 年	高中文化	组织、领导传销活动罪	三年二个月	6 万元
15	李艳梅	1973 年	高中文化	组织、领导传销活动罪	三年	6 万元
16	熊瑛	1971 年	初中文化	组织、领导传销活动罪	二年十个月	5 万元
17	钟文荣	1972 年	大专文化	组织、领导传销活动罪	一年六个月	2 万元
18	周世根	1976 年	中专文化	组织、领导传销活动罪	一年五个月	2 万元
19	梁雪芳	1973 年	高中文化	组织、领导传销活动罪	一年四个月	2 万元
20	涂宗洋	1985 年	小学文化	组织、领导传销活动罪	一年四个月	2 万元

注：根据〔2020〕湘 0111 刑初 876 号、〔2020〕湘 0102 刑初 678 号判决书整理。

从表5.4中我们可以看出，各被告人均是以犯组织、领导传销活动罪被定罪量刑的。

我认为，虽然组织、领导传销活动罪并非金融领域的犯罪罪名，但是这不妨碍我们把这起案件认定为是金融领域的欺诈案件。在“华尔街之路”这起案件中，林有源等人以华尔街国际实业集团有限公司上市为诱饵，通过向受害者出售原始股获得非法收入。同时，在案件中，林有源等人利用了受害者对原始股和优先股的认识不充分，异化了优先股权益，以诱导参与者不断发展下线会员，以达到非法获利的目的。因此，从本质上讲，这是一起典型的金融欺诈案件。

8/ 案件点评

在如今这个无股权不富的时代，股权投资成了许多人的选择。一笔成功的股权投资，确实能够给投资者带来巨大的财富。

投资者投资一家公司，成为公司股东，拥有一定的股权，就依法享有相应的权益，同时也要承担相应的风险。比如，公司经营业绩良好，投资者就能按照股份比例享受分红。同样，如果企业经营不善，造成亏损，投资者也必须按照股份比例承担相应的损失。因此，股权所反映的是股东与公司之间“同甘共苦”的所有权关系。

作为现代企业来说，能够持续良好的经营，达到上市条件，并最终登上资本市场，是公司股东、高级管理人员以及全体员工共同的荣耀。作为上市公司，首先，拥有独一无二的证券代码，本身就是最好的品牌形象；其次，通过资本市场，可以畅通企业的融资渠道，增强企业的竞争能力；再次，规范化的公司治理和透明的信息披露制度，倒逼企业合法合规经营，健康良性发展；最后，通过资本市场，可以给原始股东和高级管理人员提供变现的渠道，是对长期投入、持续付出的一种正向反馈，也是一种激励举措。所以说，把企业上市作为追求的目标，是没有问题的。

同时，投资者也应当知道，要想把企业做上市，面临着无数的困难和挑战。无数的创业项目失败，大量的企业破产。作为投资者，这些都是风险。作为股东，这些都是必须要承受的。

当我们统计了这起案件中20位被告人的基本情况，包括年龄和文化程度后，我们更加坚信，在“华尔街之路”这起金融欺诈案中，大量的参与者正是缺乏对股权投资最基本的认识，对股权投资的收益来自哪里，风险又在哪里，他们完全未知。他们以为，一个企业宣称能够上市，它就一定能上市，这是完全错误的。而且，在投资者参与的过程中，又有多少人开展过尽调，又有多少人了解过公司实际的经营情况，我想没有人真正关心过。如果参与者能够懂得股权投资最基本的知识，他们就一定能够回避这个骗局，不可能上当受骗。

当然，在这起案件发生的过程中，人性的贪婪是更深层次的原因，只能奉劝所有的投资者，天上是不会掉馅饼的。

深圳丰年基金案——基金欺诈

基金和基金产品是两个不同的概念。

基金，本质上是一种专业化投资运作方式。其特征表现为“集合投资、专业理财、分工协作、分散风险”。通俗地讲，基金可以集合投资者的资金，由基金管理机构管理资金，基金托管人保管资金，基金经理在分散投资原则的指导下开展专业化投资运作。因此，投资者所说的购买基金，其实是购买基金产品。

合法的基金，首先是主体的合法，即基金管理机构必须是依法设立，且具备基金管理资格的机构；其次是产品的合法，即基金产品必须在监管部门完成审批、备案注册。只有二者同时合法，才是正规合法的基金产品。

在“深圳丰年基金案”中，犯罪分子在未取得合法的基金管理机构的前提下，非法发行基金产品向投资者募集资金，由此充分暴露其非法的面目。

深圳丰年基金案——基金欺诈

1/ 案情简况

基金，从本质上讲，是一种汇集投资者资金，交由专业机构进行管理，对产生的收益按照持有份额进行分配的一种投资运作方式。在基金的运作过程中，负责发起和设立基金的机构必须是合法的基金管理机构或基金管理人。

在我国，基金管理机构分为公募[①]基金管理机构和私募基金管理机构。在中国证券监督管理委员官网上查询，截至2021年11月，我国公募基金管理机构中，基金管理公司有137家，取得公募资格的资产管理机构有14家，两类合计151家[②]。另外，通过中国基金业协会查询，截至2021年11月24日，登记备案的私募基金管理机构超过2万家。

北京市、广东省以及上海市的私募基金管理机构数量位列前三，分别为5522家、5401家和5030家，合计15953家。

2021年8月30日，中国证监会主席易会满在中国基金业协会第三届会员代表大会上发表讲话并表示，我国基金行业整体管理资产规模高达60万亿元[③]。

---

① 公募和私募，是两种募资方式。公募是指面向社会公众以公开发售方式募集资金，特点是对象广，方式多；私募则是面向少数特定合格投资者以非公开发售方式募集资金，特点是对象特定，非公开化。

② 证监会 . 公募基金管理机构名录（2021 年 11 月）［EB/OL］.［2021-11-24］. http://www.csrc.gov.cn/csrc/c101900/c1029657/content.shtml.

③ 中国证券投资基金业协会 . 守初心 练内功 优服务 加快推进基金业高质量发展——易会满主席在基金业协会第三届会员代表大会上的讲话［EB/OL］.［2021-11-24］. https://hydbdh.amac.org.cn/images/%E6%98%93%E4%B8%BB%E5%B8%AD%E5%9C%A8%E4%BC%9A%E5%91%98%E4%BB%A3%E8%A1%A8%E5%A4%A7%E4%BC%9A%E4%B8%8A%E7%9A%84%E8%AE%B2%E8%AF%9D.pdf.

从以上数据可以看出，当前我国基金行业资产管理规模庞大，基金管理机构数量众多，这反映了我国基金行业发展的整体态势。不仅如此，各地政府还在陆续出台大量的鼓励与支持基金行业发展的政策与文件，不少城市还把基金公司作为招商引资的对象，这些措施将进一步推动我国基金行业持续高速发展，这是非常值得期待的。

然而，我们也必须看到，在基金行业管理规模快速增长的同时，我国基金行业制度建设仍不完善，公募基金经理违规操作现象仍有发生，以私募基金名义违法募资、非法集资的案件仍然频发。在此背景下，行业监管部门、公安机关持续高压、重拳出击，不断加大对基金行业违法犯罪的打击力度，取得了一系列的成绩，维护了基金行业健康有序的发展。

但是在我看来，我国基金行业健康有序的发展，除了需要监管部门、公安机关的高压打击之外，更为重要的应当是加强投资者教育。

当前，基金产品因安全、稳健的特征，被许多投资者作为投资的首选产品。在新闻媒体的不断报道之下，基金投资有了广泛的群众基础。正因为如此，一些不法分子巧借国家鼓励支持基金行业发展的政策与文件，利用社会大众对基金投资知识的匮乏，精心策划着一场又一场金融骗局，造成的社会危害极大。这既给受害者造成巨大的经济财产损失，又破坏了基金行业健康有序的发展。

在我们检索到的众多有关基金产品的欺诈案中，深圳丰年基金公司案较为典型。我们在中国裁判文书网上，以“深圳丰年股权投资基金”作为关键词检索，合计查询到各类刑事案由文书16份。我们以这16份材料为基础，对这起以深圳丰年股权投资基金管理有限公司（以下简称深圳丰年基金公司）为运作主体，以销售基金产品为依托的金融欺诈案展开解析。我们希望通过梳理这起案件发生的过程，分析受害者上当受骗的原因，以及解析这起案件中所出现的那些金融知识，终极目的是希望帮助社会大众避免再次上当受骗。

关于这起案件的发生与发展，我们就从“基金结构”开始说起。

2/ 基金结构

要想搞清楚深圳丰年基金公司这起以基金产品为媒介的金融欺诈案，我们首先得搞懂什么是基金。

我国金融市场采用的是分业经营的发展模式，在统一的金融市场之下，划分为五个主要子行业，即银行业、证券业、信托业、基金业和保险业。每一个子行业都有自己独特的业务产品，并且它们之间的业务性质是完全不相同的（见表6.1）。

表 6.1 金融五大子行业业务产品

序号	行业类别	业务产品	业务性质
1	银行业	吸收存款	保管债权债务关系
2	证券业	经纪业务	买卖关系
		证券资管产品	投资关系
3	信托业	信托产品	投资关系
4	基金业	基金产品	投资关系
5	保险业	保险产品	买卖关系

注：储蓄存款的性质，理论界有争议。

第一，银行业。银行是唯一能够面向社会公众吸收存款的金融机构，其业务产品是“存款”。也就是说，存款人将资金存入银行，银行用存款产品汇集投资者资金。从这里我们可以看出，银行汇集资金的方式是依靠吸收存款来实现的。由于“存款”的特殊性，使得银行汇集资金的能力最强。虽然学术界对“存款”的性质有争议，但就我个人而言，我更倾向认为“存款”是带有保管性质的特殊的债权债务关系，是银行金融机构对存款人支付一定利息条件下的保管行为，它区别于一般的债权债务关系。

第二，证券业。证券公司的主要业务产品有两个，一是为证券投资者提供开户、交易等服务，并收取交易手续费。二是证券公司发起设立“证券资管产品”并向投资者出售，投资者通过购买证券资管产品实现资金的汇集。因此，投资者购买证券资管产品的行为性质应认定为投资关系。既然是投资，那投资者就必须遵循“投资有风险，购买自担责”的投资准则。

第三，信托业。信托公司要想汇集投资者资金，只能通过发行“信托产品”并对外出售，当投资者购买信托产品时，信托公司就能实现资金的汇集。因此，投资者购买信托产品这个行为的性质应认定为投资关系。也就是说，投资者必须遵循“投资有风险，购买自担责”的投资准则。

第四，保险业。保险公司通过出售“保险产品”来获得资金的汇集。保险公司出售保险产品汇集资金，消费者购买保险产品而享受保险服务。从性质上讲，消费者购买保险产品的行为性质应认定为买卖关系。对兼有投资功能的保险产品，性质则兼有投资关系。

从以上对四个金融子行业的分析中，想必大家已经理解我们在此的目的。我想告诉大家，各子行业手中都有一个工具，可以实现对资金的汇集。那基金业的工具又是什么呢？这是第五个子行业。作为基金管理公司，要想实现资金的汇集，必须通过发行“基金产品”并向投资者出售，当投资者购买基金产品时，就实现了对资金的汇集。在这个过程中，投资者购买基金产品实现投资，而基金管理公司则通过出售基金产品汇集资金，并将汇集的资金进行专业投资，产生的收益按照相应的份额进行分配，对出现的亏损按比例承担。因此，从性质来讲，投资者购买基金产品这个行为的性质应认定为投资关系。既然是投资行为，那投资者就必须承受相应的投资风险。

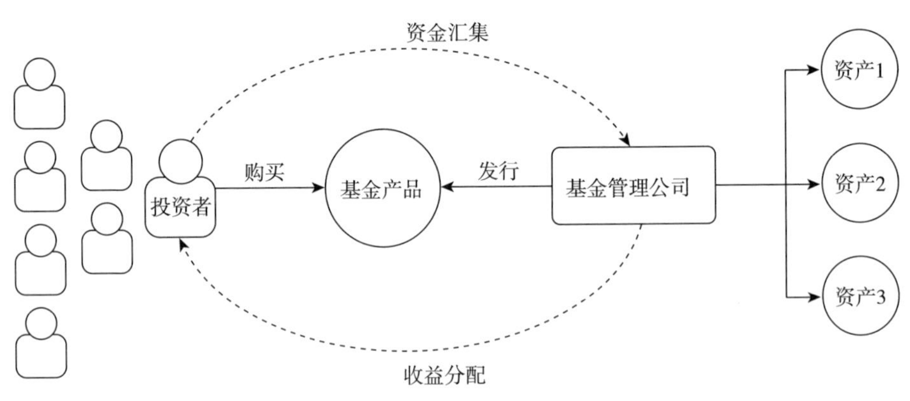

图 6.1　基金业资金汇集模型

从以上内容中，我们已经提出了金融领域最为核心的问题，即汇集资金的手段与方式。我们从不同的金融子行业出发，提出了银行业以“存款产品”、证券业以“证券资管产品”、信托业以“信托产品”、保险业以“保险产品”，以及基金业以“基金产品”为工具的五大资金汇集方式。打一个比方的话，它们每个手里都拿着一把汇集资金的利器，都有能力从投资者手中汇集资金。我们试想，如果国家没有相应的管控措施，它们手中的利器就会成为侵害投资者的凶器。正因为如此，国家对金融机构的设立、从业人员的条件以及产品的发行等，都有着严格的标准和要求，其目的就是要管控它们手中的利器，在合法合规的前提下运行。

在深圳丰年基金公司这起欺诈案中，策划者正是利用了基金行业的资金汇集能力。他们以基金管理公司作为运作平台，以高额回报为诱饵，通过销售基金产品，实现对投资者资金的汇集，最终的目的是非法占有资金。

知识扩展1

基金的专业化运作体现在哪儿?

基金产品，同股票、债券等其他产品一样，都属于金融投资产品。所谓基金是指由市场中专业的基金管理机构依法发起设立的，以汇集投资者资金并进行专业化投资管理运作的投资方式。

基金的专业化运作，表现为四项，即：

第一，集合投资。基金，通俗的说法，就是投资者将资金委托给基金管理人进行专业化的投资。因此，从本质上讲，基金的运作就是资金汇集和资金投资的过程。正是因为基金的运作涉及对投资者资金的汇集问题，所以监管部门对基金管理机构的设立、基金产品的发起和募集，以及基金管理人的投资过程等全流程都有明确的法律规定和约束条件，目的就是确保基金运作的合法合规，和最大化保障投资者的利益。因此，基金的运作，本身就是专业化运作的重要表现。

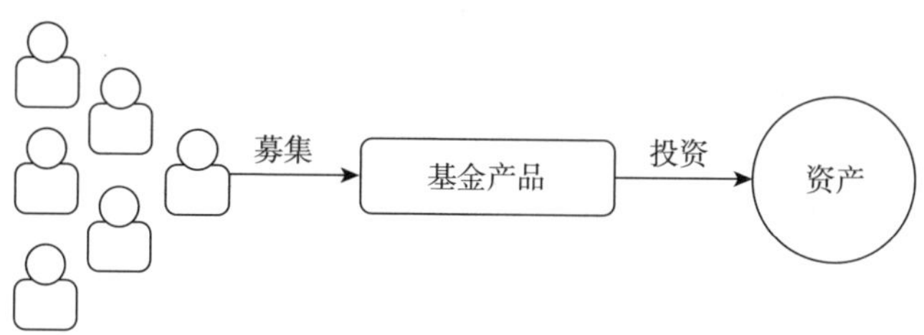

图 6.2　基金汇集结构

第二，专业理财。专业理财体现在两个方面，一是专业的人，二是全职投入。当前，国内金融行业的从业者学历普遍较高，基本要求是本科学历。根据Wind数据统计，截至2021年6月底，国内2598位公募基金经理中，硕士及以上学历占比高达96%，本科学历仅占4%。不少基金公司在招聘基金经理时，都要求是国内985/211高校毕业生，可见要求之高（见图6.3）。

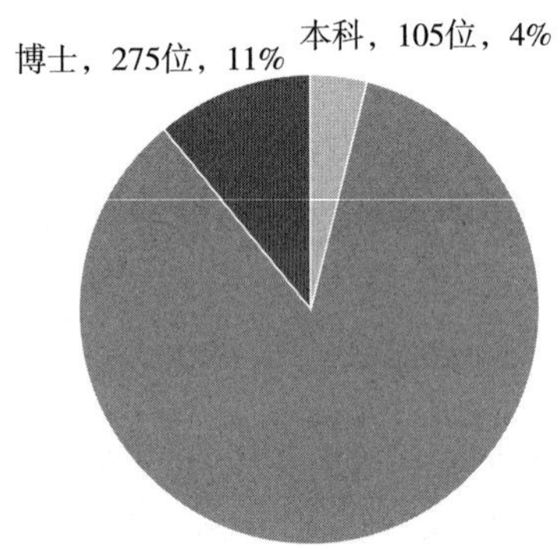

图 6.3　2598 位公募基金经理学历分布（Wind 数据截至 2021 年 6 月）

高学历意味着有相对较好的教育基础，对投资有着丰富的知识储备，在这样的基础上，并把投资作为自己的职业，全时投入。试想，这相对于缺乏专业金融知识的普通投资者，以及在工作之余才参与投资的非职业投资者，专业化投资的效果定然会更好。

第三，分工协作。根据《中华人民共和国证券投资基金法》以及中国证券监督管理委员会发布的《私募投资基金监督管理暂行办法》等文件的规定，我国基金运作一般实行资金托管制度。因此，在基金运作过程中，将出现三方协作关系，即投资者出资，并依照持有的基金份额享受基金分红；基金托管人负责保管资金，履行对基金管理人使用资金的监督；而基金管理人则负责投资和管理资金，赚取收益。

在未实行资金托管制度以前，曾出现不少基金管理机构跑路、携款潜逃等事件，给投资者造成了巨大的财产损失，破坏了基金行业健康有序的发展。当前，我国法律明确规定，基金运作一般实行资金托管制度。如果基金不托管，必须在合同中明示，提示风险。因此，如果基金投资者遇到未实行资金托管制度的基金产品，应当高度重视该基金的风险，应避免投资。

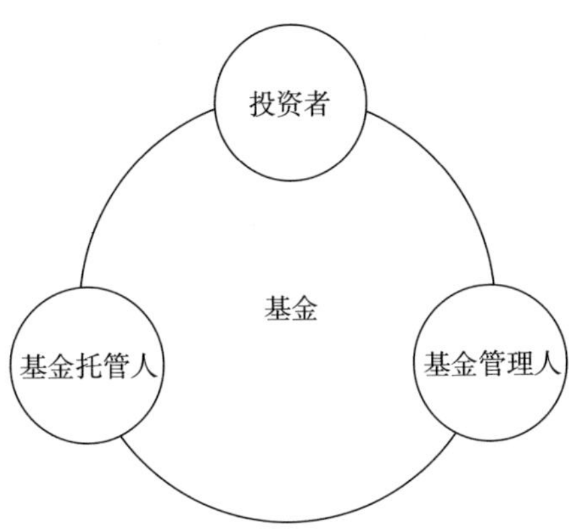

图 6.4　基金运作三方关系

第四，分散投资。投资者都知道一句话，“不要把鸡蛋放在同一个篮子里”。这句话强调的是要分散投资，降低风险。但是，分散是有条件和成本的。首先，要求投资者具备对多产品、多市场的投研能力。对投资者来说，不仅要了解股票市场，还要能了解实体产业；不仅要懂得国内市场的投资，还要具备投资国外市场的能力。一般的投资者是有较大难度的。其次，分散投资是有成本的，要考虑是否经济。比如开户成本、交易成本，以及为了执行交易而产生的其他成本。更重要的是，分散投资要具备一定的资金规模，过小的规模是难以分散且不合算的。

通过基金运作这种方式，可以汇集大量的资金，少则几百上千万，多则几十亿上百亿，这样的资金规模为分散投资提供了可能。

总之，对基金运作来说，“集合投资、专业理财、分工协作、分散投资”，这既是基金产品的特征，也是基金专业化运作的表现。对于普通投资者，投资基金产品确实是更为稳妥的一种投资方式。

3/ 基金产品

上一部分，我们说到基金业是以发行出售基金产品为手段，从而实现对投资者资金归集的目的。因此，我们先来认识什么是基金产品。

余额宝是大家非常熟悉的一款产品，但是你真的了解它吗？我们以余额宝为例来给大家介绍基金产品的类型。余额宝的本名叫“天弘增利宝货币基金”。在支付宝平台上，投资者可以随时购买和赎回，没有固定期限，而且对投资者购买金额也没有限制，最少1元就可以购买。

通过以上信息，我们可以提炼出以下内容。

首先，“天弘增利宝货币基金”属于公募基金产品。公募基金产品可以面向社会公众以公开发售的方式募集资金。因此，该基金产品对购买者没有排他性，只要年满18周岁的完全民事行为能力人都可以购买该基金产品。与公募基金产品相对应的是私募基金产品。私募基金产品只能面向特定的合格投资者以非公开发售方式募集资金。

其次，“天弘增利宝货币基金”属于货币市场基金产品。根据基金投资标的的不同，可以分为不动产基金、艺术品基金、股权基金、股票基金、债券基金等。由于“天弘增利宝货币基金”的投资标的是货币市场[①]中的金融工具，因此，该基金产品属于货币市场基金产品。

最后，“天弘增利宝货币基金”是开放式基金产品。根据基金运作方式的不同，基金可以分为开放式基金和封闭式基金。所谓封闭式基金，是指该基金在运作规模、期限、交易方式等方面有明确的限定，而开放式基金则在这些方面没有限制。不仅如此，它们在投资策略、交易场所以及价格形成机制方面都有所不同。

因此，投资者购买余额宝而获得收益，是因为余额宝本质上是基金产品，所以投资者购买基金产品而获得投资收益才是合理的。总的来说，余额宝是基金，是公募型开放式货币市场基金。

---

① 按照期限不同，金融市场分为货币市场和资本市场。货币市场是指以期限在 1 年以内的金融工具为媒介进行短期资金融通的市场。其特点是期限短、流通性强、安全性高。大额定期存单、商业票据等都是货币市场工具。

在了解了基金产品的基本类型后，我们再来看深圳丰年基金公司这起案件中出现的基金产品。

在针对被告人薛某某的〔2016〕吉0721刑初18号刑事判决书中，法院列举了四十多份经庭审举证、质证，并予以确认的受害人的陈述证明，这成为我们重要的资料来源。我们来看其中三位受害人的陈述证言整理。

（1）受害人韩某某。通过对韩某某陈述内容的整理，我们发现有以下五个关键信息：①薛某某是深圳丰年基金公司前郭分公司的总经理，韩某某是副总经理；②据薛某某介绍，投资者购买的是“掘金财富1号”基金产品，该基金投资于山东烟台金正矿业有限公司，主要用于开采和生产黄金和白银产品；③投资者认购基金份额，每份10万元，上不封顶；④基金的封闭期是六个月；⑤基金预期收益率是4%，相当于月息4分；⑥韩某某一共投资了3次，合计金额46万元，收回本息3.12万元，实际损失42.88万元。

（2）受害人仲某某。通过对仲某某陈述内容的整理，我们发现有以下五个关键信息：①工作人员对外宣传，深圳丰年私募基金公司是合法合规的，手续健全，有国家政策支持；②购买的基金产品中，“掘金财富1号”用于山东烟台金正矿业有限责任公司黄金、白银等产品的开采及销售，“掘金财富2号”用于新疆维吾尔自治区昌吉回族自治州湘玉金矿有限责任公司金矿开采及产品销售；③该基金月息4%，封闭期半年，半年之后可以挣24%；④仲某某与深圳丰年基金公司签署了《投资理财协议》；⑤仲某某第一次投资款10万元汇到深圳丰年基金公司对公账户，最后一次投资款却是汇到深圳丰年基金公司法人陈伟的个人账户。仲某某合计投资30万元，收回本息2万元，实际损失28万元。

（3）受害人曲某某在陈述中提到，被告人薛某某是深圳丰年股权投资基金管理有限公司前郭分公司的经理，他介绍：①深圳丰年基金公司是中国人民银行监管的，由农业银行托管，有政府的红头文件；②投资10万元起，封闭期半年；③每个月提前一天付利息，月收益按投资额的4%计算；④“掘金财富1号”基金产品投资的是山东烟台金正矿业有限公司开采及产品销售，“掘金财富2号”基金产品投资的是新疆维吾尔自治区昌吉回族自治州湘玉金矿有限责任公司开采及产品销售。

在另一份针对被告人徐振义的〔2016〕吉0702刑初10号刑事判决书中，经法院审理查明，天津丰硕投资管理有限公司（以下简称天津丰硕公司）是深圳丰年基金公司的前身。自2012年9月起，深圳丰年基金公司一共向松原分公司提供了五只私募基金产品，分别是：“能源1号”“能源2号”“能源3号”以及“掘金财富1号”“掘金财富2号”。

根据以上材料，我们可以做出如下判断：

第一，在深圳丰年基金公司这起欺诈案中，一共出现了五只基金产品，分别是：“能源1号”“能源2号”“能源3号”以及“掘金财富1号”“掘金财富2号”。其中，“掘金财富1号”投向山东烟台金正矿业有限公司，“掘金财富2号”投向新疆维吾尔自治区昌吉回族自治州湘玉金矿有限责任公司。

关于基金的投资，这里有两种可能，一种是深圳丰年基金公司将募集的资金以借款的方式出借给企业，那它们之间形成的是债权债务关系，另一种是深圳丰年基金公司将募集的资金投资给企业占有股权，它们之间形成的是所有权关系。

如果是第一种情况，那深圳丰年基金公司的运作方式就是面向社会公众吸收资金，并将汇集的资金再向企业放贷，这是典型的银行业经营模式。因此，如果深圳丰年基金公司按此模式运作，那必定是违法行为。

如果是第二种情况，深圳丰年基金公司的运作也存在严重的问题。深圳丰年基金公司与被投资企业之间是所有权关系，它的收益取决于被投资企业的经营情况，而深圳丰年基金公司却以4%的固定收益向投资者支付分红，这本身就是难以实现的。

第二，按照“掘金财富1号”和“掘金财富2号”基金产品按固定收益分红，且投资者与深圳丰年基金公司之间签订的是《投资理财协议》，这就应当认定为借款，而非投资，他们之间就是债权债务关系。

第三，部分受害人说到，在购买基金产品时，是直接向深圳丰年基金公司对公账户或其法人陈伟个人账户汇款。从这里可以看出，这与深圳丰年基金公司宣称其基金产品由农业银行托管的说法是自相矛盾的。如果基金产品采用托管制度，投资者就应当将资金汇至托管账户，而非深圳丰年基金公司对公账户或其法人个人账户。

第四，根据受害人描述的基金产品的特征，以及被告人徐振义的供述，深圳丰年基金公司所提供的五只产品都属于私募基金产品。按照私募基金产品的募资规则，只能向特定的合格投资者以非公开发售的方式募集资金，然而这与深圳丰年基金公司的实际运作又存在明显的差异。

从以上四个方面我们可以得出，深圳丰年基金公司在基金运作的过程中存在着严重的错误及逻辑漏洞。虽然到目前为止，我们还不能认定深圳丰年基金公司是否欺诈，但是我们可以据此做出一些推断。

要想解开深圳丰年基金公司是否欺诈的谜团，那我们就必须得搞清楚它所募集的资金到底去了哪里，这才是关键。

4/ 资金投向

在金融领域，追踪资金的去向是最容易判断风险的一种方法，也是判断欺诈与否的关键策略。

我们按此方法来探究在深圳丰年基金公司这起案件中，所募集的资金都流向了何处。只有搞清楚这个问题，我们才能真正了解其欺诈的本质。

在上一部分我们已经查出，深圳丰年基金公司一共推出了五只基金产品。通过对16份刑事判决书的整理，从被告人的供述，受害人的陈述以及相关证人的证言中，这五只基金产品的资金投向已经明确，具体如表6.2所示。

表 6.2　深圳丰年基金公司资金投向

序号	基金产品	投资项目
1	能源 1 号	内蒙古自治区准格尔旗林兔煤炭有限责任公司
2	能源 2 号	
3	能源 3 号	
4	掘金财富 1 号	烟台金正矿业有限公司水沟金矿区金矿项目
5	掘金财富 2 号	新疆奇台县鸽子窝金矿项目
		新疆维吾尔自治区昌吉回族自治州湘玉金矿有限责任公司
松原分公司副总经理周某峰提到，其他投资的公司还包括天津艾义特生物制药公司		

注：根据深圳丰年基金公司关联刑事判决书整理。

由于“能源1号”“能源2号”和“能源3号”在案件中出现并不多，大多数投资者是投资“掘金财富1号”和“掘金财富2号”造成的损失。因此，我们就重点分析这两只基金产品的资金流向。

从深圳丰年基金公司提供的基金产品宣传资料来看，“掘金财富1号”基金产品指向的是山东烟台金正矿业有限公司。根据资料，“掘金财富1号”投资4亿元，占烟台金正矿业有限公司45%的股权。在这笔投资中，烟台金正矿业有限公司经北京经纬资产评估有限责任公司评估，评估价值为84亿元。

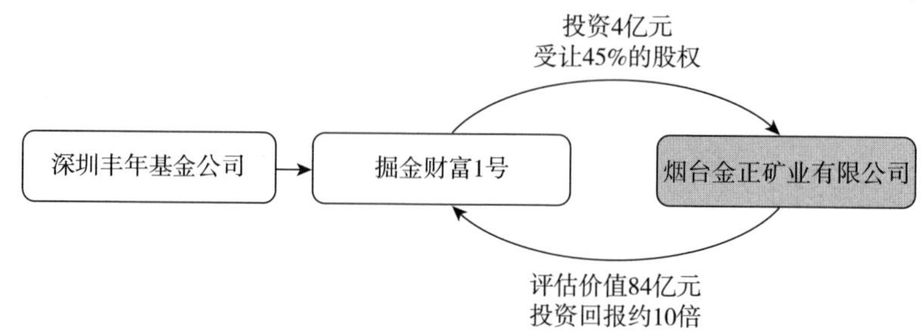

注：根据〔2016〕吉利 0702 刑初 10 号判决书及媒体报道资料整理。

图 6.5 “掘金财富 1 号”产品投资结构

因此，“掘金财富1号”以4亿元的投资，换回了37.8亿元的股权资产，投资回报近10倍。

“掘金财富2号”基金产品指向新疆奇台县湘玉金矿有限责任公司。根据深圳丰年基金公司的宣传，该公司以4亿元的投资占新疆奇台县湘玉金矿有限责任公司49%的股权。同时，北京天易衡矿业权评估有限公司对该公司评估价值为82亿元。按此计算，“掘金财富2号”以4亿元的投资获得了40.18亿元的回报。

从“掘金财富1号”和“掘金财富2号”的投资来看，首先回答了我们在上一部分提出的问题，即深圳丰年基金公司的基金运作是对外投资形成所有权关系，而非借款形成债权债务关系，这个问题到此我们就得到了确切的结论。此时我们再看，这两笔投资都是以4亿元的投资获得了近10倍的投资回报，似乎按这样的投资回报率足以支撑4%的月利率分红保障。对投资者来说，这是合理的。

那好，如果深圳丰年基金公司正如前面所说的那样，进行了真实投资，那我们真还无法认定它欺诈。但是，深圳丰年基金公司却并不是这样操作的。我们来看公安机关和法院的调查结果。

第一，在〔2016〕吉0702刑初10号刑事判决书中，证人张某新的证言：“我来报案，我是烟台金正矿业有限公司法定代表人。有人以与我们公司合伙的名义向老百姓卖丰年基金产品。昨天上午我接到两个电话，其中一个来电043188031927是吉林长春的电话，他们都问我是做什么的，是否与长春市丰年基金公司合伙，说互联网上我是烟台、威海、内蒙古三家公司的董事长，并留有我的手机号码。对方说想购买丰年基金，先打听一下。我告诉对方可能是个骗局，然后对方就挂断了。我就拨打互联网上长春市丰年基金公司留下的电话13704362333，接电话的是一个姓王的管理业务的人，我就问，‘你们是否与烟台、威海、内蒙古金正公司合伙？’对方说‘是’。我说：‘我就是烟台金正的董事长，你们赶快把网站关掉’，对方说：‘我说了不算，要请示领导。’我就挂断了电话。”

“烟台金正公司和威海金正公司都是我创建的，内蒙古金正公司和我没有一点关系。2011年前后我就把威海金正公司注销了，现在只有烟台金正公司是我自己的公司。我没有与长春市丰年基金公司合伙。大约十几天前，蓬莱市国土局的人打电话问我与长春市有没有合作，我说没有。”

第二，另一位证人吴某礼证实：“我是新疆昌吉州奇台县湘玉金矿法人代表。奇台县湘玉金矿是独资企业，2013年5月31日由我出资30万元从邵连凯手中购得，注册资金30万元整，有开采许可证。奇台县湘玉金矿从始至终一直都没有生产，因为资金不到位、矿产储量等原因一直都没有动工，现在这个矿点基本处于封闭状态，现在我们正在取样、勘探等作业阶段。奇台县湘玉金矿与奇台县湘玉金矿有限公司没有关系，我从来没听说过奇台县湘玉金矿有限公司。没听说过深圳丰年股权投资基金管理有限公司，和深圳丰年股权投资基金管理有限公司没有任何业务往来。”

第三，在该份刑事判决书中，书证11显示，新疆维吾尔自治区奇台县工商局证明载明，关于调取奇台县湘玉金矿有限公司工商档案，经查登记的奇台县湘玉金矿，未登记奇台县湘玉金矿有限公司。

第四，在公安机关的调查中，经与北京经纬资产评估有限责任公司和北京天易衡矿业权评估有限公司确认，深圳丰年基金公司在其宣称资料中所出具的《评估报告书》是伪造的，它们均未接受过当事方的评估委托。

至此，深圳丰年基金公司欺诈的本质就暴露无遗了。深圳丰年基金公司所宣称的投资主体均被相关当事人否定。深圳丰年基金公司利用市场主体的名义，冒用评估公司的资信伪造资产评估报告，张冠李戴用于欺诈。这一切的目的，都是为了诱使投资者购买他们的基金产品。当一个个投资者掏钱购买它们基金产品的时候，钱就这样被收割走了。

5/ 运作主体

按照现行的法律法规，基金产品的发起与设立，必须是依法设立的基金管理机构。在我国，基金管理机构分为公募基金管理机构和私募基金管理机构。在此，我们需要搞清楚深圳丰年基金公司是否是合法的基金管理机构，是公募基金管理机构还是私募基金管理机构。这将有利于我们进一步了解其欺诈的真面目。

在基金产品这个部分中，我们已经了解到，深圳丰年基金公司所推出的是私募基金产品。因此，我们暂且先认定深圳丰年基金公司是私募基金管理机构。到底是不是，我们来看具体材料（见图6.6）：

首先，通过对刑事判决书的整理，以及工商信息的查询，我们基本可以理清深圳丰年基金公司的基本情况及设立过程。

2012年5月25日，天津丰硕投资管理有限公司成立，陈伟担任公司的法定代表人。同年11月22日，因天津丰硕投资公司与天津丰年股权投资基金公司合并，重组为深圳丰年股权投资基金管理有限公司，并于2013年4月17日在深圳市市场监督管理局登记注册，法定代表人仍为陈伟，其经营范围包括受托管理股权投资基金、股权投资、受托资产管理、经济信息咨询等。2013年8月1日，深圳丰年基金公司任命被告人徐振义为深圳丰年基金公司松原分公司负责人。随后，深圳丰年基金公司前郭分公司、乾安分公司以及大安分公司依次成立。

其次，深圳丰年基金公司的发展历程分为两个阶段。第一阶段，2012年5月25日至2013年4月27日，以天津丰硕投资公司为主体。在这个阶段，天津丰硕投资公司一共推出了“能源1号”“能源2号”和“能源3号”三只基金产品。第二阶段，2013年4月27日深圳丰年基金公司的成立至案发。这个阶段是以深圳丰年基金公司作为运作主体，一共发行了两只基金产品，即“掘金财富1号”和“掘金财富2号”。从我们掌握的资料中，“掘金财富1号”和“掘金财富2号”成了深圳丰年基金公司的主要集资产品。

最后，在〔2018〕吉0302刑初79号刑事判决书中，书证8载明，中国证券投资基金业协会出具了《关于深圳市丰年股权投资基金管理有限公司私募基金登记备案情况的说明》（中基协〔2017〕738号），证实深圳市丰年股权投资基金管理有限公司未在中国基金业协会办理私募基金管理人登记或产品备案。

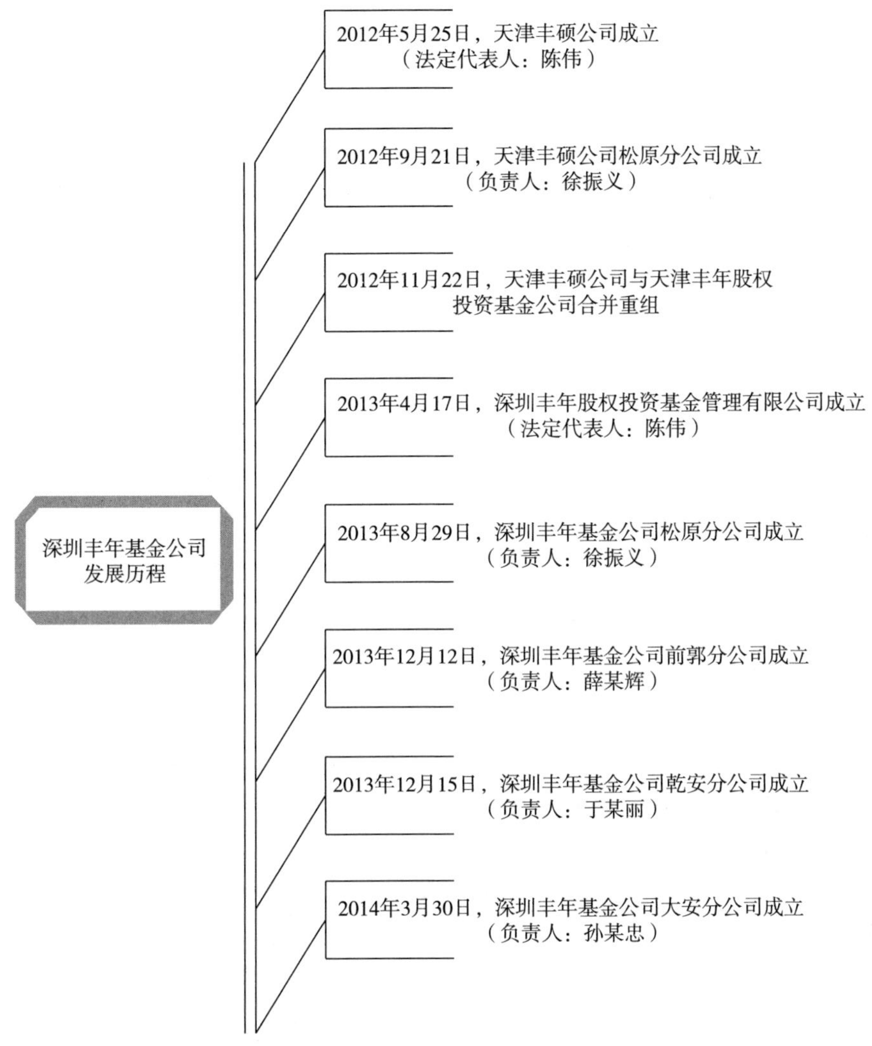

注：根据〔2016〕吉0702刑初10号判决书整理。

图6.6　深圳丰年基金公司发展历程

2014年1月，中国证券投资基金协会（以下简称基金业协会）发布了《私募投资基金管理人登记和基金备案办法（试行）》（中基协发〔2014〕1号）文件，标志着我国以法律形式正式确立了私募基金的合法地位，并自此开启了私募基金规范化发展的历程。因此，2014年也就成了我国私募基金行业发展的分界点。

知识扩展2

如何认定合格投资者？

合格投资者概念，首次出现在美国政府颁布的《1933年证券法》中。自此，合格投资者正式进入投资者的视野。

合格投资者制度的建立，其根本原因是基于对投资风险的分级，监管部门要求必须要满足一定条件的投资者才能参与高风险等级的投资。从本质上讲，是保护投资者的机制。监管部门设定了一系列的标准和条件，只有达到或满足一定条件的投资者，才能认定为合格投资者。

关于我国合格投资者的认定标准，以2018年4月27日由央行、银保监会、证监会、外汇局联合发布的《关于规范金融机构资产管理业务的指导意见》（以下简称《资管意见》）为分界点，分为《资管意见》发布以前和《资管意见》发布以后两个时期。

在《资管意见》发布前这个时期，整个资管行业对合格投资者的认定各成体系，银行、信托、证券、基金等都有各自的认定标准，甚至不同银行还有自己的认定标准。这个时期，总体来说，不同行业存在着明显的差异，同一行业内部也存在不同的标准。

不过，在《资管意见》发布后，合格投资者的认定标准就统一了。根据文件内容，我们整理并绘制了资管行业合格投资者的认定标准，具体如表6.3所示。

表 6.3　资管行业“合格投资者”认定标准

考察因素	类别	认定标准
风险能力	—	具备相应的风险识别能力和风险承担能力
起投金额	固定收益类	30 万元
	混合类	40 万元
	权益类	100 万元
	商品及金融衍生品类	100 万元

续表

考察因素	类别	认定标准
认定条件	个人投资者	具有两年以上投资经历
		家庭金融净资产不低于 300 万元
		家庭金融资产不低于 500 万元
		近三年本人年均收入不低于 40 万元
	单位投资者	最近一年末净资产不低于 1000 万元
其他	—	金融监管部门视为合格投资者的其他情形

注：根据《资管意见》文件内容整理。

由表6.3可知，合格投资者的考察共有三个因素。

因素1：投资者的风险能力。该考察因素是以测试的方式进行的。目前，投资者通过参加《投资者风险识别能力和承受能力调查问卷》资料做答，经系统评估测定投资者的风险等级［C1–C5］。

因素2：起投金额。在《资管意见》中，按照不同产品类别，设定了不同的起投门槛。比如，固定收益类理财产品起投金额不低于30万元，权益类理财产品起投金额不低于100万元。

因素3：认定条件。在《资管意见》中，将投资者分为个人投资者和单位投资者。如果是个人投资者，在满足两年以上投资经历的基础上，且需满足以下条件之一：（1）家庭金融净资产不低于300万元；（2）或者家庭金融资产不低于500万元；（3）或者近三年本人年均收入不低于40万元。

只有当以上三个考察因素同时满足时，才能认定为合格投资者并参与投资。

2020年7月31日，经国务院同意，人民银行会同发展改革委、财政部、银保监会、证监会、外汇局等部门，充分考虑疫情影响实际，在《资管意见》框架下，审慎研究决定，延长《资管意见》（银发〔2018〕106号）过渡期至2021年底。在过渡期结束前，私募行业遵循的是中国基金业协会于2016年7月15日颁布的《私募投资基金募集行为管理办法》中对合格投资者的认定标准，具体如下：

1. 具备相应风险识别能力和风险承担能力；

2. 起投金额为100万元；

3. 如果是个人投资者，要求个人金融资产不低于300万元或者最近三年个人年均收入不低于50万元；如果是单位投资者，要求净资产不低于1000万元；

4. 视为合格投资者情况：（1）社会保障基金、企业年金等养老基金；慈善基金等社会公益基金；（2）依法设立并在基金业协会备案的投资计划；（3）投资于所管理私募基金的私募基金管理人员及其从业人员；（4）中国证监会规定的其他投资者。

随着过渡期的结束，资管行业将执行统一的“合格投资者”认定标准，这将有利于行业的健康有序发展。

2014年以前，我国私募基金行业的发展处在试探和摸索阶段。由于法律没有明确的规定，私募基金的合法性还存疑。后来，私募基金借道信托，通过信托通道完成了“私募阳光化”。这个阶段，私募基金不具备独立发行产品的资格。直到2014年1月以后，国家才以法律形式正式确立了私募基金的合法地位。随着基金业协会各类文件的出台，明确了私募基金的运作，这才使得私募基金行业进入了透明化和规范化的发展阶段。

我们在此强调这个问题，是因为深圳丰年基金公司案发正处在这个分界点的前后。在前面分析中我们已经得知，深圳丰年基金公司在2014年以前就已经在发行私募基金产品了，这个阶段其合法性本身就存疑。而在2014年基金业协会明确了私募基金管理机构实行备案制后，深圳丰年基金公司仍然未按要求履行私募基金管理机构备案。也就是说，在2014年以后，我们完全可以认定深圳丰年基金公司是不合法的私募基金管理机构，其发行的产品也未在基金业协会备案。

按照法不溯及既往[①]的原则，我们不能认定深圳丰年基金公司在2014年以前主体的合法性，但是就其发行基金产品募集资金，而并未真实对外投资这个事实来看，已经充分地反映出了深圳丰年基金案欺诈的实质，以及策划者非法

① 法不溯及既往原则，要求法律只能适用于它颁布生效以后发生的行为和事件，不能适用于它颁布生效以前所发生的行为和事件。参考文献：向朝阳．中国刑法学教程[M]. 2002年11月第一版．四川大学出版社，2002：29-29.

占有的目的。

6/ 运作方式

在解析深圳丰年基金公司欺诈案中我们发现，策划者以分公司的组织形式，构建了一个庞大的募资网络，成了策划者非法吸收资金的重要推手，这是应该引起我们高度重视的地方。

分公司作为公司形式的一种，原本是主体公司在各地设立的不具有独立法人资格的分支机构，是主体公司在各地开展业务的组织形式。但是，在深圳丰年基金公司的组织体系中，策划者却把主体公司和分公司变成了两个独立的合作机构。

首先是业务的独立。深圳丰年基金公司作为主体公司，负责提供基金产品，指导业务开展，并负责汇集资金，而各分公司只需开发客户，销售基金产品。

其次是管理的独立。各分公司负责人自行配置工作人员，深圳丰年基金公司只派驻区域经理协助开展业务，不干涉各分公司内部管理。

最后是费用的独立。深圳丰年基金公司授权各合作者在当地设立分公司，各分公司负责人承担办公经费、人员费用等，而深圳丰年基金公司根据各分公司募资规模给予相应的提成奖励。据被告人徐振义交代，深圳丰年基金公司按其开发的客户投资金额款的8%~15%核算提成。

正是在这种以利益为纽带的合作关系之下，深圳丰年基金公司在各地迅速发展了一大批分公司，基于一个熟人关系网络源源不断地为深圳丰年基金公司吸收资金。通过对〔2016〕吉0702刑初10号刑事判决书的梳理，我们绘制出了深圳丰年基金公司部分分公司的网络结构（见图6.7）。

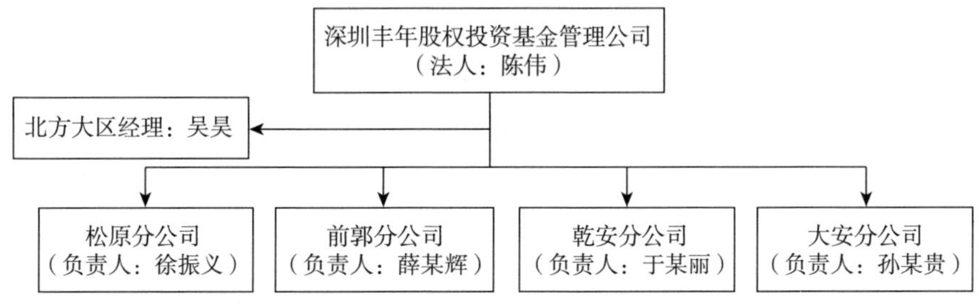

注：根据〔2016〕吉 0702 刑初 10 号判决书整理。

图 6.7　深圳丰年基金公司分公司的网络结构（部分）

由于我们掌握的资料比较有限，无法得知深圳丰年基金公司在全国各地还有多少家这样的分公司，但已知的这4家分公司就合计向276名投资人吸收高达9190万元的资金，实际造成8085.76万元的损失（见表6.4）。

表 6.4　深圳丰年基金公司各分公司募资统计

序号	名称	募资人数	合计金额	收回本息	损失金额
1	松原分公司	114 人	4512 万元	421.5 万元	3766.5 万元
2	前郭分公司	69 人	2239 万元	117.5 万元	2121.5 万元
3	乾安分公司	62 人	1414 万元	123.56 万元	1250.44 万元
4	大安分公司	27 人	735 万元	19.12 万元	715.88 万元
另有：					
5	松原分公司、前郭分公司	韩某顺	46 万元	3.12 万元	42.88 万元
6	松原分公司、前郭分公司	刘某芬	150 万元	14.4 万元	135.6 万元
7	松原分公司、乾安分公司	于某丽	51 万元	26.04 万元	24.96 万元
8	松原分公司、乾安分公司	岳某涛	43 万元	15 万元	28 万元

注：根据〔2016〕吉 0702 刑初 10 号判决书整理。

我们认为，深圳丰年基金公司所采用的这种独立分公司的组织形式，它们之间以利益为纽带，充分利用了分公司独立核算的特点，发展速度非常快。它们就像一个个病毒，分布在各地，不断地吸收着受害人的资金。

7/ 事件定性

我国是从2014年才开始正式将私募基金纳入监管的范围。从案件中我们可知，深圳丰年基金案发时间主要集中在2012—2014年，正好处于私募基金管理规范化的前后。因此，这绝不能认定为是“法无禁止即可为”的阶段。关于深圳丰年基金公司案件的性质，我们先来看看法院的判决意见。

由于我们掌握的资料中并未获得深圳丰年基金公司法人陈伟的判决材料，我们只能以中国裁判文书网公布的深圳丰年基金公司部分公司负责人的刑事判决书来了解法院的看法。其中，最为典型的是深圳丰年基金公司松原分公司负责人徐振义的审判材料。2016年11月3日，吉林省松原市宁江区人民法院对被告人徐振义作出了刑事判决，编号为〔2016〕吉0702刑初10号。法院的观点如下：

被告人徐振义，违反国家金融管理法规，扰乱金融秩序，非法吸收公众存款，合计人民币9190万元，造成损失合计人民币8085.76万元，数额巨大，其行为已构成非法吸收公众存款罪，公诉机关的指控事实清楚，证据确实、充分，指控罪名成立。鉴于被告人徐振义案发后主动投案，如实供述所犯罪行，属自首，应依法从轻处罚。据此，法院根据《中华人民共和国刑法》有关规定，判决如下：

（1）被告人徐振义，犯非法吸收公众存款罪，判处有期徒刑五年，并处罚金40万元；

（2）涉案赃款8085.76万元予以追缴，返还给被害人。

在法院的判决中，我们还特别注意到，被告人徐振义及其辩护人提出本案是深圳丰年基金公司单位犯罪的问题，法院对此做出说明。

法院指出，根据《最高人民法院关于审理单位犯罪案件具体应用法律有关问题的解释》第2条，个人为进行违法犯罪活动而设立的公司、企业、事业单位实施犯罪的，或者公司、企业、事业单位设立后，以实施犯罪为主要活动的，不以单位犯罪论处。被告人徐振义所成立的公司主要活动是以推销深圳丰年公司的基金为名，非法吸收资金，故应属于自然人犯罪，而非单位犯罪。

通过对判决书的搜集，我们整理了其他被告人的刑事判决结果。从表6.5中可知，被告人均是以非法吸收公众存款罪被定罪量刑的。

表 6.5 深圳丰年基金公司部分被告人判决结果

序号	姓名	身份	罪名	刑期	罚金
1	史毅	石家庄分公司负责人	非法吸收公众存款罪	七年	50 万元
2	陆军	—	非法吸收公众存款罪	三年六个月	20 万元
3	薛某辉	前郭分公司负责人	非法吸收公众存款罪	二年六个月	30 万元
4	于晓丽	乾安分公司负责人	非法吸收公众存款罪	二年	5 万元
5	傅加友	四平分公司负责人	非法吸收公众存款罪	三年	5 万元

注：根据〔2016〕吉 0702 刑初 10 号等 16 份判决书整理。

非法吸收公众存款罪属于金融领域犯罪罪名。我认为，深圳丰年基金公司这起案件，策划者是以基金公司的名义，以虚假投资项目为名，发行基金产品，通过分公司的组织形式出售基金，并实现对投资者资金的汇集，其根本目的是非法占有受害者资金。从案件发生的全程来看，深圳丰年基金公司是打着合法基金公司的名义，通过出售虚假基金产品的方式来达到非法获利目的的。因此，我们认为这是一起典型的金融欺诈案件。

8/ 案件点评

虽然我国私募基金行业的规范化发展是从2014年才开始的，但是在此以前并不意味着就能肆意操作，违法作为。

深圳丰年基金公司这起金融欺诈案的发生绝不是偶然的，更不是在私募基金行业发展探索期可以容忍的错误。回看这起案件，策划者是以深圳丰年基金公司为运作主体，发售私募基金产品，实现对投资者资金的汇集。然而，当公安机关对汇集的资金进行追踪时，发现这些资金并没有进入深圳丰年基金公司所宣称的投资企业，而是进入了陈伟等人的腰包，这就彻底地暴露出了它欺诈的本质。

在这起案件中，其实投资者有多次机会可以识别到其欺诈的真面目。首先，既然是股权投资基金，投资者的收益就应当按照投资回报分配，怎么可能是固定利息呢？这是不合理的。其次，既然宣称基金托管，为何资金会直接汇入深圳丰年基金公司对公账户和法人陈伟的个人账户，而不是转入基金托管账户呢？这又是不合理的。最后，既然是私募基金产品，其面向的应该是特定的合格投资者。因此，投资者在购买基金产品的过程中是否按照规定进行合格投资者的认定呢？这同样也是不合理的。种种的不合理，只要我们投资者能够保持基本的理性，具备基本的基金知识，就完全可以识别出其欺诈的本质。

自2014年1月以来，我国私募基金行业的发展已经进入了透明化和规范化的发展阶段。当前，私募基金采用双备案制，即私募基金管理机构备案和私募基金产品备案。因此，任何投资者想要参与私募基金投资，首先就应该通过基金业协会官网（网址：https://gs.amac.org.cn/）核查信息，一查主体是否合法，二查基金产品是否备案。通过这两个方面的核查，你至少可以避免80%的私募基金投资骗局。

华澳信托案——信托欺诈

按照字面意思理解，信托——因为信任，所以托付！

在众多金融机构中，信托投资公司以“得人之信、受人之托、为人理财”作为其经营的基本准则。如果其违背这样的基本准则，它造成的社会危害将是难以估量的。

“华澳信托案”的发生引起了我们的关注。在这起案件中，犯罪分子伪造虚假项目开展非法募资，利用信托投资公司开展“通道业务”，让信托公司为其信用背书，而这又进一步为其非法募资“添了薪、加了材”，最终给受害人造成了重大的财产损失。华澳信托也为此承担了相应的法律责任。

从案件发生的过程来看，犯罪分子并没有运用多么精妙的金融知识，但是它仍然成功诱骗了受害者。究其原因，受害者相信华澳信托的专业。遗憾的是，本应该值得信赖的华澳信托，却未能尽职尽责，从而为这起案件的发生客观上起到了推动作用。

华澳信托案——信托欺诈

1/ 案情简况

信托，按照字面意思理解，一是信任，二是托付。只有得到了信任，才可能托付。自人类诞生以来，因为信任而托付的故事比比皆是。在中国历史上，就有托孤一说，就是指一个人临终前，委托他人照料自己的子女。我们常常也把这种受人之托，忠人之事视为一种美好的品德。

委托和信托比较容易混淆，但二者都有着共同的基础。它们共同的基础都是信任，首先得有信任，才有可能托付，这是前提条件。后来，随着现代意义的信托产生，委托和信托才有了根本性的区别。从我的理解来讲，委托和信托有三个核心的差异。

差异一：法律基础不同。委托的法律基础的是《合同法》，而信托的法律基础的是《信托法》。

差异二：事项范围不同。委托的事项范围，只要不违法，都可以委托。可以委托他人办事，可以委托他人行使某项权利，可以委托他人保管财产，等等。而信托的范围仅局限于财产管理。

差异三：权利基础不同。在委托关系中，从委托开始至结束，受托人获得的权利都源于委托人；而在信托关系中，一旦信托关系建立，受托人则拥有独立的权利基础。比如，同样是委托人委托受托人管理财产，在委托关系中，财产权自始至终都属于委托人，而在信托关系中，一旦信托关系建立，在信托关系存续期间，信托财产是独立的，而非受托人的。这是二者非常重要的差别。

按照现代意义上的理解，所谓信托，则是“受人之托，代人理财”。自英国人创立现代信托制度开始，时至今日信托业得到了极大的发展，成了全球金融行业的重要组成部分。

在中国，信托业作为金融行业的五大子行业之一，在我国金融体系中起着举足轻重的作用。根据中国信托业协会2021年3月8日发布的数据[①]，截至2020年第四季度末，我国信托业资产管理规模达到20.49万亿元，其中，集合信托规模占比49.65%，单一信托规模占比29.94%，管理财产信托占比20.41%。近年来，我国信托业在降融资和调结构的背景下，资产管理规模略有下降。但这仍不妨碍信托业为地方政府、国有企业，以及市场中其他各类主体，在拓宽融资渠道、优化融资结构方面起着重要的作用。

但是，在信托业不断发展的同时，我们也必须注意到信托业在经营中出现的问题和暴露的风险。2021年初，在上海金融法院公布的《2020典型案例》中，华澳信托案引起了市场高度的关注。作为史上第一起信托公司因为通道业务[②]，卷入非法集资而被判处承担连带偿还责任的案件，不仅引发了市场中各金融机构重新审视自身的经营风险，同时也警醒了社会大众重新思考信托产品的投资风险。在事件发生后，我们不禁要问，华澳信托案到底是如何发生的，这当中有哪些陷阱值得我们重视，我们又能从中吸取哪些经验教训呢?

我们通过调查发现，在华澳信托案中起着关键作用的是一家叫做上海寅浔投资管理中心的企业。为了弄清楚华澳信托案的前因后果，我们在中国裁判文书网上，以“上海寅浔投资管理中心”作为关键词检索，截至2021年10月15日，合计查询到民事案由文书13份。同时，我们又在中国裁判文书网上查到了这起案件的主谋陈成志、林小陈和王霞三人的刑事判决书3份，第一份是上海市第一中级人民法院于2018年6月26日作出的一审刑事判决书，编号为〔2017〕沪01刑初50号；第二份是上海市第一中级人民法院于2018年9月7日作出的刑事裁定书，编号为〔2017〕沪01刑初50号之一；第三份是上海市高级人民法院于2018年8月14日作出的刑事裁定书，编号为〔2018〕沪刑终65号。遗憾的是，这3份判决书都没有公示案件详细的内容。因此，我们只能以查询到的民事案由文书为基础材料，通过梳理、分析以及重构，尽全力还原这起案件发生的经过，为大家揭开这起欺诈案件的全貌。

有关华澳信托案的详细内容，我们具体从以下几个方面展开说明。

---

① 中国信托业协会. 2020年第四季度末信托公司主要业务数据［EB/OL］.［2021-10-15］. http://www.xtxh.net/xtxh/statistics/46671.htm.

② 通道业务，通俗地说，就是借用别人的牌照或者名义做的业务。通道业务类型很多。在本案中，业务方借用了信托公司的通道开展业务。

2/ 信托主体

在信托关系中，至少存在三方当事人，即委托人、受托人和受益人。其中，受托人即是接受委托人委托，按照委托人意愿管理和运用信托财产的机构。在我国，一般称为信托公司或者信托投资公司。

我国法律规定，信托公司是指依照《公司法》《信托投资公司管理办法》以及其他法律法规依法设立的，主要经营信托业务的金融机构。从这个定义中，我们至少应当认识到以下三点：

第一，从性质上讲，信托公司属于公司，组建形式可以是有限责任公司，也可以是股份有限公司。但不论是哪一种组织形式，它都是公司，区别于政府职能部门、事业单位等组织。

第二，从类型上说，信托公司是金融机构，且是非银行类金融机构[①]，区别于银行业金融机构。也就是说，信托公司是不能面向社会公众吸收存款的。

第三，从业务上看，信托公司开展的是信托业务，信托公司只能通过发行信托产品来汇集投资者资金。

在我国，信托公司的设立有着严格的条件和严谨的程序。根据中国银行保险监督委员会（简称银保监会）修订的《中国银保监会信托公司行政许可事项实施办法》规定，信托公司的设立需要满足以下八个条件：

（1）有符合《公司法》和银保监会规定的公司章程，股东管理、股东的权利义务等相关内容应按规定纳入信托公司章程；

（2）有符合规定条件的出资人，包括境内非金融机构、境内金融机构、境外金融机构和银保监会认可的其他出资人；

（3）注册资本为一次性实缴货币资本，最低限额为3亿元人民币或等值的可自由兑换货币；

（4）有符合任职资格条件的董事、高级管理人员和与其业务相适应的合格的信托从业人员；

（5）具有健全的公司治理结构、组织机构、管理制度、风险控制机制和投资者保护机制；

---

① 在我国，金融机构可以分为银行类金融机构和非银行类金融机构。只有银行类金融机构才能面向社会公众吸收存款。信托公司、证券公司、基金公司、保险公司均属于非银行类金融机构，不能吸收存款。

（6）具有与业务经营相适应的营业场所、安全防范措施和其他设施；

（7）建立了与业务经营和监管要求相适应的信息科技架构，具有支撑业务经营的必要、安全且合规的信息系统，具备保障业务持续运营的技术与措施；

（8）银保监会规章规定的其他审慎性条件。

从注册流程来看，信托公司的成立有三个关键节点：

第一个节点：审批。按照规定，我国信托业的监管部门为银保监会。信托公司的设立须经银保监会审批，同意后方可办理注册程序。

第二个节点：设立。审批通过后，拟设信托公司按照《公司法》的规定依法办理注册，完成设立。

第三个节点：开业。在依法设立后，信托公司向注册所在地的银保监局提交申请。经批准同意后，颁发“金融许可证”，方可正式开业运营。

当前，我国持有信托“金融许可证”的企业一共有71家，其中，广州国际信托投资公司、吉林泛亚信托投资有限责任公司和金新信托投资股份有限公司三家信托公司正处于持牌停业状态，实际运营的信托公司只有68家。涉案的华澳国际信托有限公司（以下简称华澳信托公司）就属于其中一家。

知识扩展1

受人之托，代人理财

现代意义上的信托，始于英国创造的尤斯制度。尤斯制度规定：凡要以土地贡献给教会者，不作直接的让渡，而是先赠送给第三者，并表明其赠送目的是维护教会的利益，第三者必须将从土地上所取得的收益转交给教会。后来，信托制度传入美国，并在美国发展成熟，独立为信托业。

信托业传入中国也有近百年的历史。直到2001年10月1日，《中华人民共和国信托法》的正式实施，才标志着我国信托业迈入了规范化发展阶段。

《信托法》第二条对信托做了定义。信托是指委托人基于受托人的信任，将财产权委托给受托人，由受托人按照委托人的意愿，以受托人自己的名义为受益人的利益或者是特定目的，对财产权进行管理或处分的行为。简而言之，即得人之信，受人之托，代人理财。

在一个信托关系中，至少有三方当事人，即委托人、受托人和受益人。委托人和受益人可以是同一个主体，也可以是不同主体。而受托人，则是我们日常所说的信托管理机构，也就是信托公司（见图7.1）。

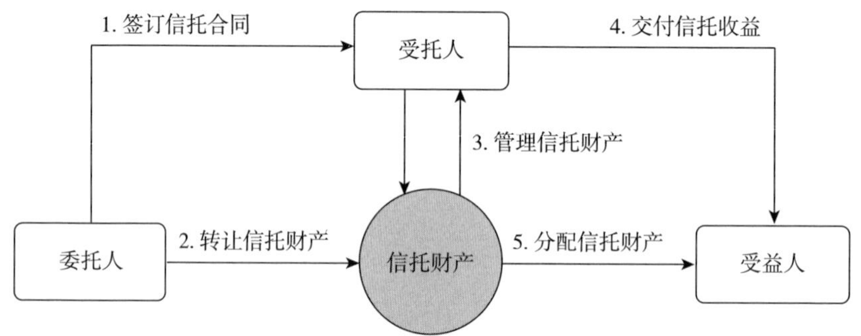

图 7.1　信托三方关系结构图

在我国，信托公司作为金融机构，它的设立有着严格的标准和严谨的程序。只有经银保监会批准，依法设立的信托公司，才能开展信托业务。

信托的类型很多，按照不同的方式可以作如下划分。

1. 根据委托标的的不同，可以分为资金信托、动产信托、不动产信托以及其他财产信托。

2. 根据受益对象的不同，可以分为自益信托和他益信托。自益信托的委托人即是受益人，而他益信托则是为他人的利益而设立，以他人为受益人的信托形式。

3. 根据委托人数的不同，可以分为单一信托和集合信托。单一信托是指委托人只有一个，而集合信托的委托人数量是不唯一的。

4. 根据信托资金运用方式的不同，可以分为债权类信托和股权类信托。所谓债权类信托，是指将信托资金以受托人（信托公司）的名义给项目公司发放贷款，形成的是债权债务关系；而股权类信托，则是将信托资金投资于能够带来稳定现金流的权益项目，它们之间形成的是所有权关系。

信托公司发起设立的信托产品，是实现信托公司汇集资金的手段和方式。第一，受托人发起设立信托计划，也就是信托产品”；第二，委托人认购信托产品，形成信托财产；第三，委托人按照信托计划的约定，将信托财产贷款或投资给项目主体；第四，受托人根据项目收益情况，执行收益分配；第五，在分配收益时，受托人按照合同约定收取服务费和收益分红；第六，信托产品期满或结束后，对剩余信托财产进行处置。

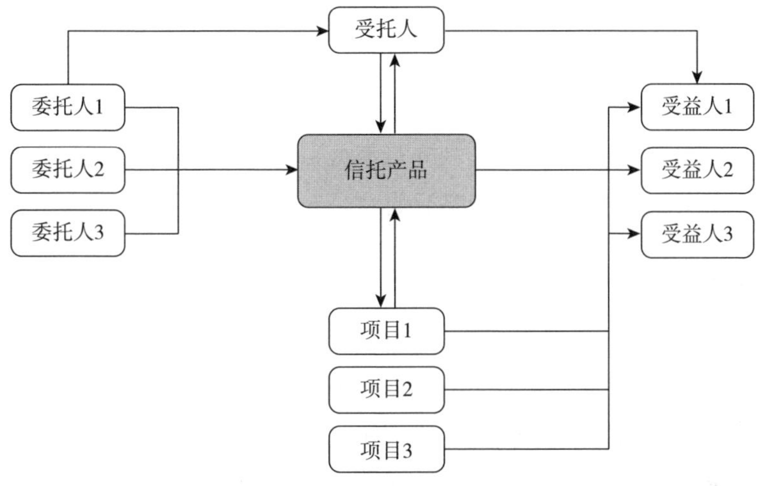

图 7.2　信托产品结构

在信托计划执行的过程中，还涉及信托财产登记、信托财产保管以及信托监察等流程和机构，它们共同构成了对委托人财产的安全保障。

在整个信托关系中，信托财产具有法律上的独立性，受托人只能基于信托合同对信托财产进行管理。受托人对信托财产与其自有财产须分别管理。受托人死亡时，其信托财产不得作为遗产继承。

华澳信托公司官网资料显示，该公司成立于1992年，前身为昆明国际信托投资公司，2009年迁址上海，更名为华澳国际信托有限公司。公司注册资本金为25亿元人民币。

从其股东结构来看，华澳国际信托公司两大股东分别是北京融达投资有限公司和重庆财信企业集团有限公司。资料显示，北京融达投资有限公司成立于2003年3月，注册资本130000万元，主要从事实业与金融等方面的投资与资产管理，持有华澳信托公司50.01%的股权。而重庆财信企业集团有限公司成立于1997年8月，注册资本111600万元，是一家相关多元产业及投资集团公司，持有华澳信托公司49.99%的股权。

通过企业预警通App查询，华澳信托公司2019年营业收入为9.94亿元，较2018年增长34.68%；净利润3.06亿元，较2018年下跌25.4%。从其获得的荣誉来看，2018年、2019年均获得了“突破成长信托公司”荣誉称号。在全国68家信托公司中，华澳信托公司处在中上的位置。

就是这样一家经国家金融监管部门批准，具备经营信托业务资格，且不断发展的正规金融机构，却在2019年4月3日，上海市浦东新区人民法院公开开庭审理的一起民事纠纷案中，被判处对受害人的财产损失承担连带偿还责任，引发了市场高度的关注。这究竟是为何？

3/ 民事纠纷

当我们以“上海寅浔投资管理中心”为关键词，在中国裁判文书网上检索，共搜寻到涉及华澳信托公司的民事纠纷判决书（或裁决书）13份。为便于理清这起事件，我们选取了其中一份，即原告吴曼与被告华澳国际信托有限公司财产损害赔偿纠纷案，民事判决书编号为〔2018〕沪0115民初80151号。我们以这份材料为基础，展开对这起案件的解析。

通过对这份民事判决书的分析我们发现，作为受害人的原告吴曼，女，2013年8月3日投资100万元，认购了由上海寅浔投资管理中心设立的基金产品。经证实，在浙江联众杭州保障房投资基金项目募集文件中，载明该基金产品类型为“华澳信托联众单一资金信托贷款有限合伙基金”。吴曼在募集文件中的《上海寅浔投资管理中心（有限合伙）合伙协议书》上签名，并填写了《新有限合伙人（投资人）基本信息》，视为投资成功。

受害人吴曼投资并签署这一系列文件，能说明其背后与华澳信托公司到底存在什么关联呢？通过整理材料我们发现，在华澳信托系列案件的背后，还牵连到一起刑事案件。当事人陈成志、林小陈和王霞等人以上海寅浔投资管理中心作为依托，向社会不特定对象募集资金，并通过与华澳信托公司设立单一信托计划，将其募资的资金委托给华澳信托公司。根据上海寅浔投资管理中心与华澳信托公司之间设立的信托计划约定，浙江联众建设公司以承接“杭州保障房项目”为名，向华澳信托公司申请流动性贷款，华澳信托公司则向借款主体浙江联众建设公司发放贷款，而辽阳红美置业有限公司作为担保主体，为该笔贷款提供还款保证。

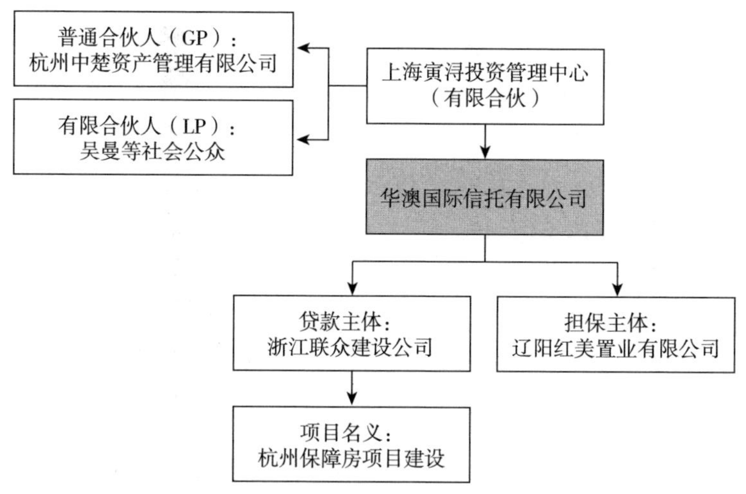

注：根据〔2018〕沪0115民初80151号判决书整理。

图7.3　华澳国际信托案关系

通过图7.3我们可以看出，作为受害人的吴曼，虽然直接与上海寅浔投资管理中心有着投资关系，即受害人吴曼是直接将投资款汇入上海寅浔投资管理中心（有限合伙）对公账户的，但是受害人吴曼投资的本质实质上基于华澳信托公司与上海寅浔投资管理中心之间确立的信托计划，是基于华澳信托公司对浙江联众建设公司以承接“杭州保障房项目”建设为前提的贷款作为判断依据的。

以上内容我们可以从以下两个事实中得出：

其一，2013年8月3日，“杭州保障房项目”与杭州中楚资产管理有限公司共同向受害人吴曼发布了《浙江联众杭州保障房投资基金项目成立公告》，内容如下：

“尊敬的吴曼女士/先生/公司：感谢您投资由杭州中楚实业有限公司担任执行事务合伙人发起设立的‘浙江联众杭州保障房投资基金项目’，本项目对接《华澳信托浙江联众贷款项目单一资金信托计划》，本期募集资金于2013

年8月2日正式成立并起息，我公司已确认您认购的金额：壹佰万元整。本项目期限为24个月（可提前12个月结束），自成立之日起计算，每半年分配投资收益，项目结束返还本金。”

其二，2013年12月，华澳信托公司内部出具了《项目风险排查报告》，内容如下：

“本信托为支持浙江联众补充流动性资金缺口，除建设中的辽阳红美时代广场的项目外，有多个政府建设项目，包括浙江省重大项目中国陶庄循环经济城项目，杭州钱江经济开发区朱家角高层农居项目和杭州钱江经济开发区泉漳高层农居项目均在建设开发中，建设进度顺利，无重大异常情况，上述项目施工合同预计总金额达38亿~40亿元。”

除了以上内容外，报告的最后“项目风险判断”部分还有以下说明：“浙江联众建设公司财务状况良好，由其建设的多个项目，保障营收稳定，保证人辽阳红美置业有限公司现金流充足，项目去化速度令人满意，担保意愿正常，担保实力佳，项目风险可控。本次检查未发现重大风险事项。”

以上两个材料可以很好地佐证，作为受害人的吴曼，在其投资的过程中与华澳信托公司之间存在的关系。

但是，令人不可思议的是，后经杭州当地公安机关调查，确认浙江联众建设公司所谓的“杭州保障房建设项目”是根本不存在的虚假项目，而这背后正是由陈成志、林小陈、王霞共同策划的一个骗局。这才是这起民事纠纷案之所以复杂并牵涉华澳信托公司的原因。这起刑事案件的策划者必然应当承担主要的责任，而华澳信托公司作为一家专业从事信托业务的金融机构，在业务开展的过程中，没有严格执行业务准则，被刑事主犯所利用，最终客观上给当事人造成了实际损失。

我们根据掌握的13份民事案由文书，统计了部分受害人的损失金额（见表7.1）。我们可以看到，受害人投资最少的也有60万元。最终，上海市浦东新区人民法院在综合各方意见后，判定被告华澳国际信托有限公司，对原告吴曼通过追赃程序追索不成的损失，在20万元的范围内承担补充赔偿责任。也就是说，华澳信托公司对这起案件造成的损失须承担20%的赔偿责任。在其他民事案件中，法院作出了同样的判决。

表 7.1 华澳信托案部分受害人损失金额统计

序号	姓名	损失金额
1	吴曼	100 万元
2	顾立群	140 万元
3	任重飞	100 万元
4	邱友德	60 万元
5	王蓓蕾	110 万元
6	陈雪春	100 万元
7	徐琴	300 万元

注：根据 13 份民事案由文书统计整理。

至此，这起民事财产损失纠纷案才算结束。不过，在民事纠纷案下所暗藏的刑事案件到底是如何被策划出来的，是我们更为关心的问题。

4/ 刑事案由

上一部分我们已经讲到，在华澳信托案系列民事纠纷之下，暗藏着一起刑事案件。

在〔2018〕沪0115民初80151号民事判决书中，对暗藏的刑事案情及判决结果有详细的说明，我们具体来看法院的表述。

上海市第一中级人民法院经审理查明，浙江联众建设公司是被告人陈成志于2007年通过变更注册方式成立的，陈成志是实际控制人。被告人林小陈担任挂名的法定代表人。辽阳红美置业公司成立于2011年9月，法定代表人是胡国华，被告人陈成志是股东之一。2014年4月，辽阳红美置业公司股权变更后，陈成志成为法定代表人和实际控制人。2015年9月，辽阳红美置业公司又变更法定代表人为于建洪。

2013年初，被告人陈成志因辽阳红美置业公司有融资需求，遂通过他人介绍认识了被告人王霞。在王霞的帮助下，确定了以浙江联众建设公司为融资主体的信托融资方案。其间，陈成志自行伪造浙江联众建设公司承建“杭州保障房项目”的合同，指使被告人林小陈伪造浙江联众建设公司虚假财务报告，授权王霞成立并控制了上海寅浔投资管理中心等7家有限合伙企业（均由陈成志控制的杭州中楚实业有限公司担任执行事务合伙人，王霞控制银行账户和网银）。

嗣后，陈成志、林小陈等人与华澳信托公司在2013年6月签订了《华澳·浙江联众贷款项目单一资金信托合同》以及相关贷款合同和保证合同，约定上海寅浔投资管理中心作为委托人，将资金交付受托人华澳信托公司，华澳信托公司再作为放贷人将资金借给浙江联众建设公司，辽阳红美置业公司作为保证人为该笔贷款提供连带偿还责任保证担保。

2013年6月至8月间，被告人王霞以上海寅浔投资管理中心等7家有限合伙企业的名义，以年化利率9.5%~12.5%的高额利息为诱饵，向社会不特定公众销售“浙江联众杭州保障房投资基金”，非法集资2.8亿余元。

之后，王霞依照上述合同约定，划款2.8亿元至华澳信托公司，华澳信托公司再将资金以贷款方式划转给浙江联众建设公司。浙江联众建设公司收款后，将其中的2.53亿余元转到辽阳红美置业公司，剩余558万余元转至被告人陈成志银行账户。上述钱款主要被用于归还辽阳红美置业公司股东的对外债务。至案发，各投资人共计收到5308万余元，实际造成2.3亿余元的经济损失。根据以上事实，上海市第一中级人民法院于2018年6月29日对当事人作出了刑事判决。

从以上法院公布的调查事实中，我们基本可以厘清这起刑事案件的缘由。

首先，这起案件涉及三个公司主体及三个当事人。

公司主体1：浙江联众建设公司。该公司成立于2002年，2007年陈成志通过变更注册方式取得，由林小陈担任法人，其实际控制人为陈成志。

公司主体2：辽阳红美置业公司。该公司于2011年成立，2014年股权变更后，由陈成志担任法人，实际控制该公司。

公司主体3：上海寅浔资产管理中心。该公司是由陈成志指使王霞于2013年在上海注册的有限合伙企业，而担任该合伙企业执行事务合伙人的正是由陈成志控制的杭州中楚资产管理有限公司，王霞控制银行账户和网银。判决书资料显示，在陈成志指使下，王霞一共成立并控制了七家类似的公司，这些公司成了他们非法吸收社会资金的重要载体。

其次，是这起事件的起因脉络和职责分工。

2013年初，陈成志因辽阳红美置业公司出现资金短缺，产生了融资需求。在他人的介绍之下，陈成志联系到了王霞。经商议，确立了以所谓的承接“杭州保障房项目”施工为名义，以浙江联众建设公司为融资主体。在此思路指导下，陈成志本人伪造了“杭州保障房项目”等相关资料，指使林小陈伪造浙江联众建设公司虚假财务报表，指使王霞成立包括上海寅浔资产管理中心在内的七家募资平台。

陈成志等人为了隐瞒虚假的项目信息，增强募资的可信度，把华澳信托公司设计在了他们的方案之中。通过与华澳信托公司之间的业务合作，华澳信托公司既成了他们募资的增信手段，又为他们隐蔽非法募资行为提供了掩护。就这样，华澳信托公司本以为是一起业内常见的通道业务，实际上却被陈成志等人所利用，一定程度上助推了这起犯罪。

最后，这起案件造成的损失及后果。

经查，陈成志等人以上海寅浔投资管理中心等有限合伙企业为平台，对外以9.5%~12.5%的不等利率为诱饵，向不特定社会公众非法吸收了合计2.8亿元的资金。在吸收资金的同时，陈成志等人自2013年6月25日至8月16日之间，分八次将2.8亿元非法募集的资金划转至华澳信托公司。华澳信托公司又将这2.8亿元的资金以贷款人身份出借给浙江联众建设公司，辽阳红美置业公司作为保证人为浙江联众建设公司提供连带偿还责任保证担保。同时，在浙江联众建设公司收到这2.8亿元资金后，又将其中的2.53亿元转入由陈成志控制的辽阳红美置业公司，另外558万元则转入陈成志等人的个人账户之中。至此，在陈成志、林小陈、王霞的共同策划下，高达2.8亿元的资金终于落进了他们的口袋之中。

经公安机关调查，陈志成等人一共募集的2.8亿元资金中，投资人仅收回了5308万余元，造成的实际损失高达2.3亿余元。按照民事判决结果，华澳信托公司要对损失的20%承担民事赔偿责任。按此计算，华澳信托公司将为此次事件承担4600万元左右的赔偿，损失不可谓不大。

知识扩展2

认识有限合伙企业的集资功能

在现代企业制度中，个人业主制、合伙制和公司制是三种主流的企业组织形式。其中，个人业主制和合伙制不具有独立的法人资格，出资者承担的是无限连带责任。公司制企业具有独立的法人资格，出资者仅以其出资额为限对公司债务承担赔偿责任，属于有限责任。因此，在经营实践中，个人业主制和合伙制企业运用较为谨慎，使用范围有限。当前，公司制企业成了市场中最为普遍的一种企业组织形式。

在此，我们主要给大家介绍合伙制企业。

关于合伙制企业的发展，以中华人民共和国第十届全国人民代表大会常务委员会第二十三次会议，于2006年8月27日修订通过，并自2007年6月1日起施行的《中华人民共和国合伙企业法》为标志，前后划分为两段，即：2007年6月1日以前和2007年6月1日以后。

在这次修订中，增加了有限合伙企业这种特殊的合伙制企业类型。所谓有限合伙企业，它是指由普通合伙人和有限合伙人组成，普通合伙人对合伙企业债务承担无限连带责任，而有限合伙人以其认缴的出资额为限对合伙企业债务承担责任（见图7.4）。

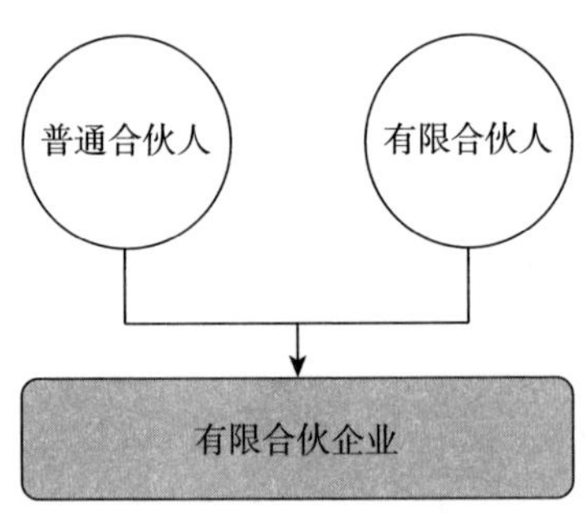

图 7.4　有限合伙企业出资者身份

按照定义，有限合伙企业的出资者分为两类，一类是普通合伙人，执行合伙事务的管理，并承担无限连带责任。另一类是有限合伙人，不参与合伙企业的日常经营管理，只以出资额为限履行责任，承担的是有限责任。

我国《合伙企业法》规定：

1. 有限合伙企业由2个以上50个以下合伙人设立；有限合伙企业至少应当有1个普通合伙人；

2. 有限合伙企业名称中应当标明“有限合伙”字样；

3. 有限合伙企业由普通合伙人执行合伙事务。执行事务合伙人可以要求在合伙协议中确定执行事务的报酬及报酬提取方式；

4. 有限合伙人不执行合伙事务，不得对外代表有限合伙企业；

5. 有限合伙企业仅剩有限合伙人的，应当解散；有限合伙企业仅剩普通合伙人的，转为普通合伙企业。

从本质上看，有限合伙企业实现了企业管理权和出资权的分离，可以结合企业管理方和资金方的优势。更确实地说，有限合伙企业具有集资的功能。首先，有限合伙企业对普通合伙人的出资比例并没有最低限定，从理论上讲可以达到0.01%。假设有限合伙企业设定的资金规模为1亿元，作为普通合伙人仅需出资1万元。其次，有限合伙企业中有限合伙人的上限为50个。这里的50个不是指50人，而是50个有限合伙人。合伙人可以是自然人，还可以是法人主体。从实际运作来看，是可以无限扩大的（见图7.5）。

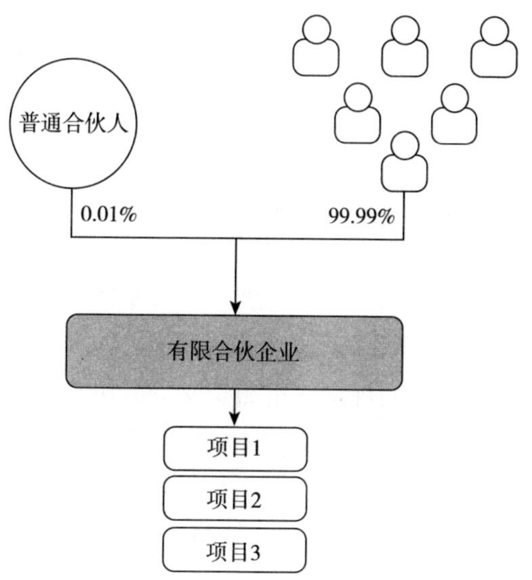

图 7.5　有限合伙企业集资结构

有限合伙人仅履行出资义务，享受投资收益；而普通合伙人几乎可以不出资，而履行管理义务，按照约定享受收益。这就好比是有限合伙人将资金委托给普通合伙人，由普通合伙人代为管理资金，并按产生的收益进行分配。

我认为，有限合伙企业完全具备基金运作的特点，具有对外吸收资金的能力。在国外，有限合伙企业是私募基金的主要组织形式，我们耳熟能详的黑石集团、红杉资本都是合伙制企业。随着《中华人民共和国合伙企业法》的修订并实施，有限合伙企业成了私募基金的重要组织形式，掀起了我国私募基金发展的新高潮。

当然，有限合伙企业这种组织形式，也被广泛运用于上市公司对高管的股权激励等方面。在此我们指出有限合伙企业具有集资的功能，既是想提示大家注意有限合伙企业运用的风险，同时也是告诫大家应当严格按照我国私募基金管理的有关规定，履行备案程序，合法合规经营。

5/ 模式解析

我们从民事和刑事两个方面对华澳信托案做了还原，基本厘清了事件的脉络。但是，我们更想知道的是，在这起案件中，策划者是怎样设计这套欺诈模式的。

解析这起案件的欺诈模式，首先需要理解上海寅浔资产管理中心的性质、作用，以及它在这起案件中的角色。

2007年6月1日，随着《中华人民共和国合伙企业法》（以下简称《合伙企业法》）的正式实施，有限合伙企业进入了公众的视野。

《合伙企业法》第三章对有限合伙企业的设立条件、责任分担、权利义务和利益分配等都做了详细的规定。按照定义，有限合伙企业由普通合伙人和有限合伙人组成，普通合伙人对合伙企业的债务承担无限连带责任，有限合伙人以其认缴的出资额为限对合伙企业的债务承担责任。同时，法律还规定，有限合伙企业至少应当有1个普通合伙人，有限合伙人上限为50个。

在华澳信托案中，出现了包括上海寅浔投资管理中心在内的七家有限合伙企业。从性质上讲，它们都属于有限合伙企业。其次，根据我们掌握的信息，杭州中楚资产管理有限公司担任上海寅浔投资管理中心的普通合伙人（GP），执行合伙企业的事务管理，而像吴曼、顾立群、任重飞、邱友德等其他受害人担任的是有限合伙人（LP）（见图7.6）。

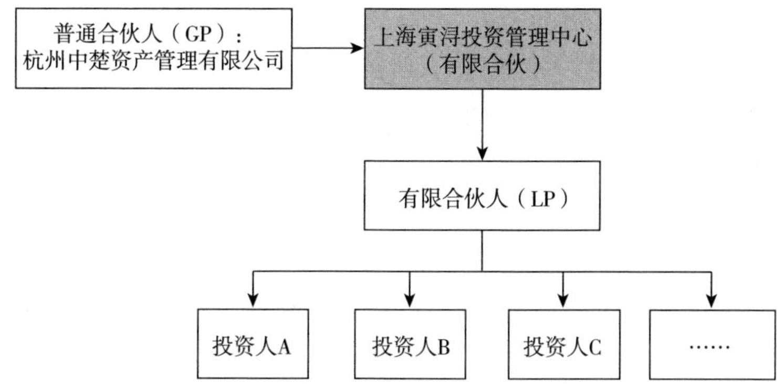

注：根据〔2018〕沪0115民初80151号判决书整理。

图7.6　上海寅浔资产管理中心（有限合伙）模式

从这里我们可以看出，对上海寅浔投资管理中心来说，它实际上具备了对投资者资金汇集的能力，起到了募资的功能。虽然有限合伙企业对有限合伙人有50个的上限规定，但在这起案件中，类似上海寅浔投资管理中心这样的有限合伙企业就出现了七家，从理论上讲，其吸收的有限合伙人就可以扩展到350个。由此可见，有限合伙企业具备募资的功能。

其次，从业务的流程来看，华澳信托公司仅仅起到了“通道”的作用。

上海寅浔投资管理中心与华澳信托公司之间订立的是《信托合同》。按照合同内容，华澳信托公司要将资金以贷款方式借给浙江联众建设公司。随后，华澳信托公司按照信托计划的内容，与浙江联众建设公司之间订立了《贷款合同》，与辽阳红美置业公司订立《保证合同》。在订立相关合同之后，华澳信托公司也确实将2.8亿元的资金划转给了浙江联众建设公司（见图7.7）。

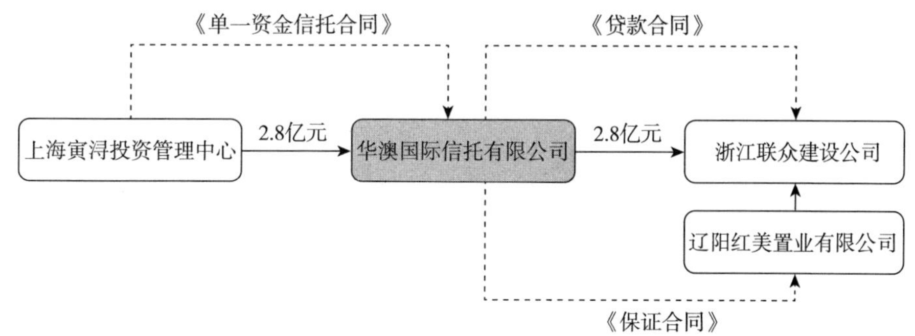

注：根据〔2018〕沪0115民初80151号民事判决书整理。

图7.7　华澳国际信托案业务结构

所以，从以上的业务流程来看，上海寅浔投资管理中心委托的2.8亿元资金，完全按照《信托计划》的约定转到了浙江联众建设公司，华澳信托公司仅仅是起到了“通道”的作用。而事实上，华澳信托公司的作用远大于此，这个问题我们留到下一个部分再讲。

现在，我们将上海寅浔投资管理中心的募资结构与华澳国际信托公司的“通道”结构结合起来，就能看到完整的案件模式。由图7.8可知，上海寅浔投资管理中心以有限合伙人方式向投资者募集资金，将汇集的资金通过华澳信托公司划转给浙江联众建设公司（见图7.8）。

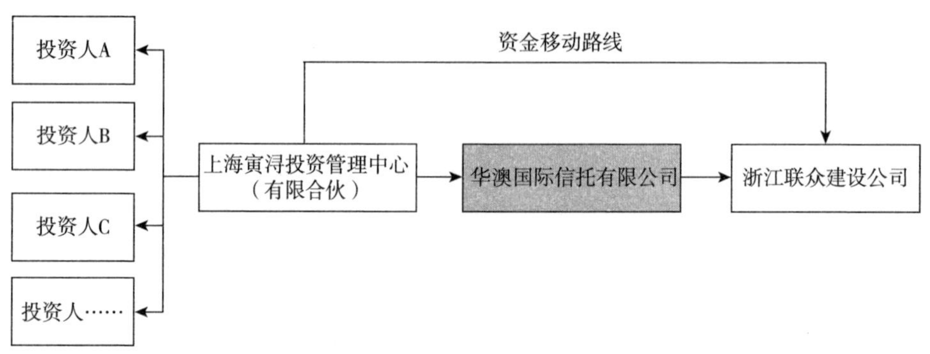

注：根据〔2018〕沪0115民初80151号判决书整理。

图7.8 华澳国际信托案资金移动路线

大家可以看出，上海寅浔投资管理中心和华澳信托公司在其中都扮演着“通道”作用。当我们抛开这些“通道”，呈现在我们面前的，是投资人的资金直接进入到了浙江联众建设公司（见图7.9）。

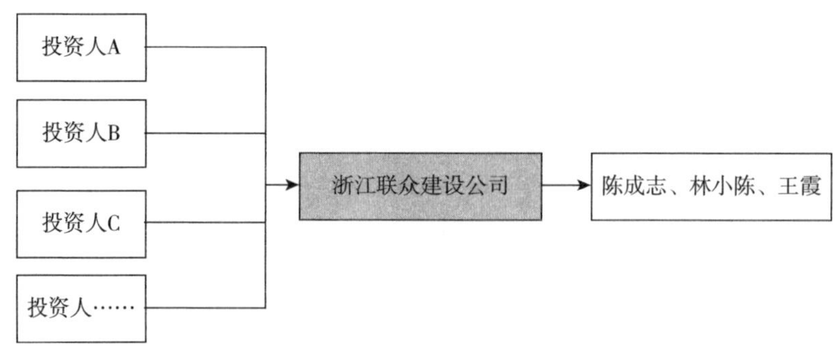

注：根据〔2018〕沪0115民初80151号判决书整理。

图7.9 华澳国际信托案抛开“通道”后的资金路线

此时此刻，我们完全洞悉了这起案件的欺诈本质。陈成志、林小陈、王霞等人以虚假项目为由，以上海寅浔投资管理中心等七家有限合伙企业为募资手段，将募集的资金通过华澳信托公司，最终划转至由他们控制的浙江联众建设公司，完成了欺诈。

在华澳信托案中，策划者构建了一个让人眼花缭乱的模式，他们以此迷惑受害者的双眼，最终的目的是欺诈投资者。

6/ 华澳增信

或许大家还有一个疑惑，那就是华澳信托公司在这起案件中，除了起到“通道”的作用外，真正被利用的是什么?

信用，是现代金融成立的前提。人类一切的活动，都建立在信用的基础上，金融也是如此。关于信用，有两个层面的理解:

一是道德范畴中的信用。一般指诚实可信、言而有信。在日常生活中，一个人总是能够说到做到，不吹嘘、不妄言，那我们往往认为这个人信用很好。

二是经济范畴中的信用。经济范畴中的信用指的是借贷关系，表现为按期支付利息，到期还本的行为。

关于二者，它们之间既有联系，又有区别。首先，经济范畴中的信用是以道德范畴中的信用为基础的。一个人在日常生活中口碑不好，是很难借到钱的。其次，道德范畴中的信用并不必然形成经济范畴中的信用。也就是说，一个人可能很讲信用，口碑也不错，但是并不代表别人就一定会借钱给他，因为债权人在出借资金时，还要考虑债务人能不能还得起。当然，二者最大的一个区别，那就是道德范畴中的信用不具有强制性，而经济范畴中的信用却具有强制力。

我们在此指出信用的关系，目的是想要回答大家的问题，即华澳信托公司在这起案件中真正的作用是什么。我们不清楚策划者与华澳信托公司或是个别管理人员之间到底存不存在其他的利益关系，但是我们可以猜想的是，当投资者看到上海寅浔投资管理中心和华澳信托公司并立存在时，可能会带来的重大影响，这是非常值得我们关注的。

对陈成志、林小陈和王霞来说，他们知道，如果仅仅以上海寅浔投资管理中心等七家主体对外募资，一定会面临着巨大的挑战。比如，是否合法、安全、有保障等一系列问题。这些问题对陈成志等人来说是非常关键的。因为解决不好这些问题，是不可能获得投资者信任的，也就绝不可能实现他们欺诈的目的。

华澳信托公司的出现，正好可以解决他们的问题。试想，当上海寅浔投资管理中心以对接“华澳·浙江联众贷款项目”为由对外出售基金产品时，本身就让上海寅浔投资管理中心的募资行为与华澳信托公司做了关联。投资者会认为，作为国内68家持牌的信托公司之一，华澳信托公司有着良好的背景，专业的能力。在这种情况下，投资者做出的投资行为并非是对上海寅浔投资管理中心的信任，而是基于对华澳信托公司的信任。从这个角度看，华澳信托公司就成了上海寅浔投资管理中心等机构的募资行为的信用背书。

不仅如此，陈成志等人将华澳信托公司设计在这起案件当中，既有利用华澳信托公司的信誉为其增信背书，又有隐蔽其非法募资操作的目的。陈成志等人通过其控制的上海寅浔投资管理中心等平台，对外募集资金，而要将资金转移到由其控制的浙江联众建设公司和辽阳美罗置业有限公司。由于它们之间存在着高度关联，操作上是非常危险的，也非常容易被投资者识破。因此，陈成志等人通过华澳信托公司形成了两个合同关系，即上海寅浔投资管理中心与华澳信托公司之间的《信托合同》关系，华澳信托公司与浙江联众建设公司之间的《贷款合同》关系，从而达到了关系的阻隔和风险的隔离。

至此，我们彻底说清楚了华澳信托公司在这起案件中发挥的作用。我们必须强调的是，它们之间到底存在怎样的关系我们不得而知。但是，当我们站在投资者的视角来看这起案件时，我们不得不做出这样的猜想。

7/ 事件定性

华澳信托案的始末我们已经全部分享完毕，对于这起案件，我们该如何去定性呢?

我们先来看暗藏在华澳信托案下的这起刑事案件的定性。

2018年6月26日，上海市第一中级人民法院对陈成志、林小陈、王霞三人作出了刑事判决，判决书编号为〔2017〕沪01刑初50号。

在该份判决书中，法院对三名被告人作出了如下判决结果：

（1）被告人陈成志，以犯集资诈骗罪，判处有期徒刑十五年，没收财产人民币3000万元；

（2）被告人林小陈，以犯集资诈骗罪，判处有期徒刑五年，并处罚金20万元；

（3）被告人王霞，以犯非法吸收公众存款罪，判处有期徒刑五年，并处罚金50万元。

华澳信托公司虽然仅涉及民事纠纷，但是对于这起案件，法院的定性和判决结果对我们认识事件欺诈的本质有极大的帮助。

在原告吴曼与被告华澳国际信托有限公司财产损害赔偿纠纷〔2018〕沪0115民初80151号民事判决书中，法院的观点如下：

首先，从损害后果来看，根据上海市第一中级人民法院〔2017〕沪01刑初50号刑事判决书的认定，因陈成志、林小陈、王霞的犯罪行为已经造成了原告等投资者231875200元的实际损失，其中原告投入的100万元尚未追回，因此，原告存在经济损失的事实应予认定。

其次，从被告的过错来看，应当综合考量以下三个方面：第一，陈成志等犯罪分子通过伪造浙江联众公司承建“杭州保障房项目”的合同，成立并控制了上海寅浔投资管理中心等七家有限合伙企业，与被告签订了《信托合同》及相关《贷款合同》《保证合同》。在信托项目进行过程中，根据被告自行出具的《项目风险排查报告》，被告作为信托受托人，并没有发现、排除涉案信托项目的各种风险，反而出具报告认为“项目保障营收稳定、项目去化速度令人满意、项目风险可控，本次检查未发现重大风险事项”，由此可见被告对信托项目管理流于形式，存在信托失责的情况。第二，根据中国银保监会出具的《行政复议决定书》，被告在管理涉案信托计划时存在“对机构委托人未作充分调查，对其委托资金来源的调查流于形式，对该信托计划的委托资金来源未尽到合规审查义务，违反审慎经营规则”等具体违规行为，这些违规行为是被告作为专业信托机构不应当存在的行为，因此被告在进行涉案信托业务过程中存在一定过错。第三，被告辩称，其作为事务管理型信托的受托人，不对信托资金的来源和性质进行穿透性核查。本院认为，被告作为专业信托机构，即使本案的信托履行属于被动事务管理型信托，根据我国《信托法》第二十五条的规定，被告也应当审慎尽职地履行受托业务的法定责任，把控业务准入标准，完善项目尽职调查，同时认真做好事中事后管理，严格资金支付，严格贷（投）后管理，还应特别关注信托项目背景以及委托资金和项目用途合规性审查，不得向委托人转移信托计划合规风险管理责任，而被告在签订及履行涉案

《信托合同》的过程中并没有尽到上述责任，故存在一定过错，因此，对被告该项辩称，本院难以采信。

再次，从被告行为的违法性来看，被告作为专业信托机构，应当遵守《信托法》等法律和行政法规的相关规定。《信托法》第二十五条明确规定："受托人应当遵守信托文件的规定，为受益人的最大利益处理信托事务。受托人管理信托财产，必须恪尽职守，履行诚实、信用、谨慎、有效管理的义务。"因此，被告作为《华澳·浙江联众贷款项目单一资金信托》的受托人应当忠实、勤勉地履行自己的信托义务。从前述被告的过错行为来看，被告违反了《信托法》所要求的受托人诚实、信用、谨慎、有效管理的法定义务，因此存在违法行为。

最后，从被告违法行为和原告损害后果之间的因果关系来看，其一，根据原告等投资者陈述，原告等投资者在投资涉案有限合伙基金产品时，因案外人宣某某与被告信托产品有关，所以原告等投资者有理由充分信赖被告作为专业信托机构而作出的投资决策。原告等投资者还陈述其专门与被告客户服务人员进行了电话求证，可见若没有被告的信托产品作为信赖支撑，原告等众多投资者可能不会轻易陷入犯罪分子的骗局。其二，本案所涉法律关系虽为单一资金信托关系，委托人是上海寅浔投资管理中心，被告是信托受托人，原告等投资者作为有限合伙投资人进行出资，但是在信托项目的实际运营中，若被告能够按照相关信托法律和规定，谨慎严格地按照《信托合同》的约定，对信托资金来源进行认真审查，对信托项目进行尽职调查，对信托贷款严格按照合同约定的账户进行发放，陈成志、林小陈、王霞等犯罪分子就无法将信托委托人的资金通过委托贷款的方式进行转移和占有，原告等投资者的资金也不会因此受到损失。因此，虽然陈成志、林小陈、王霞等人的犯罪行为是本案中原告等投资者损失的根本和主要原因，但是被告的过错行为无疑也为前述犯罪活动创造了条件和可能，具有源头性作用，故被告的侵权行为和原告的财产损失之间存在着因果关系。

综上所述，陈成志、林小成、王霞等人的犯罪行为是造成本案原告财产损失的直接原因，且原告自身对其损害发生亦具有过错，故应自行承担相应损失。但被告在管理涉案信托业务的过程中也存在一定过错，故综合前述意见，本院认定被告应对原告涉案损失承担20%的补充赔偿责任，即原告应自行根据前述生效刑事判决通过追赃程序向犯罪分子追索其全部损失，但对其损失中不超过20万元的部分，在原告追索不成的情况下，应由被告向原告承担补充赔偿责任。

在华澳信托案中，虽然华澳信托公司并未直接参与陈成志、林小陈、王霞等人的欺诈谋划，但从实际结果来看，华澳信托公司却为这起案件的发生提供了帮助。在我看来，策划者以有限合伙企业作为募资平台，利用华澳信托公司为其增信背书，借用信托通道，最终将从受害者手中募集的资金非法占为己有。因此，我认为这是一起典型的金融欺诈案件。

8/ 案件点评

在我们分享的金融欺诈案中，华澳信托案具有一定的复杂性。它的复杂之处在于，一是利用了丰富的金融知识，二是充分地借用了第三方力量。

第一，策划者运用了有限合伙企业的募资功能。当前，有限合伙企业作为私募基金的运作方式被广泛使用。但是，这要求有限合伙企业在运作过程中，必须严格按照私募基金管理要求，履行备案程序。

第二，策划者利用了信托公司的业务职能。信托公司作为我国金融五大子行业之一，在经济发展中起着关键的作用。策划者利用了信托业务中的单一信托计划模式，该模式可以实现对资金的定向管控。这就是在这起案件中，策划者将汇集的资金通过单一信托计划，流向了指定的公司，最终实现对资金的非法占有。

第三，在这起案件中，策划者将私募基金的运作模式与信托公司的业务进行了结合，这也是非常经典的金融工具嫁接模式。这种金融工具的嫁接，将增加金融产品运作的复杂性和多变性。在这起案件中，虽然表面上华澳信托公司仅仅起着通道的作用，但实际上却为这起案件的发生提供了重要的支撑。

第四，在一般的案件中，策划者设计的大多都是一些虚假的主体，很容易被识破。然而，在这起案件中，华澳信托公司却成了谋划者利用的主体，它与策划者之间不一定有必然的关系，但是却能够为案件的发生提供重要的帮助。从这里可以看出策划者的狡诈，但是同时也给所有的金融机构做了一次风险提示，在业务开展的过程中，务必合法合规，尽职尽责的经营。否则，就很有可能成为他人的工具，为犯罪添了柴加了薪。

客观地说，华澳信托案具有一定的复杂性，但是并非我们就无法识别它欺诈的本质。在金融领域，无论任何投资产品，它的收益和风险都是由它底层的资产决定的。因此，我们只要记住，面对任何一个投资产品，我们都“穿透”它，直接追踪它资金的去向，洞察它底层的资产，这既是我们判断风险的方法，更是我们识别金融欺诈的策略。

普顿外汇案——外汇欺诈

在我国，参与外汇交易是一个敏感话题。

当前，世界上大多数国家外汇交易都是合法的。在我国，按照现行法律规定，任何形式的保证金外汇交易都是非法的。但是，这并不意味着我国居民不能参与外汇交易，只是我国不允许保证金形式的外汇交易。这二者是有显著区别的。

正是因为国内外制度环境的不同，外汇交易历来都是金融领域犯罪的高发区。一是国内非法机构组织外汇交易；二是国外合法外汇机构未经批准，非法在我国境内开展外汇交易；三是在国外搭建非法外汇交易系统，吸引我国居民参与外汇交易。在“普顿外汇案”中，涉及到外国法律制度、境外组织机构和外籍人员，这些都增加了案件的复杂性。

无论投资者参与何种类型的投资，其前提一定是受法律保护的合法投资。只有如此，才能尽最大可能避免上当受骗。

普顿外汇案——外汇欺诈

1/ 案情简况

2020年1月28日，福建省三明市公安局梅列分局的一份《警情通报》，将普顿PTFX外汇这起金融欺诈案给彻底暴露出来了。在这份警情通报中，我们重点关注到“印度尼西亚券商Pruton MegaBerjangka”“普顿PIFX”“外汇交易平台”以及“拉人头、佣金返利”等关键词。这些关键词都指向了外汇投资。

同年7月30日至31日，涉及全国31个省，175.9万人，涉案金额高达1000多亿元的普顿PTFX外汇案，由福建省三明市梅列区人民法院公开审理，依法对被告人刘铁等人作出了刑事判决。被告人刘铁，犯组织、领导传销活动罪，判处有期徒刑 5年9个月，并处罚金50万元。

至此，事件还远未结束。不少参与普顿PTFX外汇案的经纪人[①]陆续被提起刑事诉讼，而牵扯到普顿PTFX外汇投资的民事纠纷就更多了。

当我们在中国裁判文书网上，以“普顿PTFX”作为关键词进行检索，截至2021年10月18日，合计检索到各类案由文书份151份，其中民事案由文书144份，刑事案由文书7份。遗憾的是，针对被告人刘铁的刑事判决书〔2020〕闽0420刑初118号，中国裁判文书网并没有公示。因此，我们无法获得被告人刘铁更多直接信息，和其策划的详细过程。

我们查询到的刑事案由文书，主要针对的是在普顿PTFX外汇案发生的过程中，以经纪人身份参与案件并被起诉的刑事判决书。虽然他们并不是案件的

① 经纪人，按照《辞海》解释，是买卖双方介绍交易以获取佣金的中间商人。我国在 1995 年颁布了《经纪人管理办法》，明确了经纪人的工作职责、业务范围以及收费标准等，确立了经纪人的合法地位。如今，经纪人广泛存在于各行各业中。金融行业也不例外，存在大量的股票经纪人、外汇经纪人、保险经纪人等。

主要策划者，但是却对这起案件的发生起到了推波助澜的作用。我们只能以查询到的普顿PTFX外汇案系列判决文书作为基础材料，通过整理、分析和解构，尽最大可能还原这起案件发生的始末，解析这起案件中出现的金融知识，剖析策划者设计这起欺诈的全盘逻辑，最终目的是希望帮助大家理解外汇投资，避免再次上当受骗。

关于普顿PTFX外汇这起案件，我们还得从最基本的金融知识外汇投资开始说起。

2/ 外汇投资

在全球金融市场中，外汇投资的交易范围最广，交易规模最大，参与人数最多。在世界范围内有着重大的影响。

据外汇评论及资讯机构“Daily Forex”公布的《2020年外汇交易行业调查统计报告》①，2019年中国外汇日均交易量达到6.6万亿美元，是衍生品市场的3倍，股票市场的35倍。超过170个国家的货币在外汇市场进行交易，美元（USD）交易量最大，占比超过73%；欧元（EUR）第二，占比39.7%；日元（JPY）第三，占比25.7%。之后分别是英镑（GBP）20.7%、澳大利亚元（AUD）11.48%、加拿大元（CAD）8%、瑞士法郎（CHF）7%、新西兰元（NZD）5.7%。并且，超过70%的外汇交易都发生在以下7种货币对中，即EUR/USD、USD/JPY、GBP/USD、AUD/USD、USD/CAD、USD/CHF和NZD/USD。

那到底什么是外汇，什么是外汇市场，以及如何进行外汇投资交易呢？我们只有理解了这些基本的外汇问题，才有可能真正了解普顿PTFX外汇欺诈的真面目。

问题1：什么是外汇？

外汇②是指以外国货币表示的可用于国际结算的各种支付手段，包括外国货币、外币存款、外币有价证券（政府公债、国库券、公司债券、股票等）、外币支付凭证（票据、银行存款凭证、邮政储蓄凭证等）。

---

① 新浪网．2020 年，全球外汇交易领域最值得关注的统计数据［EB/OL］．［2021-10-23］．https://k.sina.com.cn/article_3784088814_e18c9cee00100u62d.html?subch=foreign.

② 吴贤荣，吴志明．外汇含义之我见［J］．财经理论与实践，1997（2）．

在外汇资产中，咱们接触最多且最为熟悉的应该就是外国货币。世界上大多数国家，都有自己的货币。在这些货币中，那些币值稳定，可自由兑换，还可以作为国际支付手段或流通手段的货币，一般称为硬货币。比如美元、英镑、日元、欧元等。反之，币值不稳、不能自由兑换，且支付能力较弱的货币，一般称为软货币。比如，印度卢比、越南盾等。

问题2：什么是汇率？

汇率[①]，是指两种不同货币之间的兑换价格。如果把外汇看做一种商品，那么汇率即是在外汇市场上用一种货币购买另一种货币的价格。例如1美元＝113日元，表示1美元可以兑换113日元。

由于两种货币之间的兑换比例会发生变化，这会给货币持有者造成影响。假设国内某投资者当前持有1万美元，按照当前汇率1美元=6.381元人民币，此时该投资者可以兑换人民币63810元。如果一个月后，美元和人民币的兑换比例变为1美元=6.481元人民币。此时此刻，同样的1万美元，却可以换回人民币64810元。也就是说，在这种情况下，美元升值会给投资者带来正收益；反之，如果美元贬值，则会给投资者造成损失。

因此，汇率的这种波动，客观上促使投资者产生了通过外汇投资交易来规避汇率波动造成影响的需求。

问题3：外汇市场的产生

汇率的波动，尤其对从事跨国贸易的经营者来说，影响更是明显。这些跨国经营者，往往需要通过外汇投资交易来规避汇率波动的影响。同时，汇率的波动，又给了投机者套取利差的机会。因此，外汇市场的产生就成了必然。

外汇市场[②]，是指由外汇银行、自营交易商、外汇经纪商、跨国企业以及外汇投机者等共同参与的，以各种货币为交易对象的市场。外汇市场，一般分为外汇批发市场和外汇零售市场。

外汇批发市场，是指银行间的外汇交易，包括同一市场中各银行间的交易，中央银行与外汇银行间以及各国中央银行之间进行的外汇交易市场。外汇零售市场则是指发生在外汇银行、外汇交易商以及客户之间的外汇交易市场。

目前，世界上大约有30多个主要的外汇交易市场，它们遍布于世界各大

---

① 贾玉阁．金融理论与实务［M］．北京：中国财政经济出版社，2010：101.

② 裴平．第二章外汇与外汇市场［M］．4版．南京：南京大学出版社，2013.

洲的不同国家和地区。根据传统的地域划分，可分为亚洲、欧洲、北美洲三大部分，其中，最重要的有欧洲的伦敦、法兰克福、苏黎世和巴黎，美洲的纽约和洛杉矶，以及亚洲的东京、新加坡和香港等（见表8.1）。

表 8.1 全球主要外汇交易时间

地区	城市	开始时间（北京时间）	收市时间（北京时间）
亚洲	悉尼	06：00	15：00
	东京	08：00	15：30
	香港	09：00	16：00
欧洲	法兰克福	15：00	23：00
	伦敦	15：30（夏令）	23：30（夏令）
		16：30（冬令）	00：30（冬令）
北美洲	纽约	20：20（夏令）	03：00（夏令）
		21：20（冬令）	04：00（冬令）

注：每年 4 月的第一个周一是夏令时间的开始，每年 10 月的最后一个周一是冬令时间的开始。

因此，如今的全球外汇市场是一个连续不间断的交易市场，支持投资者7×24小时进行外汇投资交易。

问题4：外汇交易流程及外汇经纪商角色

在此，我们只介绍外汇市场中的零售交易，就是银行或者外汇交易商面向个人投资者或者小型机构投资者推出的小型交易合约。

按照外汇投资交易是否提供杠杆分类，一般分为两种，一是银行提供的无杠杆外汇零售交易，又称为外汇实盘交易。二是外汇交易商提供的有杠杆外汇交易，又称为外汇保证金交易。

无论是哪一种外汇交易形式，投资者要想参与外汇投资交易，都得遵循以下基本流程。第一步，开户。投资者选择合法的外汇银行或者外汇经纪商开立外汇交易账户。第二步，入金。投资者将投资款转入开立的账户中，这个行为称为入金。第三步，交易。投资者选择货币下单委托指令，执行交易。

在开户阶段，投资者首先要选择合法的外汇银行或者外汇经纪商开立外汇交易账户。这里的外汇经纪商类似于我国股票交易中的证券公司。投资者要想参与股票交易，首先就得通过证券公司开立证券交易账户。因此，外汇经纪商的作用类似于证券公司。

在国外，外汇经纪商作为外汇市场的重要参与者，必须依法设立，其行为受到监管部门的监管。在美国，外汇经纪商受全国期货协会（National Futures Association，NFA）的监管。英国的金融市场行为监管局（Financial Conduct Authority，FCA）负责对外汇经纪商的注册、资金托管等进行监督。而澳大利亚证券和投资委员会（Australian Securities and Investment Commission，ASIC）则负责对银行、证券、外汇零售行业进行监管。因此，只有合法的外汇经纪商，才能为投资者开立外汇交易账户，提供外汇交易服务。

问题5：我国外汇交易市场结构?

在我国，外汇市场同样分为两个部分，即银行间外汇市场和零售外汇市场。银行间外汇市场，也称为外汇批发市场，只在各金融机构间发生外汇交易，不面向个人投资者，个人投资者只能通过外汇零售市场进行外汇交易（见图8.1）。

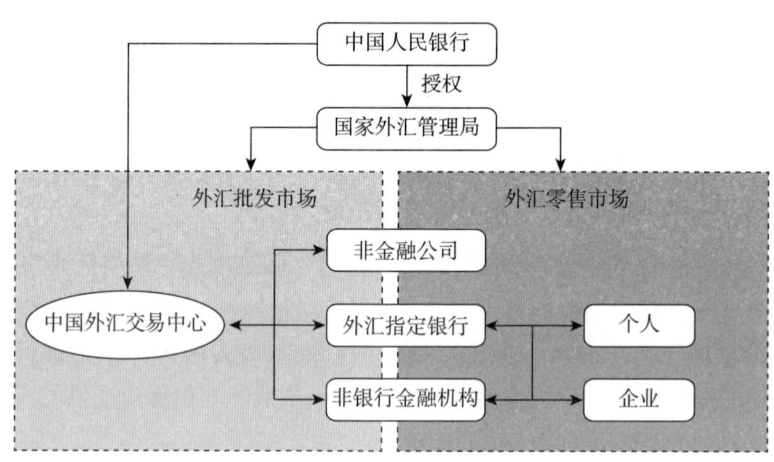

图 8.1　中国外汇市场结构

在我国，个人投资者参与外汇零售市场，主要有两种方式：

第一种方式，个人投资者通过银行柜台办理结售汇业务，满足个人生活工作所需。根据我国法律规定，中国居民每人每年购汇额度为5万美元。

第二种方式，个人投资者通过银行开立外汇交易账户，进行外汇投资。我国银行仅面向个人投资者提供外汇实盘交易，不支持保证金杠杆交易。

除此之外，其他任何形式的外汇交易行为，都不受我国法律保护，甚至是违法的。在国内也不存在合法的外汇经纪商。

知识扩展1

炒外汇合法吗?

在国内，个人参与外汇投资是否合法这个问题，似乎总有种说不清道不明的感觉。

当我们以“外汇交易”作为关键词，在百度搜索引擎检索时，百度提示：目前通过网络平台提供、参与外汇保证金交易均属非法。

另外，我国《外汇管理条例》第四十五条规定，私自买卖外汇、变相买卖外汇、倒买倒卖外汇或者非法介绍买卖外汇数额较大的，由外汇管理机关给予警告，没收违法所得，处违法金额30%以下的罚款；情节严重的，处违法金额30%以上等值以下的罚款；构成犯罪的，依法追究刑事责任。

从以上信息中，我们似乎也无法确认个人参与外汇投资到底合法还是不合法。在此，我们从三个方面来解释这个问题。

第一，什么是炒外汇？所谓炒外汇，是指投资者以一国货币与另一国货币之间兑换比例的波动作为投机手段，通过买入或者卖出一组货币对的兑换比例，赚取价差收益的投资行为。

比如，当前英镑与美元的汇率比价为（GBP/USB）1.33395。假如投资者预计美元将会上涨，此时以GBP/USB=1.33395汇率比价买入1个单位。若一小时后，英镑与美元的汇率比价变为GBP/USB=1.33400，投资者以该汇率比价卖出1个单位。在这一组买卖交易中，投资者赚了0.5个BP（1.33400−1.33395=0.00005）的收益。反之，如果一小时后，投资者以GBP/USB=1.33365的汇率比价卖出1个单位。那在一组买卖交易中，投资者则亏了3个BP（1.33395−1.33365=0.00030）。

第二，什么是保证金交易？在国际外汇投资交易中，普遍采用保证金交易制度。所谓保证金交易制度，它是指投资者在交易时，不需要支付合约价值的全额资金，只需支付一定比例的保证金就可以实现交易。因此，保证金交易制度具有杠杆的特征，能够放大交易规模。

同样，我们仍以投资者参与GBP/USB这组货币对交易为例。假设采用的保证金比例是1%。当投资者以GBP/USB=1.33395买入1个单位时，一小时后以GBP/USB=1.33400卖出。如果采用保证金交易，那投资者的交易规模可以放大100倍。因此，在这一组买卖交易中，投资者则赚了50个BP［100×（1.33400−1.33395）=0.00500］的收益。反之，如果一小时后，投资者以GBP/USB=1.33365卖出1个单位，那在一组买卖交易中，投资者则亏了300个BP［100×（1.33395−1.33365）=0.03000］。

由此可见，在保证金交易制度下，投资者的收益会成倍地增加，同时亏损也会成倍地放大。因此，保证金交易制度，具有放大风险的作用。

第三，我国对外汇交易的规定。从世界范围来看，大多数国家外汇投资交易都是合法的。从我国金融市场发展的现实状况，和立法者对金融市场的定位来看，我国对外汇投资交易持谨慎态度。

当前，我国法律规定，不允许任何形式的保证金外汇交易，国内也没有合法的提供保证金外汇交易的经营主体。但是，自1993年底开始，中国人民银行允许国内银行开展面向个人的实盘外汇买卖业务。也就是说，经监管部门批准的金融机构，可以面向国内个人投资者提供非保证金形式的外汇投资交易。因此，国内个人投资者通过各银行开立外汇交易账户从事外汇买卖交易行为是合法的。

对国内个人投资者来说，通过正规途径参与外汇非保证金交易是合法的。除此之外，其他任何形式的外汇投资，法律都是不予保护的，甚至是违法的。

注：基点BP（Basis Point），经济学名词，广泛运用于金融领域。一个基点等于1个百分点的1%，即0.01%，因此，100个基点等于1%。

3/ 交易平台

普顿PTFX外汇这起案件，涉案范围如此之广，参与人数如此之众，涉案金额如此之高。这里面有何缘由呢？要想揭开这起案件的真相，我们首先得从印度尼西亚券商Pruton MegaBerjangka和普顿PTFX二者的关系说起。

投资者哪怕再缺乏风险意识，但在参与投资项目时，总得先搞清楚这个项目是何背景，有何来头吧！为了弄清普顿PTFX外汇案的运营主体，我们尽最大努力从各种渠道收集信息，通过整理，归纳为以下三个方面：

一、关于印度尼西亚券商Pruton MegaBerjangka的资料。通过网络查询，我们搜集到以下信息

（1）互联网上一则关于该公司的简要介绍，内容如下：普顿公司（PT PRUTON MEGA BERJANGKA）是雅加达期货交易所（JFX）正式会员，同时也是印度尼西亚衍生产品结算所会员（PTKBI），并受印度尼西亚商品期货管理局BAPPEBTI（COFTRA）监管并获颁执照。

（2）互联网上一则关于该公司发布的《重要通告》。普顿公司在其官网上，针对套牌网站或称PrutonFX的侵权行为发布过《通告》，该通告澄清了普顿公司与套牌网站或称PrutonFX的机构没有任何形式的合作关系。

以上两个信息均是通过互联网检索查询到的。我试图通过相应的网站对信息内容进行核实，但因都属于境外网站，我无从核实其信息的真实性。在此引用，我想说明的是，对于大多数的国内投资者来说，同我一样，也是缺乏权威渠道核实信息真伪的，这本身对投资者来说就带有极强的迷惑性。

二、关于中华人民共和国商务部（以下简称商务部）官网对有关“PTFX”的说明

在我们整理判决书的过程中发现，不少受害者均提到该项目是政府认可、合法合规的。其中一个理由便是在商务部官网（网址：http://www.mofcom.gov.cn/）可以查询到有关普顿PTFX的信息。的确，当我们通过商务部官网检索时，确实找到一份驻印度尼西亚经商参处于2018年12月7日发布的《关于驻印度尼西亚经商参处声明》（见图8.2）。

这份资料对“PTFX”的来源及其权威性作了解释。同时，在我们检索资料的过程中，还看到部分投资者就有关普顿PTFX的合法性向商务部进行咨询。

由此可见，在商务部官网上可以查询到“PTFX”信息，显然是被这起案件的策划者利用了，成了普顿PIFX平台合法性的背书，给社会大众造成了一定程度的误导。

驻印度尼西亚经商参处声明

来源：驻印度尼西亚经商参处 类型：原创 分类：其它 2018-12-07 10:13

中国驻印度尼西亚大使馆经商参处（以下简称：我处）就有关事宜声明如下：

近日，有关方声称通过我处网站发布的“印尼政府机构部门一览表”中的“商品期货交易管理委员会”网站，可查询到“PTFX”产品，表示“我选择PTFX的理由，不仅因为挣钱还因为它经得起验证，正规网站查询PTFX普顿流程共12步：1中华人民共和国商务部2驻外经商机构3印度尼西亚4搜索(商品期货交易)5印尼政府机构一览表6商品期货交易管理委员会(复制网址并登录此网站)7Pelaku Pasar8Pbk9Pialang Berjangka10PruTon(复制网址并登录此网站)11MIT”。

就上述情况，我处声明如下：

一、我处网站发布的“印尼政府机构部门一览表”是为便于国内有关部门和企业查询印尼相关政府部门的相关信息，其中内容包含印尼相关政府部门的英文名称、负责人姓名、地址、网址和联系方式，我处无法对印尼相关政府部门网址发布内容的真实性负责。

二、我处从未授权任何企业、组织和个人通过我处网站推介和宣传任何产品。任何企业和个人由此产生的后果，与我处无关。

特此声明

中国驻印度尼西亚大使馆经商参处
2018年12月6日

图 8.2　商务部官网关于《驻印度尼西亚经商参处声明》的公告

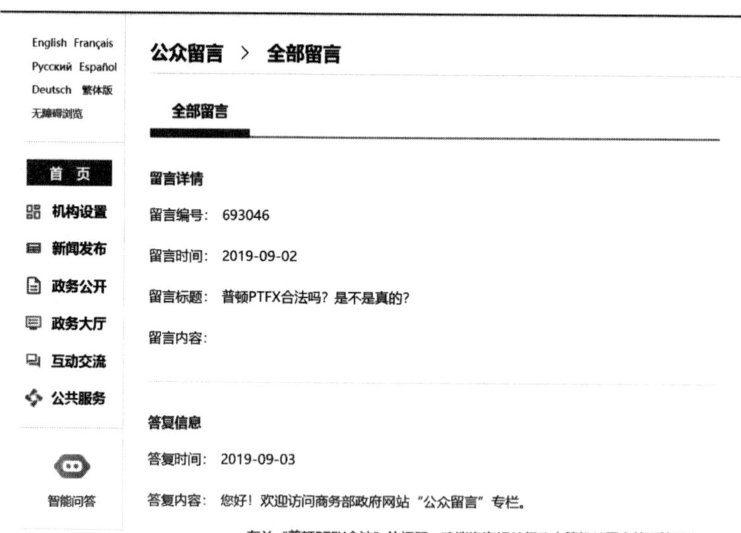
中华人民共和国商务部
MINISTRY OF COMMERCE OF THE PEOPLE'S REPUBLIC OF CHINA

请输入关键字

English Français
Русский Español
Deutsch 繁体版
无障碍浏览

首 页
机构设置
新闻发布
政务公开
政务大厅
互动交流
公共服务

智能问答

公众留言 > 全部留言

全部留言

留言详情

留言编号：693046

留言时间：2019-09-02

留言标题：普顿PTFX合法吗？是不是真的？

留言内容：

答复信息

答复时间：2019-09-03

答复内容：您好！欢迎访问商务部政府网站“公众留言”专栏。

有关“普顿PTFX合法”的问题，建议咨询相关行政主管机关国家外汇管理局。

谢谢。

图 8.3　商务部官网关于“公众对普顿 PTFX 合法性”的留言公示

三、关于部分受害人曾经到印度尼西亚考察普顿PTFX并进行学习的情况说明

在〔2020〕冀0121刑初73号刑事判决书中，证人张某1证实，他与岳某某、高某锁、魏某去过印度尼西亚听普顿PTFX讲课，讲课内容就是外汇知识。通过网络检索，我们确实找到了不少有关普顿PTFX的各种宣传资料和图片信息，但均无法核实其真伪。

在我们收集并整理的以上三个方面的信息中，除来自商务部官网的信息经我们核实确认外，其余信息均来自互联网，我们也无从核实其真实性和准确性。

在此，我们需要强调的是，以上信息至少向社会大众传递出这样一个信号：普顿PTFX外汇是一家合法合规、实力雄厚的机构。但是，正如我前面所讲的那样，印度尼西亚券商Pruton MegaBerjangka是否真实存在，我们无法核实；假设印度尼西亚券商Pruton MegaBerjangka是真实存在的，那它同普顿PTFX外汇之间到底是什么关系，我们也同样无从核实。

因此，通过对福建省三明市梅列分局发布的《警情公告》，以及有关普顿PTFX外汇系列案件刑事判决书的分析，综合各方信息，我们认为：普顿PTFX外汇是由被告人刘铁等人非法搭建的网络外汇交易平台，是典型的“山寨”和“套牌”。

中国没有合法的外汇经纪商，同时也并不承认外国合法的外汇经纪商可以在中国境内从事外汇经营行为。因此，从这个角度看，普顿PTFX外汇在国内的经营本身就是非法的。

4/发展阶段

当我们认清了普顿PTFX外汇运作平台的非法性质后，再回头梳理其在国内的发展历程。总体来看，普顿PTFX外汇从2016年11月开始至2019年12月底崩盘结束。短短三年的时间里，发展非常迅猛，共计造成了上千亿元的损失，这不得不引起我们的反思，它是怎样发展起来的。

我们把普顿PTFX外汇的发展历程归纳为五个阶段。

第一个阶段，启动期。

2016年底，被告人刘铁、尹继红等人把普顿PTFX外汇带入中国。这个项目早期为什么能够在国内如此顺利地起步，是因为它很好地解释了投资项目的

几个关键问题。

（1）市场是否真实存在？外汇市场本身就是一个真实存在的市场。随着经济的发展，人们出国旅游、境外消费变得比以前更容易，老百姓对外汇的了解也非常多。并且，外汇市场作为全球最大的交易市场，它的影响力甚至比股票市场还大，不少人把外汇和股票投资进行对比。这些都是客观事实！

（2）盈利途径是否清晰？以往的很多骗局最大的弊端就在于无法解释利润来源。面对高额的回报，投资者只要问一句“钱是从哪里赚来的”，推广者就很容易语塞。而普顿PTFX外汇则利用了真实的外汇市场做文章，很好地解释了利润来源。因此，投资者的提防心理也进一步松懈了。

（3）盈利过程是否有据可依？这时候，号称记录着操盘手过往操作记录的全球外汇交易系统MT4粉墨登场了。再加上每周还有操盘手直播操作，更进一步地让投资者相信钱都是通过外汇市场赚回来的。

另外，再加上所谓的印度尼西亚合法金融机构的背书，让这一切表面看起来都无懈可击，以至于很多对外汇比较了解的业内人士也挑不出毛病。在这个大前提下，普顿PTFX外汇的业务在全国各地开展起来。开始的时候投资门槛非常低，仅需100美元，因此普顿PTFX外汇这个业务在国内很多城市发展都非常迅速。

第二个阶段，发展期。

在起步初期，普顿PTFX外汇的三个特征让它具备强大的裂变能力。

第一，按周结算。结算速度非常快，有些投资者即使是抱着试一试的心态，都能在一周后见到收益。第二，提取利润到账的时间非常快，一般两三天就能到账。第三，收益可观。按照当时的收益水平，投资者每周大概能获得2%~3%的收益。注意，这是每周的收益！

简单点说，你投资1000元人民币的话，每周就能到手20~30元。这个金额虽然不大，但是与存银行或者放在余额宝等理财产品相比，这个收益就非常可观了。很多投资者就是因为收益高、见效快，很容易就会加大投资，心想投1000元，每个月能拿回100元；如果投1万元，每月就能赚回1000元；假设投资10万元，每个月就能赚到1万元。那还需要上班工作吗？这是许多受害者的心理活动。

正因为如此，参与者数量暴增，同时很多投资者为了赚取更多收益而加大了投资。在项目前期，很多投资者都觉得自己赚到钱了，但他们根本不知道，这不过是从一个人的口袋到另一个人的口袋而已。

与此同时，被告人李欢文、董金龙等人抓住了很多投资者赚到钱的错觉，于2017年11月8日成立了领圣商学院，更是将普顿PTFX外汇的发展推向了快车道。

第三个阶段，高峰期。

2018年1月1日，普顿PTFX外汇的入金门槛提高到了1000美元。这个事件标志着普顿PTFX外汇在国内进入了发展的高峰期。

领圣商学院在全国各地开设培训班，加速了这个资金盘项目的发展。与此同时，最早从事这个项目的一批人，在经过一年多的时间后，也有了可观的收入。有数以百计的普顿PTFX外汇经纪人赚取了过百万元的年收入，成了很好的“榜样”。

此外，以往很多资金盘项目都无法撑过一年，而这时候的普顿PTFX外汇已经运作了整整一年。“你看我们都一年多了，如果是资金盘哪有可能坚持这么久。我们是真外汇啊！”很多人都在这么说。因此，很多以往在观望的投资者也开始蠢蠢欲动。

那普顿PTFX外汇为什么会把投资门槛一下子提高了10倍呢？首先，普顿PTFX外汇的目标本来就是个人最少投资1000美元，初期的100美元只是开拓市场的手段，门槛低一点，发展的速度会比较快。其次，普顿PTFX外汇看到当时的投资者数量以及入金量都非常惊人，才敢于提高门槛。而事实也证明了，普顿PTFX外汇提高门槛并没有吓退多少投资者，相反让整个资金盘进一步扩大。

第四个阶段，转折期。

2019年5月，福建省三明市公安局在调查其他案件时，发现普顿PTFX外汇的资金都是通过三明市易森贸易、三明市宏创人力资源等第三方支付公司走账。于是公安机关斩断了资金通道，冻结了这些第三方支付走账的资金，拘捕了相关涉案人员。

由于公安机关切断了资金通道，经纪人与投资者的资金无法及时退出，所以很多投资者都不敢再入金。策划者当然不甘心就这么结束。于是他们对外放出风声，宣称将在2019年7月30日推出一个入金赠金活动，入金门槛将提高到3000美元。

普顿PTFX外汇并不是真要提高门槛，此举的目的在于刺激投资者加速入金。而事实也证明了这一点，到了7月，普顿PTFX并没有真正提高门槛。给出的说辞是为客户着想，但事实上是为了刺激入金。此后，为了进一步刺激入金，普顿PTFX还推出了从2019年11月1日至12月31日的赠金活动。

第五个阶段，崩盘期。

从2019年10月开始，绝大多数投资者的提现都无法到账了，只有极少数人还能到账。与此同时，全国各地越来越多的经纪人被公安机关带走协助调查，一时间人心惶惶。持续的不到账也让投资者的恐慌情绪越发高涨。普顿PTFX外汇所谓的正常出金时间也一拖再拖，从11月中旬到11月底，从11月底又到12月中旬。最终，在2019年12月19日深夜，MT4显示7个操盘手全部爆仓，全面亏损。所有投资者的钱，都亏完了。

然而事实上，钱都被骗子卷跑了，这根本就是一场彻头彻尾的骗局，是一场由刘铁、尹继红等人策划的，打着国外金融机构的名义，以外汇投资为手段的资金盘骗局。它的崩盘是必然的！

5/ 拓客手段

普顿PTFX外汇之所以能够在短时间内异军突起，靠的正是传销的力量。只是在这起案件中，传销者被伪装成了经纪人。

被告人李欢文、董金龙等人在普顿PTFX外汇发展的过程中，抓住了人们希望赚钱的心理，导致有很多投资者产生了赚到钱的错觉，于2017年11月8日成立了领圣商学院，名义上是为了普及外汇知识，让会员提升专业能力。但事实上，这只是他们对投资者的再一次吸血。在两天一夜的培训中，每人收取2500元的培训费，又让李欢文、董金龙等人从受害者身上再赚了一笔。更重要的是，通过领圣商学院的培训，在吸引投资者的同时，又进一步为普顿PTFX外汇培养了大量的经纪人。

根据工商资料显示，领圣商学院是由北京领圣教育科技有限公司、宁波领圣科技合伙企业、宁波领圣管理咨询合伙企业等一系列领圣系公司实际控制并运营的。领圣系公司的法定代表人为李欢文、董金龙等人。据公安机关调查，领圣系的幕后老板和实际控制人是尹继红。尹继红正是通过领圣商学院这个平台大肆宣传并推广普顿PTFX外汇的。他们在全国各地成立领圣系教育科技公司，以提供外汇交易服务为由，通过开班授课、网络直播等方式，大肆进行虚假宣传，发展会员。

巧合的是，这些人正是普顿PTFX最早的一批经纪人，他们已经赚得盆满钵满，早已抽身。开办领圣商学院，是他们趁着普顿PTFX外汇快速发展的势头，再一次对受害者的收割与欺诈。

我们在网络上找到一张领圣商学院的课程表。课程内容主要是学习普顿PTFX外汇的经纪人模式，参加普顿PTFX外汇的年会活动等。这样的课程，其根本目的是给参与者洗脑，让参与者相信普顿PTFX外汇的真实性，以及诱导大家不断发展新的学员。

有的受害者讲到，领圣商学院非常善于打造人设，很多故事容易让人感动。比如，“干啥啥不行，哪坑往哪跳，当时都想到了自杀。后来是普顿PTFX外汇给了我活下去的希望。”普顿PTFX外汇天津经纪人团队的主力，PIB级的张姓经纪人在音频里分享到：“他曾负债几百万元，加入普顿PTFX外汇后成功逆袭，迎来人生巅峰。”类似这样的故事，这样的人设，对于社会大众具有很强的诱导性。尤其是刚出社会，踌躇满志的年轻人更容易被诱导。

在我看来，领圣商学院的成立有两重意义。其一，在投资者身上再坑一笔。因为很多投资者都觉得自己赚到钱了，对比起自己每个月的收益，2500元似乎不值一提，所以报名参加培训的人很多。尹继红、李欢文等人也因此赚得盆满钵满。其二，有了这些培训班，普顿PTFX外汇的发展就不再是初期那种单对单的零售模式，而演变成一次培训数百人的批发模式。正是在领圣商学院的助推下，普顿PTFX外汇在国内的发展步入了高峰期。

6/ 收益模式

任何一个欺诈都具有一定的迷惑性。作为当事者，处在其中确实容易被迷惑。然而，面对欺诈，要想揭开它，最直接、最有效的办法就是剖析它的收益模式，因为这是最本质的东西。

前面，我们已经分析了普顿PTFX外汇平台的性质，梳理了它的发展阶段和历程，对领圣商学院在普顿PTFX外汇案中扮演的角色等进行了介绍。通过以上分析，我们已经基本看清了普顿PTFX外汇的真面目。但要完全揭开它欺诈的本质，我们还有最后一步，那就是揭露普顿PTFX外汇的收益模式。

为了搞清普顿PTFX外汇的收益模式，我们先看看普顿PTFX外汇的项目模式（见图8.4）。

综合各方资料，我们梳理出了普顿PTFX外汇的项目模式。首先是由被告人刘铁、尹继红等人通过各种包装将普顿PTFX外汇引入国内。其次，通过发展城市代理人，聚集了普顿PTFX外汇的首批参与者和投资者。同时，在被告人李欢文、董金龙等人的组织下，在全国各地设立了领圣商学院，在骗取大量培训费的同时，又进一步宣传了普顿PTFX外汇，培养经纪人和发展新会员。

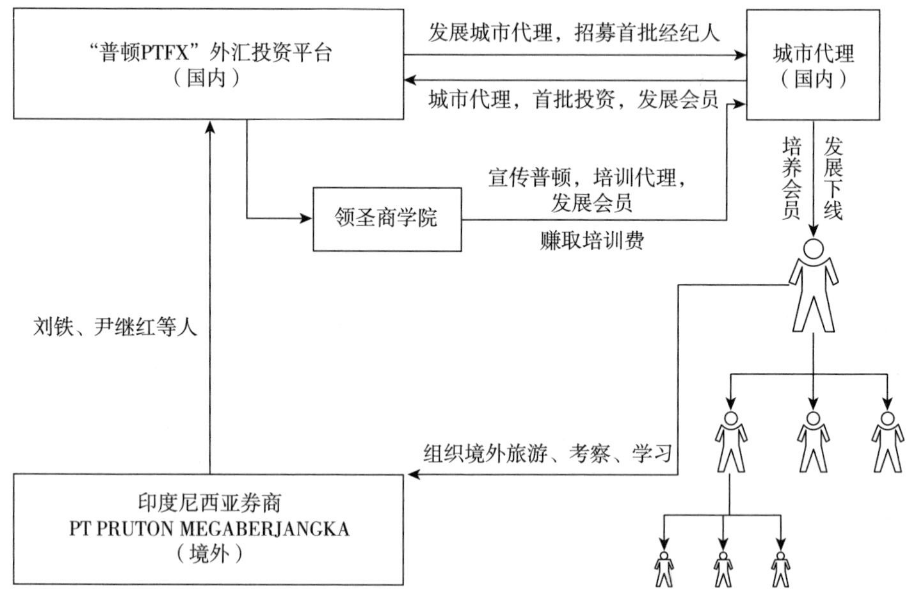

注：根据〔2020〕冀0121刑初73号判决书、福建省三明市梅列分局警情通报以及互联网查询"普顿PTFX"资料等整理。

图8.4 "普顿PTFX"外汇项目模式解析

在这个过程中，经刘铁、尹继红等人策划，各经纪人的组织之下，一批又一批的参与者被带到境外参观考察，进一步助推了普顿PTFX外汇的发展。

在这套模式的支撑下，一个个参与者既是投资者又成了推广者，从受害者变成了违法者，这便是普顿PTFX外汇的经纪人模式。

在普顿PTFX外汇的经纪人等级中，一共分为六个层级（见图8.5）。

第一个层级是普通会员。任何入金的投资者都是普通会员。

第二个层级是I级会员。从普通会员升级为I级会员，需要同时满足以下三个条件：

（1）本人投资达到2000美元；

（2）直推会员达到5人；

（3）直推会员交易规模达到1万美元。

第三个层级是IB级会员。要达到IB级会员，需要符合以下五个条件：

（1）本人投资达到5000美元；

（2）直推会员10人；

（3）团队总人数50人；

（4）直推会员交易规模达到5万美元；

（5）团队交易规模达到8万美元。

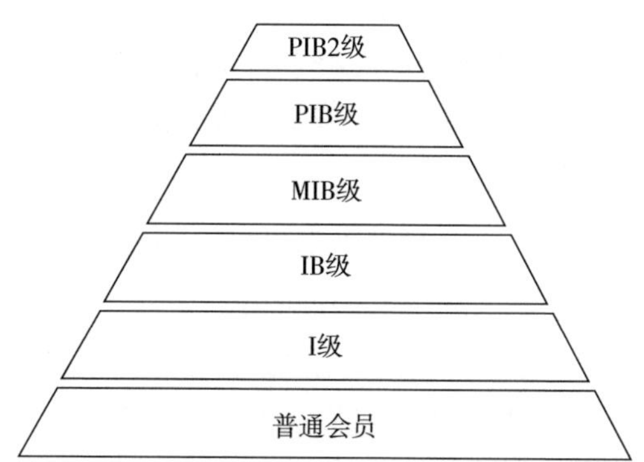

注：根据〔2020〕冀 0121 刑初 73 号判决书整理。

图 8.5 “普顿 PTFX”外汇经纪人等级制度

依此类推。从以上会员等级的晋升来看，会员要想提高经纪人等级，不仅其本人的投资规模要加大，而且还必须发展更多的下线会员。在这套模式下，就形成了一个级差清晰、按级计薪、结构庞大的金字塔组织结构。

经公安机关调查，普顿PTFX外汇平台一共有37个层级，其核心团伙层级都在14层以上，骨干会员经纪人在全国有近80人，下线人数平均都在1600人以上。由此可见，普顿PTFX外汇采用的是传销发展方式。

推动这些经纪人不断向下发展会员，升级其经纪人等级的根本动力，则是普顿PTFX外汇平台提供的收益模式。

在普顿PTFX外汇案中，参与者的收益主要包括三个部分：

（1）个人投资收益。普顿PTFX外汇称为跟单获利，即投资者将资金委托给操盘手交易产生的盈利分配。在产生的收益中，投资者本人可以获得收益的70%。从判决书中受害者的证人证言来看，平台宣称可以稳定获得本金7%~15%的投资收益。

（2）下级会员的利益分红。在投资者投资获得的收益中，70%归属投资者本人，操盘手分配15%，而剩余的15%则由该投资者上五代经纪人共同分配。

（3）下级会员交易佣金奖励。投资者在MT4交易系统进行投资时，每笔投资都会产生相应的交易手续费。对该部分手续费，普顿PTFX外汇按照一定的分配规则，对经纪人予以奖励。

通过以上对普顿PTFX外汇收益模式的解析我们发现，投资者要想获得更多的收益，一是不断地加大个人投资，二是不断地发展下线会员。当这二者足够大的时候，投资者获得的收益才能更大。

或许大家会问，参与者获得个人投资部分的收益，是真正产生于外汇交易市场吗？我确定地告诉你，不是！普顿PTFX外汇所宣称的7个外汇操盘手都是虚假的，投资者的资金压根儿就没有进入真实的外汇交易市场，这只不过是一场精心策划的资金盘，是一个披着外汇投资的骗局。

7/ 事件定性

关于普顿PTFX外汇这起案件，我们该如何定性呢？

由于这起案件的关键材料，即针对被告人刘铁等人的〔2020〕闽0402刑初118号刑事判决书并未在中国裁判文书网公示，我们无从知晓案件更为详细的内容。通过分析，在我们掌握的7份刑事案由文书中，被告人均是普顿PTFX外汇案的经纪人。对此，我们来看看法院的观点。

被告人高某锁、岳某某是普顿PTFX外汇案的涉案经纪人。2020年9月7日，河北省井陉县人民法院对被告高某锁、岳某某组织、领导传销活动罪一案作出了刑事判决，判决书编号为〔2020〕冀0121刑初73号。在该份判决书中，法院表述如下：

经审理查明，网络上有一普顿PTFX外汇投资交易平台。该平台运作模式及程序如下：

（1）参与人员经上线介绍，登录普顿PTFX外汇平台网页，输入姓名、上线人员账号等相关信息，绑定银行账户，注册成为普顿平台会员。

（2）会员把投资款转入普顿PTFX外汇平台指定的银行账户，而该银行账户是经常更换、不确定的，甚至是冒用他人的银行账户，如普通PTFX平台就冒用福州余海合网络科技有限公司和三明市益森贸易有限公司的账号用于接收会员投资款；后台人员（或系统自动）将会员投资款兑换为美元，按1：1的比值显示在会员所在的普顿PTFX平台页面的积分钱包中。

（3）会员在普顿PTFX外汇平台显示的若干投资跟单操盘手中选择一个代为进行外汇交易。

（4）收益：①跟单获利，即委托操盘手交易盈利分配，投资者70%、操盘手15%、上线领导分五代发放15%；②利益分红，分红为五级发放；③交易佣金，即当会员发展下线层级及人数达到普顿PTFX平台设置的要求时，通过会员培训考试，晋升为由低到高的I、IB、MIB、PIB、PIB2不同级别，并由此获得相应的佣金收入，转入会员积分钱包。

（5）普顿PTFX外汇平台设置提现，资金进出自如。

印度尼西亚普顿公司旗下普顿PTFX外汇交易平台未经中国银监会及中国人民银行批准，以炒外汇可以获得高额收益为诱饵，引诱我国群众参与加入，该平台涉嫌犯罪部分已被福建省三明市公安机关立案查处。

2017年6月，被告人高某锁通过手机微信了解到参与普顿PTFX外汇可以获取高额收益。该平台对外宣称是注册在印度尼西亚的普顿外汇旗下公司，以提供外汇交易服务为宗旨，每人缴纳不低于1000美元的外汇交易保证金后就可成为该平台的会员。该平台向注册会员保证，只要选择该平台外汇交易操盘团队，就可以稳定赚取每月投资本金7%~15%的高额收益。注册成为会员后还可通过介绍会员注册加入，获取直接或者间接的相应收益。被告人高某锁为获取非法收益，发展了被告人岳某某加入，二人通过成立工作室或亲自讲授或通过建立微信群来宣传和发展社会公众加入普顿PTFX外汇平台来进行所谓的外汇炒卖。

此外，为发展更多人参与，获取非法利益，被告人高某锁、岳某某还组建镜像跟单微信群，在群内发布该平台的宣传信息。截至案发，该微信群共有成员400余名，其中岳某某为群主，高某锁为群管理员。经鉴定发现被告人高某锁会员级别为MIB，共发展下线685人，下线层深7层，非法所得为7327美元；被告人岳某某会员级别为IB，共发展下线180人，下线层深5层，非法所得为12330美元。其中被告人高某锁为被告人岳某某的直接上线。

法院根据以上调查事实，依照《中华人民共和国刑法》有关规定对被告人高某锁、岳某某以犯组织、领导传销活动罪作出了刑事判决。

在其余6份刑事判决书中，法院均以被告人犯组织、领导传销活动罪定罪量刑。经统计，各被告人的判决结果如表8.2所示。

表 8.2 “普顿 PTFX”外汇案部分被告人判决结果

序号	姓名	会员等级	罪名	刑期	罚金
1	高某锁	MIB	组织、领导活动传销罪	三年	10 万元
2	岳某某	IB	组织、领导活动传销罪	二年	7 万元
3	庞海全	PIB2	组织、领导活动传销罪	八个月	0.6 万元
4	孟金奎	PIB	组织、领导活动传销罪	三年，缓刑三年	15 万元
5	刘应琪	PIB	组织、领导活动传销罪	二年，缓刑三年	5 万元
6	蔡定华	MIB	组织、领导活动传销罪	一年，缓刑二年	2 万元
7	胡斌	PIB	组织、领导活动传销罪	一年两个月， 缓刑一年六个月	2 万元
8	于某	MIB	组织、领导活动传销罪	三年八个月	5 万元
9	冯某	IB	组织、领导活动传销罪	二年六个月，缓刑三年	2 万元
10	胡长华	PIB2	组织、领导活动传销罪	五年六个月	20 万元

注：根据〔2020〕冀 0121 刑初 73 号等 7 份刑事判决书整理。

在这起案件中，虽然法院是以组织、领导传销活动罪对被告人作出的刑事判决，该罪名不属于金融领域犯罪罪名。不过在我看来，普顿PTFX外汇案是一起以外汇投资为名，以高额收益为诱饵，采用传销手段发展会员，引诱受害者参与并非法牟利的案件。在这起案件中，我们应当注意到，普顿PTFX外汇平台所宣称的外汇投资实质上是非法搭建的虚假外汇交易平台，其真实目的是骗取投资者的资金。因此，我认为普顿PTFX外汇案是一起以外汇投资为名的典型的金融欺诈案件。

8/ 案件点评

普顿PTFX外汇案的发生，对我国金融市场的发展有重要的启示意义，对我国金融监管部门有重大的提示作用。

从全球市场来看，外汇市场是客观存在的，且在全球范围内有广泛的参与者，交易规模巨大，是一个具有全球影响力的金融市场。当前，我国基于从国家金融安全和对金融市场的功能定位出发，并不允许国际普遍意义上的外汇投资交易。因此，这就出现了一个问题，即其他国家对外汇投资是允许且开放的，而我国对保证金交易形式的外汇投资是不允许的。在这种情况下，境外的机构可能利用一切机会吸引国内投资者参与，而国内的投资者又可能想尽一切办法参与境外外汇投资。在这个过程中，各种虚假和欺诈定然会发生。

近些年来，有关外汇投资的金融欺诈案件屡屡出现。有以国外合法的外汇经纪商作为诱饵，在国内搭建非法的外汇交易平台进行欺诈的，有在国外搭建虚假的外汇交易平台，在国内进行欺诈的，有在国内搭建虚假交易平台进行欺诈的，有以外汇跟单自动交易为诱饵进行欺诈的，还有国内投资者去境外参与外汇投资交易上当受骗的，等等。在这些欺诈中，策划者利用了国内投资者对外汇市场的不熟悉不了解，缺乏基本的外汇投资知识。再加之，国内投资者缺乏必要的境外信息核查能力，无法对各种平台的真实性进行核验。这些都给了策划者机会，让他们的骗局得以成功。

对国内投资者来讲，完全有合法的渠道开展外汇投资，规避汇率波动的风险。我们在前面已经反复强调，国内个人投资者可以通过在银行开立外汇买卖账户，进行实盘外汇交易。但是，国内投资者一定要清楚，我国法律禁止任何形式的外汇保证金交易行为，在国内也没有合法地提供保证金交易的外汇经纪商。

对国内监管部门来说，除了加大打击力度之外，更应该加强投资者教育。只有当投资者提高了对外汇市场的认识，了解了我国外汇投资的方式，才能引导投资者进行合法合规的外汇投资，避免上当受骗。

知识扩展2

中国工商银行外汇买卖产品介绍

（2021年版）

一、产品定义

中国工商银行股份有限公司（以下简称中国工商银行）个人外汇买卖，指中国工商银行为个人客户提供的不同外汇之间买卖的交易产品。

二、适用客户

本产品适用于具有完全民事行为能力且满足本产品的客户风险承受能力准入标准及产品适合度评估的个人客户。个人外汇买卖产品的客户风险承受能力准入标准为平衡型（C3）、成长型（C4）、进取型（C5）。

三、交易品种

外汇买卖交易品种为包括美元、日元、港元、英镑、欧元、加拿大元、瑞士法郎、澳大利亚元、新加坡元、新西兰元、挪威克朗、瑞典克朗等不同外汇组成的货币对（以“外汇A/外汇B”表示）。

四、交易类型

外汇买卖交易按照交易类型不同，分为先买入后卖出交易和先卖出后买入交易。两种交易类型相互独立，分别操作。

先买入后卖出交易指客户先买入某种外汇，再卖出已买入外汇的交易。客户卖出某种外汇的每笔交易金额不能大于其实际持有该外汇的金额。

先卖出后买入交易指客户首笔以美元为保证金卖出某种非美元外汇，然后在卖出的金额内部分或全部买入该外汇的交易。先卖出后买入交易的交易品种仅限美元兑非美元货币对，且卖出外汇为非美元。客户以先卖出后买入交易方式卖出外汇称为卖出开仓，买入外汇称为买入平仓。

五、交易方式

外汇买卖交易按照交易方式不同，分为实时交易和挂单交易。

1. 实时交易指客户按照中国工商银行交易报价实时买卖外汇的交易。

2. 挂单交易指客户提交挂单指令，当中国工商银行交易报价满足挂单条件时，按挂单价格成交的交易。挂单交易包括获利挂单、止损挂单、双向挂单、循环挂单、一对多挂单、触发挂单和追加挂单。循环挂单、一对多挂单、触发挂单及追加挂单仅适用于个人客户的先买入后卖出交易类型。

获利挂单指挂单价格优于实时交易报价的挂单，即客户挂单买入价低于当前银行卖出价或客户挂单卖出价高于当前银行买入价，当交易报价达到客户挂单价格时按挂单价格成交。

止损挂单指挂单价格劣于实时交易报价的挂单，即客户挂单卖出价低于当前银行买入价或客户挂单买入价高于当前银行卖出价，当交易报价达到客户挂单价格时按挂单价格成交。

双向挂单指同时订立的一个获利挂单和一个止损挂单组合。双向挂单中的任意一项挂单成交，另一项挂单即自动失效。

循环挂单指客户同时订立交易品种相同、挂单金额相同、交易方向相反，以及挂单买入价低于挂单卖出价的首笔和次笔两笔挂单。当中国工商银行相应报价达到首笔挂单价格时，首笔挂单成交，同时次笔挂单生效，之后当中国工商银行相应报价达到次笔挂单价格时，次笔挂单成交，同时首笔挂单再次生效，依次循环。挂单到期或客户撤销挂单，循环挂单失效。

一对多挂单指客户同时订立货币对中一方为同一外汇、交易方向相同、按选择顺序排列的两个或两个以上一系列挂单。当中国工商银行相应报价达到其中一笔挂单的挂单价格时，该笔挂单成交，其他挂单失效；当相应报价同时达到多笔挂单的挂单价格时，排序最前的挂单成交，其他挂单失效。一对多挂单最多只能同时订立6个挂单。

触发挂单指客户订立以触发价格为生效条件的挂单，当中国工商银行相应报价达到触发价格时，交易挂单生效，之后当中国工商银行相应报价达到交易挂单价格时，挂单交易成交。

追加挂单指客户在获利挂单、止损挂单、双向挂单（统称主挂单）的基础上附加另一挂单，该挂单可以为获利挂单、止损挂单或双向挂单之一。追加挂单买卖方向须与主挂单买卖方向相反。追加挂单属于或有挂单，既可与主挂单一并订立，也可在主挂单订立后再进行单独追加，并仅在主挂单成交后生效，当主挂单为双向挂单时，客户仅可选择在获利或止损一方追加挂单，双向挂单成交时，只有在主挂单成交方向追加的挂单才能生效。

挂单有效期包括24小时、48小时、72小时、96小时、120小时、当周有效和30天，其中当周有效的失效时间为当周六早4点，30天的有效期为720小时。获利、止损、双向、循环、一对多、触发挂单的有效期从挂单订立之时开始连续计算，追加挂单的有效期从追加挂单订立之时起连续计算，均不区分中国工商银行交易时间与非交易时间，超出挂单有效期而未成交的挂单将自动失效。客户可在挂单有效期内撤销尚未成交的挂单，如主挂单附有追加挂单的，则主挂单撤销时追加挂单一并撤销，如单独撤销追加挂单时，主挂单不受影响。挂单生效后，客户完成挂单交易所需的外汇资金即被冻结（一对多挂单冻结所需资金最多的挂单金额）。在挂单指令成交、撤销或自动失效前，相应账户冻结的外汇资金不能用于办理其他事项。

六、交易起点数量和最小递增单位

外汇买卖先买入后卖出交易及先卖出后买入交易中，日元的单笔交易起始金额（仅指客户卖出外汇）为500日元，交易最小递增单位为1日元；挪威克朗、瑞典克朗的单笔交易起始金额（仅指客户卖出外汇）为100单位外币，交易最小递增单位为0.01单位外币；其他币种的单笔交易起始金额（仅指客户卖出外汇）为10单位外币，交易最小递增单位为0.01单位外币。

七、交易报价

中国工商银行在综合考虑全球相关外汇市场走势、市场流动性等因素的基础上向客户提供交易报价，并可根据市场情况、成本控制、风险控制和战略调整需要等对交易报价的策略和机制进行调整，且不承诺本业务报价与其他有可能被认为是外汇市场的报价保持一致。具体交易报价以实际交易为准。

外汇买卖交易报价包括银行买入价和银行卖出价，交易报价以“外汇A/外汇B”表示，指外汇A兑换为外汇B的外汇汇率。银行买入价指中国工商银行向客户买入外汇A卖出外汇B（即客户向中国工商银行卖出外汇A买入外汇B）的交易报价。银行卖出价指中国工商银行向客户卖出外汇A买入外汇B（即客户向中国工商银行买入外汇A卖出外汇B）的交易报价。

八、交易时间

外汇买卖交易时间如下：

1. 营业网点

周一至周五：各营业网点实际营业时间。

2. 电子银行渠道

周一：07：00—24：00。

周二至周五：00：00—24：00。

周六：00：00—04：00。

遇主要国际市场假期、国家法定节假日以及按国家规定调整后的实际休息日，或受自然灾害、战争等不能预见、不能避免、不能克服的不可抗力事件影响，或受国际上各种政治、经济、突发事件等因素的影响，或受通信故障、系统故障、电力中断、市场停止交易等意外事件或金融危机、国家政策变化等因素的影响，中国工商银行可暂停全部或部分外汇买卖交易，并在可行的前提下，尽可能提前或在可行的合理时间通过官方网站（http://www.icbc.com.cn）或其他形式告知客户。暂停期间，实时交易和挂单交易无法办理，已生效的挂单指令不能执行，但挂单指令的有效期计算不受影响。

九、账户管理

个人客户开办外汇买卖交易，须指定本人在中国工商银行开立的个人多币种借记卡或结算账户活期存折作为外汇买卖的资金账户。

个人客户办理完成开办手续后，中国工商银行自动为客户开立外汇买卖先卖出后买入交易的交易账户。个人客户首次办理外汇买卖先卖出后买入交易并划转保证金时，中国工商银行自动为客户开立保证金账户。

1. 资金账户

资金账户用于核算客户外汇买卖资金的收付。资金账户中外汇现钞和现汇不能通过外汇买卖交易相互转换，以外汇现钞买入或卖出的资金仍为现钞，以外汇现汇买入或卖出的资金仍为现汇。中国工商银行账户管理的相关规定适用于资金账户。

2. 交易账户

交易账户用于核算客户先卖出后买入交易卖出非美元外汇金额的收付。不同外汇币种分设为相互独立的交易子账户，所记载的外汇不能累加或相互抵消；交易账户中外汇现钞和外汇现汇分设为相互独立的交易子账户，所记载的外汇买卖不能累加或相互抵消。

3. 保证金账户

保证金账户用于核算客户先卖出后买入交易保证金的收付和损益。保证金账户分为美元现钞保证金子账户和美元现汇保证金子账户，两个保证金子账户相互独立，其保证金不能累加或相互抵消；同一保证金子账户下，买卖各种外汇的保证金可合并使用。保证金账户中的保证金只能作为保证为客户先卖出后买入交易提供担保，不能直接提取现金、开具存款证明或为其他债务提供担保。

在中国工商银行同一地区（指中国工商银行的直辖市分行，省会城市行，设区的市、自治州、盟分行及部分不设区的市分行等），个人客户只能指定一个资金账户，且只能分别开立一个交易账户和一个保证金账户，但可调整资金账户对应的本地区个人多币种借记卡或结算账户活期存折。

十、计息及费用

客户资金账户中的资金按照国家有关监管部门及中国工商银行活期存款利率及计息方式计付利息；客户交易账户中的卖出外汇余额不计付利息；客户保证金账户中的外汇资金不计付利息。

客户按照交易报价买卖外汇，中国工商银行不收取手续费。

十一、风险揭示

客户办理外汇买卖交易之前应充分认识并完全理解可能遇到的各类风险。以下仅为中国工商银行基于目前市场情况和外汇买卖产品特点列举的主要风险种类和对风险因素的客观分析，并不保证涵盖外汇买卖的全部风险种类，同时也不代表中国工商银行对市场情况的预测。

1. 政策风险：外汇买卖是根据当前相关法律法规和监管规定设计的产品，如遇国家宏观政策、法律法规或监管规定发生变化，可能影响到客户正常买卖外汇，并可能造成业务暂停或停办，进而导致客户受到损失。

2. 市场风险：受全球相关外汇市场影响，如外汇买卖交易价格发生不利波动，可能导致客户受到损失。损失包括但不限于以下两种情况：

①先买入后卖出交易。客户买入的币种贬值，客户损失为目前汇率相较于发生先买入后卖出交易时汇率的贬值程度，贬值程度越高，客户损失越大。②先卖出后买入交易。客户先卖出的币种升值，客户损失为目前汇率相较于发生先卖出后买入交易时汇率的升值程度，升值程度越高，客户损失越大。

3. 流动性风险：持有先卖出后买入交易卖出外汇余额的客户，如在非交易时间产生资金需求等情况，可能面临不能及时变现的风险；如因市场流动性原因中国工商银行交易报价价差扩大，客户可能面临不利情况。

4. 操作风险：客户向中国工商银行提交交易指令时，应确保所提交的指令信息真实、准确、完整，并对交易指令的真实性、合法合规性负责，因客户泄露身份识别信息、错误使用身份认证方式或操作失误等原因，可能造成不必要损失。

5. 系统风险：客户应充分认识软件或网络故障、黑客入侵、系统病毒感染、数据传输延迟、系统不兼容、操作不当、交易及资金账户密码遗失或被盗用等风险，客户自愿承担由此带来的损失。交易时间内，客户的未成交委托交易可能因通信网络速度等原因无法及时撤销或成交，客户自愿承担由此带来的损失。

6. 合规风险：本产品交易须遵守国家及中国工商银行关于反洗钱、反恐怖融资、反逃税及制裁合规管理等相关规定，交易资金的来源及用途应符合法律法规要求，如出现涉嫌从事洗钱、恐怖融资、逃税或违反制裁合规等管理制度的可疑交易行为，客户的交易指令及资金划转可能受到限制，且客户须承担由此产生的后果。

7. 不可抗力及突发事件风险：受自然灾害、战争等不能预见、不能避免、不能克服的不可抗力事件影响，或受国际上各种政治、经济、突发事件等因素的影响，或受通信故障、系统故障、电力中断、市场停止交易等意外事件或金融危机、国家政策变化等因素的影响，可能对客户正常办理外汇买卖交易造成影响，进而可能使客户受到损失。

8. 业务暂停、停办风险

本产品可能因国家法律法规、宏观政策或监管规定调整、应对市场极端情况需要、产品风险管理需要、中国工商银行业务调整需要、系统变更或突发事件等情况全部或部分暂停、停办，中国工商银行可能立即或分阶段采取包括但不限于停止开仓、停止平仓、强制清仓、强制关闭业务功能等措施，客户可能无法正常买卖并需要自行承担损失。业务暂停或停办计划、措施、业务暂停或停办后安排等具体事项，均以中国工商银行官方网站发布的通告为准。

9. 其他风险：本产品介绍无法揭示本产品的所有风险和市场全部情形，除上述各类风险外，本产品可能受到其他或有风险的影响，对客户交易产生不利影响。客户在入市交易之前，应对自身的经济承受能力、风险控制能力和心理承受能力做出客观判断，对本产品进行仔细的研究，谨慎交易，客户需自行确认预留正确的手机号码，确保及时接收相关通知。因本产品介绍中未揭示的风险而产生的损失由客户自行承担。

十二、其他

本产品介绍由中国工商银行制定。

本产品介绍所列标题仅为便于参考之目的，并不影响本产品介绍的结构且不应被用来解释本产品介绍的任何内容。

1. 日期及时间

本产品介绍中所述日期及时间，如无特别说明，均指北京时间。

2. 产品介绍修改

中国工商银行可能基于国家法律法规、宏观政策或监管规定调整、应对市场极端情况需要、产品风险管理需要、自身业务调整需要、系统变更或突发事件等情况对本产品介绍进行修改。除特殊情况外，对本产品介绍所做的任何修改，中国工商银行将提前通过官方网站通告。在通告期内，客户对产品介绍的修改有异议的，可在新产品介绍生效前通过95588电话银行咨询或通过柜台、网上银行、手机银行等渠道办理个人外汇买卖业务的注销手续。通告期满，客户未注销或在通告期满后继续进行相关操作的，视为接受修改后的产品介绍。

3. 产品动态调整

中国工商银行将根据国家法律法规、宏观政策或监管规定调整、应对市场极端情况需要、产品风险管理需要、自身业务调整需要、系统变更或突发事件等情况，持续动态调整本产品的相关规则，并适时采取包括但不限于停止开仓、停止平仓、强制清仓、强制关闭业务功能等措施，或在修改本产品的客户协议、产品介绍或交易规则前，对本产品相关交易规则、系统设置等采取临时性或紧急调整，并尽可能提前或及时通过官方网站通告调整具体内容。临时性或紧急通告内容与本产品的客户协议、产品介绍或交易规则冲突的，以通告内容为准。客户应密切关注中国工商银行官方网站发布的通告，及时获取相关信息并采取风险控制措施。

4. 通知方式

本产品介绍中所述及的有关调整及其他重要事项，中国工商银行将优先通过官方网站发布通告，并可能视情况同时采取其他补充通知方式，包括但不限于短信、电话、融e联、手机银行等方式，对客户进行通知或提醒。除通过官方网站及时获取有关通告之外，客户还应自行确认预留正确的手机号码（客户仅修改借记卡或网上银行、手机银行预留手机号码，不能自动变更本业务预留手机号码），并确保能及时接收中国工商银行可能通过手机渠道发送的相关通知。如客户未密切关注中国工商银行官方网站，或者未预留有效手机号码、将中国工商银行提示信息或电话设置为拒收、免打扰或因通信网络故障等其他原因，导致未能及时知悉通告内容或无法接收中国工商银行的相关通知，由此产生的损失及不利后果由客户自行承担。

5. 咨询投诉渠道

如有问题，客户可通过中国工商银行营业网点、门户网站或手机银行App在线客服咨询投诉，或拨打中国工商银行统一的咨询与投诉电话（95588）。

注：资料转载于中国工商银行官网（网址：https://www.icbc.com.cn/）。

LCC光锥币案——数字货币欺诈

老百姓口中的钱，一般是指货币。

如今，货币的形态越来越多。比如纸币、硬币、银行存款、电子货币等。然而，在货币形态不断演变发展的过程中，市场中也诞生了一大批各种所谓的“币”。如Q币、百度币、比特币、以太币等。这些所谓的“币”是货币吗？这个问题困扰着社会大众。正是因为存在这样一些困惑，犯罪分子便抓住机会，以发行各种所谓的“币”为诱饵，引诱投资者参与投资，最终给受害者造成巨大的财产损失。在“LCC光锥币案”中，我们看到了其完整的欺诈过程。

其实，判断是不是货币的方法非常简单。从全世界范围来看，一国货币的价值都是由国家公权力来保障的，其发行是由国家授权的货币发行机构依法发行的，是垄断的。以我国为例，中国人民银行是货币的唯一合法发行机构。除此之外，任何机构都无权发行货币。

LCC 光锥币案——数字货币欺诈

1/ 案情简况

2008年，中本聪提出比特币（BTC）的概念。2009年1月3日，中本聪在芬兰使用小型服务器挖出了比特币的创世区块，同时得到了50枚比特币，标志着比特币的诞生。2010年5月21日，一个美国的程序员用1万枚比特币换取了2个披萨。当时这两个披萨的市场价格是30美元，折合下来1枚比特币的价格是0.003美元，这是比特币第一次在现实世界中的定价。之后，比特币的价格一路高涨，在2017年12月创出了历史新高，达到了19000.8美元。经过两年的调整期后，2020年开始进入了新一轮的上涨和调整区间。截至目前，比特币的价格在5.7万美元左右（见图9.1）。

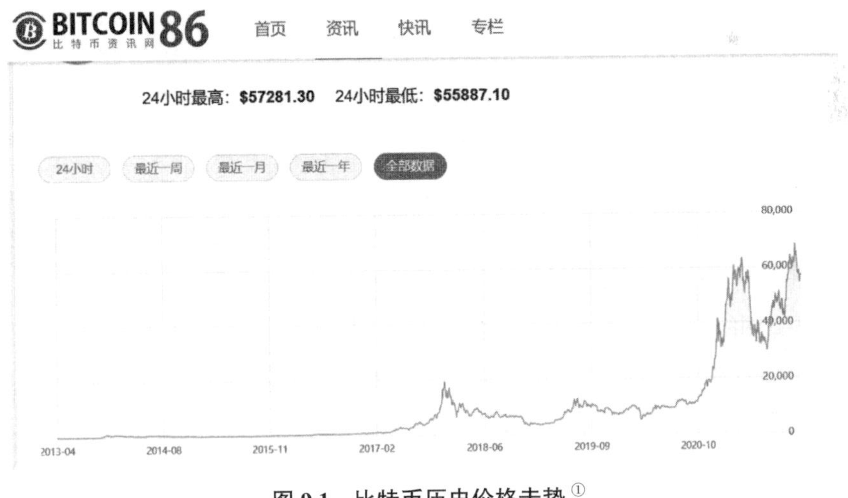

图 9.1　比特币历史价格走势[①]

① 比特币资讯网．比特币价格走势图[EB/OL]．[2021-10-30]．https://www.bitcoin86.com/price.html.

正是在比特币价格的节节攀升中，巨大的价格增势也吸引了国内众多的投资者，由此掀起了虚拟货币、数字货币投资的新高潮。在互联网上，各种以区块链币、虚拟货币、加密货币、数字货币命名的，所谓的“币”种类繁多，数量庞杂，各色人等都在借此追逐着财富之梦。

然而，这些所谓的“币”是货币吗？这个问题仍然困扰着许多投资者。学术界对虚拟货币、数字货币的定义仍有争议，没有统一的认识。同样，世界各国对待虚拟货币、数字货币的态度也不尽相同。

就我国而言，监管部门在保持开放探索的同时，对各种“币”的投资始终保持着谨慎的态度，很早就发布过相关的风险提示。

比如，2013年12月3日，由中国人民银行（简称央行）、工业和信息化部、中国银行业监督管理委员会、中国证券监督管理委员会、中国保险监督管理委员会五部门联合印发了《关于防范比特币风险的通知》（银发〔2013〕289号，以下简称《通知》）。《通知》明确了比特币的性质，认为“比特币不是由货币当局发行的，不具有法偿性与强制性等货币属性，并不是真正意义的货币。从性质上看，比特币是一种特定的虚拟商品，不具有与货币等同的法律地位，不能且不应作为货币在市场上流通使用。但是，比特币交易作为一种互联网上的商品买卖行为，普通民众在自担风险的前提下拥有参与的自由。”

2018年8月24日，银保监会、中央网信办、公安部、人民银行、市场监管总局联合发布了《关于防范以“虚拟货币”“区块链”名义进行非法集资的风险提示》。这份文件明确指出，一些不法分子打着“金融创新”“区块链”的旗号，通过发行所谓的虚拟货币、虚拟资产、数字资产等吸收资金，侵害公众合法权益。此类活动并非真正基于区块链技术，而是炒作区块链概念行非法集资、传销、诈骗之实，主要有以下特征：

（1）网络化、跨境化明显。依托互联网、聊天工具进行交易，利用网上支付工具收支资金，风险波及范围广、扩散速度快。一些不法分子通过租用境外服务器搭建网站，实质面向境内居民开展活动，并远程控制实施违法活动。一些个人在聊天工具群组中声称获得了境外优质区块链项目投资额度，可以代为投资，极可能是诈骗活动。这些不法活动资金多流向境外，监管和追踪难度很大。

（2）欺骗性、诱惑性、隐蔽性较强。利用热点概念进行炒作，编造名目繁多的高大上理论，有的还利用名人大V站台宣传，以空投糖果[①]等为诱惑，宣称币值只涨不跌、投资周期短、收益高、风险低，具有较强蛊惑性。实际操作中，不法分子通过幕后操纵所谓虚拟货币价格走势、设置获利和提现门槛等手段非法牟取暴利。此外，一些不法分子还以ICO[②]、IFO、IEO等花样翻新的名目发行代币，或打着共享经济的旗号以IMO方式进行虚拟货币炒作，具有较强的隐蔽性和迷惑性。

（3）存在多种违法风险。不法分子通过公开宣传，以静态收益（炒币升值获利）和动态收益（发展下线获利）为诱饵，吸引公众投入资金，并利诱投资人发展会员加入，不断扩充资金池，具有非法集资、传销、诈骗等违法行为特征。

此类活动以金融创新为噱头，实质是借新还旧的庞氏骗局，资金运转难以长期维系。请广大公众理性看待区块链，不要盲目相信天花乱坠的承诺，树立正确的货币观念和投资理念，切实提高风险意识；对发现的违法犯罪线索，可积极向有关部门举报反映。

从以上相关部门发布的文件中，我国已经明确了对待比特币的态度，以及对各种以虚拟货币、数字货币为噱头的非法行为进行了风险警示。但是，在利益的诱惑下，不法分子仍借着数字货币的噱头，策划着一起起的欺诈，不少投资者因缺乏必要的金融知识，无法识破策划者的骗局，最终上当受骗，损失惨重。

在我们查询到的众多以虚拟货币为噱头的欺诈案中，尤以发生在2017年11月至2018年3月间，由崔杰、郝玲声、杨放等人主导的，以LCC光锥币为噱头的金融欺诈案最为典型。在中国裁判文书网上，以“LCC虚拟货币”作为关键词进行检索，截至2021年8月29日，我们仅查询到一份针对郝铃声、杨放犯

① 币圈糖果，即各种数字货币刚发行时免费发放给用户的数字币，是虚拟币项目发行方对项目本身的一种造势和宣传。

② ICO，源自股票市场中首次公开发行（IPO）概念。首次币发行 ICO（Initial Coin Offering），是区块链项目首次发行代币，募集比特币、以太坊等通用数字货币的行为。

IFO（Initial Fork Offerings），首次分叉发行，指通过分叉比特币等主流加密货币生成新的代币。

IEO（Initial Exchange Offerings），首次交易发行，指以交易所为核心发行代币。代币跳过 ICO 这步，直接上线交易所。

IMO（Initial Miner Offerings），首次矿机发行，指首次通过售卖硬件 / 矿机来发行代币。

集资诈骗罪的二审刑事判决书，编号为〔2020〕粤刑终624号。我们将这份刑事判决书作为基础材料，通过对案件进行分析，可以帮助我们理清事件发生的经过，以及剖析策划者在这起欺诈案中所使用的金融知识。我们希望通过对这起案件的解析，能够帮助大家更加准确地认识数字货币，避免再次上当受骗。

关于LCC数字货币这起欺诈案件，我们首先从什么是货币开始给说起。

2/ 货币界定

自各种所谓的“币”在网络世界诞生以来，叫货币的不一定是真货币。这二者是有本质区别的。

货币的诞生有着漫长的历史，和社会经济发展的必然性。并且，伴随着人类社会的发展，货币的演变也不会停止，必将继续向前发展。

回到人类社会活动的早期，人们过着自给自足的生活，自己打猎、织布、种植，各自相安，独立生活。此时的人们根本不知道货币是什么。但随着社会的发展，人类进入了三次社会大分工：第一次社会分工是农业独立分离出来，一批人专门从事农业种植；第二次社会分工是养殖业从农业中分离出来，一批人专门从事家禽养殖；第三次社会分工是手工业从农业中分离，一批人专门从事织布等。三次社会分工使得整个社会的生产效率大幅提升，但由此也带来一些新的问题。专门从事农业的生产者可以不穿衣服、不吃肉，吃米饭还是可以活下来的；专门从事养殖的生产者也可以不穿衣服，不吃米饭，只吃肉，只要多锻炼身体，仍然还是可以活得不错的；但是对于专门从事手工业的生产者来说，那可就不行了。不能光顾着好看，而不吃饭和肉，三五天还行，之后可就活不下去了。当然，他们绝不可能坐以待毙，于是就出现了一批人拿着肉去找有米的人交换，拿着米的人去找有布的人交换。于是交换就产生了，这个阶段的交换是以物换物，称为物物交换。

但是很快，物物交换的不便捷性就表现出来了，一是物不易分割，二是交换对象很有限，三是交换范围实在太狭窄。这些问题是客观存在的。

在那个时代，人类的力量是渺小的，捕捞技术和猎杀技术都比较差。我想强调，可不像现在有枪支、有大炮，早期只有一些石头、木棍等工具。正是如此，面对自然界中的大型动物，人类是难以猎杀的，比如大象；面对大海，也难以去捕捞的。因此，像那些人们难以获取、不易见到的东西就稀罕而显得珍贵（到今天也是如此）。刚开始一些人可能偶然获得了象牙、贝壳等物品，因为未曾见过，往往视为宝贝珍藏起来。也许在某一天，自己实在饿得不行，就去找有肉的某个人交换。他说："你看，这可是我珍藏多年的宝贝，世间珍宝……"那个有肉的人从未见过当然也视为宝贝，便把肉给了他，把象牙收藏起来。这个故事并没有结束，同样地，某一天这个曾经有肉的人又拿这个象牙去找其他人交换。

大家已经意识到，随着这个交换过程的发展，象牙、贝壳等替代物就参与到了人类的交换活动中。各位一定注意，此时，虽然那些参与的人不知道这叫货币，但货币就这样产生了，这就是实物货币。

实物货币参与交换给人们的生活带来了巨大的进步，而这又进一步促进了整个社会分工和人类发展。在此需要特别强调的是，除了象牙、贝壳，也许当时还有其他物品参与了交换，只是到今天人类考古只发现了这些；抑或是当时太小众被淘汰了，而把使用较多的贝壳、象牙保留下来，所以才有了今天我们的发现和认识。

我们继续来看这个故事。很快你就会发现，象牙、贝壳这些实物货币有着天然的缺陷。一是其来源于自然，所以很难标准化；二是随着猎杀技术、捕捞技术的提升，也越来越容易获取，它因罕见而显得珍贵的一面就消失了。

同样，历史的发展并未停止，而到了一个关键的历史时期，这就是西周。人类发展到西周时，对火的使用越加娴熟，出现了冶炼技术。人类从自然界中找寻到某些矿石经过高温淬炼产生金属，而最早冶炼的金属就是铜。于是自西周开始出现了以铜为材料的货币，称为铜铸币。

当铜作为货币出现时，必然会产生如下问题：①货币制作成什么形状、什么规格、重量几何？②货币由谁来管理，谁来生产？③货币到底生产多少？等等。也就是从铜铸币开始，有关货币的一套制度安排就此产生了。

自铜铸币开始，人类迈入了金属货币时代。之后曾依次出现过以铁、银、金为代表的货币，而白银作为货币在历史上存在的时间较长，影响也极大。直到工业革命开始，英国以黄金作为货币材料，出现了金币、金块等货币。这一段历史的跨度是非常大的，从西周开始，一直延续至第二次世界大战结束后由美国主导建立的布雷顿森林体系[①]，直至1974年4月1日布雷顿森林体系瓦解，这个漫长的时期都处在金属货币时代。

随着美元与黄金脱钩，布雷顿森林体系瓦解，人类货币的发展迈向了新的历史时期，那就是现代信用货币[②]时代。信用货币最大的特征在于它不依赖于任何实物资产。信用货币有三个特点：①流通中的货币都是信用货币，主要由现金和银行存款组成；②信用货币都是通过金融机构的业务活动投入到流通中去的；③国家通过中央银行的货币政策对信用货币的数量和结构进行调控。

以我国为例。人民币是我国的法定货币，人民币不规定含金量，是不兑现的信用货币，自2005年7月21日起，我国开始实行以市场供求为基础的、参考一篮子货币进行调节的、有管理的浮动汇率制。

这里涉及一组专业的货币概念，即足值货币和不足值货币。这个如何理解呢？比如，以金条作为货币为例，金条本身就具有价值，金条自身作为货币进行交换的时候，它代表的价值是由它本身的价值决定的，这就是足值货币。那现代信用货币是足值的吗？显然不是。从货币本身来说，信用货币表现为纸币和银行存款，纸币本身的价值是非常小的，与它代表的价值相比，可以忽略不计。比如，一张面额为100元的纸币，它代表100元的购买力，但就这张纸本身而言，它的价值就微乎其微了。也就是说，现代信用货币是不足值货币。大家必然会提出一个问题，就是现代信用货币的价值支撑来自哪里呢？

试想，在金属货币时代，无论你在中国还是美国，或者欧洲和非洲，同样金属的价值基本恒定。所以，如果全世界都是以某种金属作为货币使用的话，那么全世界的交易都比较确定，因为锚定基础都是某种金属。然而，在现代信用货币下就存在问题了。那就是各国货币的价值该如何衡定？或者说，它们之间如何进行兑换？

---

① 布雷顿森林体系，是1944年7月1日至22日在美国新罕布什尔州布雷顿森林举行的会议达成的协议。主要内容包括：（1）以黄金为基础货币，以美元为最主要的国际储备货币，实行“双挂钩”的国际货币体系；（2）实行固定汇率制；（3）建立一个永久性的国际货币机构，即国际货币基金组织（IMF），对货币事项进行国际磋商，促进国际货币合作。贾玉革．金融理论与实务［M］．北京：中国财政经济出版社，2010：62.

② 信用货币与商品货币相对应。信用货币的产生是必然的，它弥补了金属货币数量无法伴随商品数量增长而相应增长的弊端。

以上两个问题都指向了现代信用货币的核心，即货币的价值。我认为，现代信用货币是由一个国家的公权力来保障的，即国家通过法律的形式，规定了货币的名称、符号、种类，以及有关货币的发行、流通、管理等制度。由国家规定发行的货币就称为法定货币，任何本国居民都必须接受。也就是说，国家公权力确保了货币的价值基础。在国际市场上，不同国家之间的货币价值是不同的。而一个国家货币价值的高低则是由该国社会的稳定程度、经济发展速度以及科技发展水平等综合实力共同决定的。一般来说，一个国家综合实力越强，货币价值就越高。

总之，一个国家货币的价值是由国家公权力来保障的，而决定一个国家货币价值高低的则是该国的综合实力。

按照李健教授的观点[①]，货币具有两方面的职能，一是交易媒介，二是财富储藏。交易媒介职能表现为三个方面：①计价单位。比如，衣服标价为每件100元，这就是用货币来计价。②交易媒介。在商品交换中，以货币作为媒介进行交换。③支付手段。比如，你工作一个月，老板以货币方式向你支付工资，这体现的就是支付手段的职能。由于货币可以用来购买商品，具备支付能力，是财富的代表。因此，人们也可以保存货币，作为财富储藏的手段。

在这部分，我从人类社会的三次分工开始说起，谈到交换，从早期的物物交换，到贝壳、象牙一类的实物货币的出现，再到金属货币的产生，直到现代的信用货币。尤其大家务必理解现代信用货币存在的基础是以一个国家的公权力作为保障的。

目前，关于数字货币尚没有公认的标准定义。在此，我们把数字货币定义为基于去中心化的区块链等加密技术为基础的密码货币。比如比特币（BTC），我们认为是数字货币。在这起案件中出现的LCC光锥币宣称是以区块链技术为基础的加密货币，因此，我们姑且称它为LCC数字货币。

只有理解了法定货币这个概念后，我们才能去判断其他所谓的货币到底是不是真货币，这是我们解析LCC数字货币这起案件的基础。

① 李健．金融学［M］．北京：中央广播电视大学出版社，2017：9.

知识扩展1

比特币是货币吗?

当前，市场中流行着各种所谓的“币”，它们是货币吗？我们通过以下四个概念进行划分：

第一，法定货币，简称法币。它是由国家授权货币发行机构，依法发行的货币。在我国，中国人民银行履行货币发行的职责。

第二，电子货币。电子货币是指以电磁信号形态存在，通过电子网络进行支付的货币。因此，电子货币首先是法定货币，是法定货币的电子化。

第三，虚拟货币。虚拟货币，是指在有限范围内具有一定支付能力的代币，强调其价值的虚拟性。

第四，数字货币。目前，数字货币尚没有公认的标准定义。在此，我们把数字货币定义为是基于区块链等加密技术为基础的密码货币。

以上四个货币概念中，虽然都叫货币，但只有法定货币才是真正意义上的货币。随着科学技术的发展，货币呈现的形态将越来越多样，它们之间存在相互交叉和关联的情况，具体关系如图9.2所示。

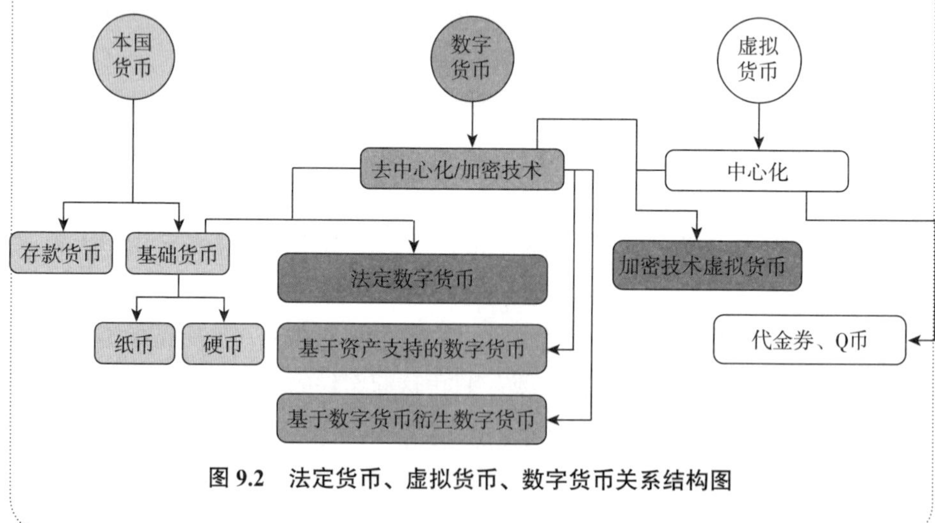

图 9.2　法定货币、虚拟货币、数字货币关系结构图

通过以上四个概念的定义和它们之间关系的梳理，我们具体来界定以下六种货币的具体类型（见表9.1）。

表 9.1　各种货币概念统计表 2021.10.23

序号	类型	序号	类型
1	现钞	4	QQ 币
2	银行存款	5	比特币
3	微信钱包	6	法定数字货币

第一类，老百姓在日常生活中使用的现钞和银行存款。它们是货币，是法定货币，是由国家授权货币发行机构依法发行的货币类型。法律规定，任何个人和组织都不得私自印发行货币。

第二类，以微信钱包、支付宝钱包等为代表的电子货币。电子货币支付能力的保障基础，首先是因为它是法定货币，是法定货币以电磁信号作为载体呈现，并通过网络进行支付的形式。

第三类，以代金券、QQ币、百度币等为代表的虚拟货币。首先，它们不是货币，更不是法定意义上的货币；其次，这些虚拟货币具有一定的支付能力，但是只能在发行机构或者限定的系统内，作为支付工具。对于虚拟货币，其性质属于虚拟商品。

第四类，以比特币（BTC）、以太币（ETH）等为代表的数字货币。这些数字货币一般是以某种资产作为依托，基于区块链等加密技术为基础，对外发行的数字货币。从性质上讲，它们都不属于货币。

第五类，目前中国人民银行还未发布有关数字货币发行的权威消息。但从网传消息来看，以法定货币为基础的数字货币的推出，将产生真正意义上的法定数字货币。

当前，世界各国货币的发行都是垄断的，任何机构和个人都无权私自发行货币。在比特币（BTC）等一干数字货币的带动下，市场产生了一大批虚拟货币或数字货币，它们虽然都叫货币，但不是真正意义上的货币。投资者在参与这些虚拟货币或数字货币的投资时，应当加强风险防范。

3/ 单边上涨

买涨不买跌是一种典型的投资策略。这句话的意思是说，投资者在购买资产时，资产越涨越买；反之，则观望或者卖出。因此，既然投资者有这样的一种投资偏好或者习惯，作为资产的出售者，要想卖个好价钱，或者是能够卖出去，最好的办法就是让资产涨价。正如我们刚才所说的，投资者是越涨越买。

这个策略在LCC光锥币这起案件中，被策划者熟练地使用，引诱了几万人参与其中，可见其威力之大。

2017年11月，一个名叫LCC光锥币的项目在互联网上呼啸而来。它真正让人着迷的，是它所表现出来的巨大的赚钱效应。这种巨大的赚钱效应，正是靠策划者对价格的操控来实现的。

在〔2020〕粤刑终623号刑事判决书中，根据被告人的供述，以及受害人的陈述，我们把LCC光锥币的价格做了详细的统计整理，具体数据如表9.2所示。

首先，这个数字货币的初始发行价格是3.5元/枚。自2017年12月3日上线开始，其价格就一路上涨，单边上扬。12月3日，每枚价格7元；到12月31日，每枚价格已经上涨至11.9元/枚，当月上涨170%。

表 9.2 "LCC 光锥币"价格变化

2017 年	价格（元）	2018 年	价格（元）	2018 年	价格（元）	2018 年	价格（元）
—	—	1 月 1 日	12.18	2 月 1 日	19.65	3 月 1 日	27.99
—	—	1 月 2 日	12.39	2 月 2 日	19.85	3 月 2 日	29.89
12 月 3 日	7.00	1 月 3 日	12.60	2 月 3 日	20.08	3 月 3 日	32.69
12 月 4 日	7.15	1 月 4 日	12.82	2 月 4 日	20.29	3 月 4 日	34.79
12 月 5 日	7.48	1 月 5 日	13.00	2 月 5 日	20.51	3 月 5 日	36.49
12 月 6 日	7.60	1 月 6 日	13.19	2 月 6 日	20.73	3 月 6 日	38.60
12 月 7 日	7.90	1 月 7 日	13.38	2 月 7 日	21.06	3 月 7 日	39.93
12 月 8 日	8.18	1 月 8 日	13.61	2 月 8 日	21.39	3 月 8 日	43.53
12 月 9 日	8.29	1 月 9 日	13.83	2 月 9 日	21.68	3 月 9 日	46.43
12 月 10 日	8.43	1 月 10 日	14.02	2 月 10 日	21.90	3 月 10 日	49.03
12 月 11 日	8.59	1 月 11 日	14.25	2 月 11 日	22.19	3 月 11 日	52.33
12 月 12 日	8.75	1 月 12 日	14.45	2 月 12 日	22.30	3 月 12 日	56.63

续表

2017 年	价格（元）	2018 年	价格（元）	2018 年	价格（元）	2018 年	价格（元）
12 月 13 日	8.98	1 月 13 日	14.62	2 月 13 日	22.43	3 月 13 日	58.53
12 月 14 日	9.13	1 月 14 日	14.79	2 月 14 日	22.58	3 月 14 日	59.46
12 月 15 日	9.29	1 月 15 日	14.99	2 月 15 日	22.72	3 月 15 日	60.28
12 月 16 日	9.36	1 月 16 日	15.23	2 月 16 日	22.83	3 月 16 日	60.99
12 月 17 日	9.45	1 月 17 日	15.45	2 月 17 日	22.95	3 月 17 日	61.88
12 月 18 日	9.60	1 月 18 日	15.66	2 月 18 日	23.08	3 月 18 日	62.60
12 月 19 日	9.73	1 月 19 日	15.93	2 月 19 日	23.20	3 月 19 日	63.42
12 月 20 日	9.82	1 月 20 日	16.62	2 月 20 日	23.32	3 月 20 日	64.02
12 月 21 日	9.99	1 月 21 日	16.85	2 月 21 日	23.41	3 月 21 日	64.79
12 月 22 日	10.13	1 月 22 日	17.09	2 月 22 日	23.52	3 月 22 日	65.39
12 月 23 日	10.25	1 月 23 日	17.35	2 月 23 日	23.65	3 月 23 日	65.99
12 月 24 日	10.36	1 月 24 日	17.73	2 月 24 日	23.83	3 月 24 日	66.58
12 月 25 日	10.45	1 月 25 日	17.99	2 月 25 日	23.94	3 月 25 日	67.29
12 月 26 日	10.90	1 月 26 日	18.20	2 月 26 日	24.10	3 月 26 日	67.88
12 月 27 日	11.15	1 月 27 日	18.49	2 月 27 日	25.28	3 月 27 日	68.38
12 月 28 日	11.35	1 月 28 日	18.70	2 月 28 日	26.70	3 月 28 日	68.78
12 月 29 日	11.55	1 月 29 日	18.99	—	—	3 月 29 日	69.19
12 月 30 日	11.78	1 月 30 日	19.21	—	—	3 月 30 日	—
12 月 31 日	11.90	1 月 31 日	19.42	—	—	3 月 31 日	—

注：资料转载于搜狐自媒体“剑客联盟”（网址：https://www.sohu.com/a/451448818_120188436）。

2018年1月1日，LCC光锥币的价格是12.18元/枚，到1月31日，价格上涨至19.42元，当月上涨159%。

2018年2月1日，LCC光锥币每枚价格是19.65元，至2月28日，价格涨到26.70元，当月上涨136%。

而到了3月，价格上涨更快了。3月1日，LCC光锥币的价格仅是27.99元/枚，但是到3月29日它无法兑现时，价格已经涨到了69.19元/枚。也就是说，仅3月其价格就上涨了247%。

如果从2017年12月3日上线当日的每枚7元的价格来看，LCC光锥币在短短4个月的时间里，价格就上涨了10倍。或许从统计表上，大家还无法体会到它价格走势的疯狂。那请看图9.3。从图9.3中我们可以清楚地看出，LCC光锥币的价格一路上涨，没有任何一天是下跌的。看着这样的走势，难道你真的不心动吗？

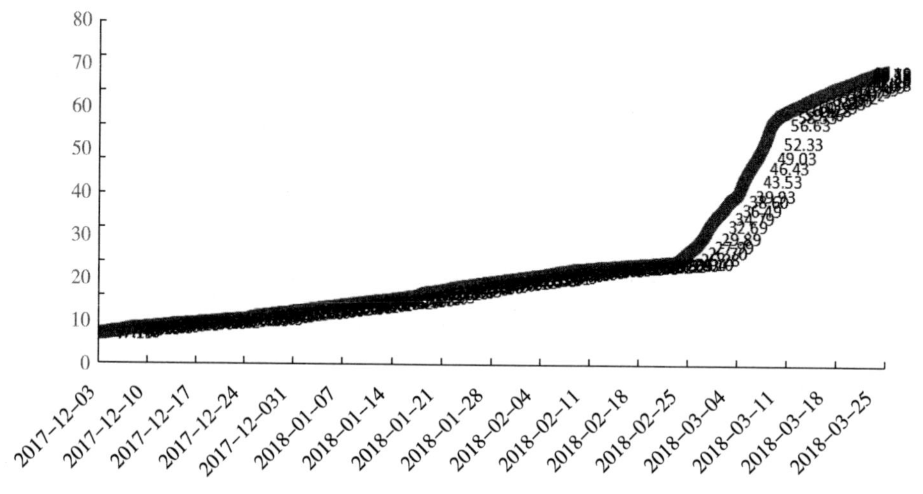

图 9.3 “LCC 光锥币”价格走势

对于有识别能力的投资者，一开始就能识别出LCC光锥币欺诈的本质，必然是不会参与的。因为他们知道，那所谓的价格高涨和利润，都是水中花镜中月，是无法兑现且没有意义的。

但是，当大多数普通投资者面对LCC光锥币时，我们设身处地地想想，短短4个月的时间里，高达10倍的涨幅，这里面充满着多大的诱惑啊！

在刑事判决书中，部分受害人证言证实：“没几天，LCC光锥币就涨了两元多，我觉得很赚钱，就加大了投资；而且，还介绍周围的朋友加入……”

到目前为止，我们并不知道LCC光锥币到底是做什么的。但从LCC光锥币的价格走势中，我们或许能感受到部分受害者的心理。在这起欺诈案中，策划者做的第一件事情就是操纵价格从而制造出巨大的财富效应。就这一点已经攻克了受害者90%的心理防线，剩下的不过是临门一脚而已。

4/LCC 数字货币

价格是表象，价值才是永恒。这是亘古不变的道理！

上一部分我们说到，LCC光锥币在短短4个月的时间里，价格就上涨了10倍。大家一定会问，LCC光锥币到底是什么？它真的是货币吗？我想这是大家关心的问题。

首先，如何定义LCC光锥币。在互联网上，关于LCC光锥币是这样介绍的：

LCC（Light Cone Coin），中文名光锥，全称为基于区块链技术的影视文化应用开发生态系统。

LCC光锥币官方网站影视文化数字资产（网址：http://www.lcczf.com）资料显示，LCC光锥币是由南非顶级区块链技术团队研发，是在中本聪所创造的比特币（BTC）的底层程序上衍生出来的一种电子加密数字经济体；是在众多虚拟数字经济基础上，克服了众多缺陷，以3.0区块链为核心技术开发出来的第四代加密数字资产。与其他数字经济相比，LCC光锥币在继承了其他数字经济的优点外，还有重大的改进，实现了完全的点对点支付和去中心化流通运用。该数字经济是继比特币之后最具投资价值的数字经济类型。

从以上的介绍中，我们可以看出：

第一，策划者将LCC光锥币定义为是基于比特币衍生的数字经济体。按照这个理解，LCC光锥币和比特币的性质是一样的。我国法律已经明确规定，比特币不属于货币，属于虚拟商品或虚拟资产范畴。因此，从性质上看，LCC光锥币不是货币。

第二，从其宣传来看，LCC光锥币的应用范围是影视文化领域，是基于数字文化资产打造的平台。

为确保信息的真实可靠，我们仍然以查询到的〔2020〕粤刑终623号刑事判决书为准。在判决书中，我们找到了两份涉及LCC光锥币的重要材料。

第一份材料是三道集团法务邓某文的证言。邓某文证实其看到过一份《授权书》，其中提到非洲区块链（坦桑尼亚）数字资产管理有限公司为了便于互联网和区块链技术的研发和交流，特任命张1某先生为其公司在中华人民共和国深圳市办事处的代表，委托其代理其公司在中国大陆区的互联网区块链技术研发、交流及广告宣传工作。

这份资料提到了非洲区块链（坦桑尼亚）数字资产管理有限公司。从逻辑关系上看，与我们在互联网上查询到的关于LCC光锥币是由非洲开发团队研发的资料有契合度，这是应当关注的。

第二份材料是受害人岳某东的证言。据岳某东陈述，他于2017年12月受朋友邀约，参加了由三道集团旗下的子公司深圳天易家禾公司在河南省洛阳市、郑州市举办的分享讲座。该公司宣称，LCC数字货币可以在平台www.filmLCC.com上买卖，可用于影视行业，也可以用来购买他们公司的影视股权，还可以在三道集团开的网上商城购买房子和其他等商品。当然，也可以通过平台兑换成现金。他们还说“LCC虚拟货币要与国际接轨，以后充当国际货币使用”。

这份材料将LCC光锥币指向了深圳天易家禾影视传媒有限责任公司（以下简称深圳天易家禾公司），并且指出了LCC光锥币的用途，包括购买影视股权、房子，以及其他商品。从这里可以看出，LCC光锥币具备货币支付的功能，这是非常重要的信息。

在此，我们再补充一个信息。刑事判决书显示，2018年3月底，LCC官网平台就发布公告，要将LCC光锥币转到一个叫PTO柏拉图的平台上进行交易。由此，我们需要说明这个PTO柏拉图到底是什么，与LCC光锥币之间有什么关系。

受害人莫某钟，在其证人证言中有这样一个重要表述，她说LCC光锥币是一种区块链技术产生的虚拟货币，是由南非那边的技术团队研发的一种影视文化数字资产。后来她听别的受害人说，主持讲座的主持人讲，在3月时，LCC平台已经由南非搬到了坦桑尼亚，这也就出现了后来的PTO柏拉图。PTO柏拉图是一种区块链技术产生的虚拟货币，是坦桑尼亚的技术团队研发的一种珠宝虚拟货币。

因此，我们可以做一个猜想，受害人莫某钟的证言，正好与刑事判决书中出现的《授权书》关联起来了，同时也间接证明了这个PTO柏拉图与LCC光锥币是如出一辙的。

互联网上有一则对PTO柏拉图的宣传，内容是这样的：

PLATO柏拉图，是在世界珠宝产业联盟和非洲区块链技术联盟的共同推动下，由世界多个国家从事珠宝研究、珠宝设计、珠宝营销、珠宝鉴定、珠宝评估、珠宝教育培训、珠宝文化宣传、珠宝产业管理、珠宝公益活动及其相关业务的政府部门、研究机构、社团和行业组织、知名企业、行业媒体等，共同组建的一个基于区块链技术的珠宝行业共识记录机制，旨在打造出以信用为核心的珠宝产业价值平台。

从它们的定义中，区块链技术、去中心化、数字经济、国际货币等都与LCC光锥币的介绍完全一致。由此我们完全可以认定，它们都属于同一性质。

在这个部分，我们想表明的是，LCC光锥币是基于影视文化数字资产所发行的数字货币。至于其发行机构，不管是境外机构，还是在案件中出现的深圳天易家禾公司，这都不重要。对我们来说，我们完全了解了LCC光锥币。从本质上看，它根本不是货币。按照中国人民银行等部门印发的《关于防范比特币风险的通知》（银发〔2013〕289号），LCC光锥币应认定是虚拟商品。

既然LCC光锥币是虚拟商品，那投资者参与LCC光锥币的投资，除了获得价差收益外，还有其他的收益吗？这个问题，对于我们解析这起案件将会有更大的帮助。

5/ 收益模式

在LCC光锥币这起欺诈案中，参与者能够获得哪些收益呢？通过分析，我们认为，LCC光锥币的收益是根本不可能兑现的，是一起典型的以传销为手段的欺诈案。

LCC光锥币这个项目为参与者提供了三种收益模式。第一种收益模式叫静态奖励。静态奖励由两个部分构成，第一个部分是对账户持币人的奖励，根据不同的账户持币量，按照日息日结的复利方式予以奖励。

表 9.3 LCC 虚拟货币收益模式结构

账户持币量（枚）	倍增奖励（日息日结复利）	代数奖（拿下一代每日倍增奖励）	领导奖励（总业绩）		团队奖励（总业绩）		
			代数	比例	分析人数	总业绩	比例
0~499	1‰	30%	1 代	1‰	直推 4 人	总业绩 100 万枚	1‰
500~1999	1.5‰	30%	2 代	1.5‰	直推 8 人	总业绩 200 万枚	1.5‰
2000~4999	2‰	30%	3 代	2‰	直推 12 人	总业绩 300 万枚	2‰
5000~9999	2.5‰	30%	4 代	2.5‰	直推 16 人	总业绩 500 万枚	2.5‰
10000~15000	3‰	30%	6 代	3‰	直推 20 人	总业绩 800 万枚	3‰

注：该表来自新浪微博“传销币 LCC 崩盘，三人涉嫌诈骗被刑事拘留”（网址：https://app.finchina.com/finchinaApp/newsDetail.html?isNewsDetail=1&code=c3777119&id=30635C3749EB622B2314DA663A6416B3&sharetype=1&type=news&itemArr=0%231023355417&channelCode=1）。

我们据此推算一下，假如持币人今日持有4000枚LCC光锥币，按照对应等级2‰的奖励，其账户持币量数据如下：

第1日账户持币量：4000枚

第2日账户持币量：4008枚（4000×2‰）

第3日账户持币量：4016.02枚（4008×2‰）

第4日账户持币量：4024.05枚（4016.02×2‰）

第5日账户持币量：4032.10枚（4024.05×2‰）

第6日账户持币量：4040.16枚（4032.10×2‰）

……

第111日账户持币量：4993.18枚（4983.21×2‰）

第112日账户持币量：5013.17枚（4993.18.×2‰）

按照账户持币奖励规则，超过5000枚时，奖励比例为2.5‰。

第113日账户持币量：5025.70枚（5013.17×2.5‰）

……

除了持币人自身账户日结日息奖励外，同时还能获得因持币人分享推荐的下一代参与者，他们账户获得日结日息奖励的30%。

同样，我们做一个推算，假如持币人A当日持币4000枚，持币人A推荐的持币人B当日账户仍持有4000枚，则持币人A账户的持币量数据如下：

第1日账户持币量：4000枚

第2日账户持币量：4010.40枚［4008枚（4000×2‰）+4008枚（4000×2‰）×30%］

第3日账户持币量：4020.83枚［4010.40枚（4000×2‰）+4010.40枚（4000×2‰）×30%］

……

大家可以看出，第二种情况的持币量增长要比第一种增长得更快。这就是LCC光锥币的第一种收益模式，即静态收益模式。

这个模式的设计巧妙之处有两点：

第一，如果你想获得更高的奖励，要不就是你个人账户的持币量多。因为持币量越多，对应的奖励比例就越大；

第二，要想账户的持币量多，要不就是自己购买，要不就是推荐更多的人。

此时，你再看LCC光锥币一路高涨的价格走势，它会刺激你不断投入，不断拉人。

第二种收益模式称为动态奖励，也叫领导奖励。按照规定，在LCC光锥币的发展关系中，将会锁定发展的层级关系。比如，A发展了B，B又去发展了C，如此一直发展下去，无穷无尽。但收益的核算不可能无穷无尽，因此，在LCC光锥币的动态奖励规则中明确了最高奖励为六代，也就是自推荐之下的第6个层级为止（见图9.4）。

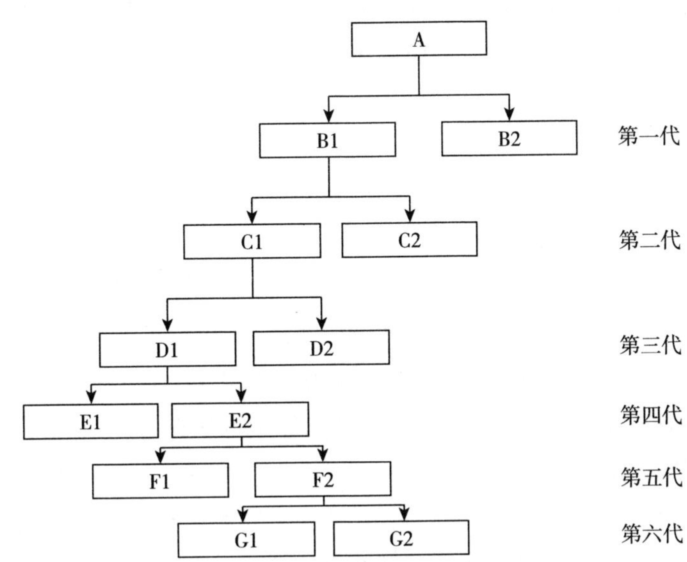

注：根据〔2020〕粤刑终623号判决书中证人证言整理。

图9.4 LCC虚拟货币动态收益奖励层级

假如A目前层级只发展至D，对应的则是第三代，按照第三代对应的奖励比例2‰，那么，A可以获得第一代、第二代和第三代合计总持币量2‰的按日奖励。

假如A目前的层级发展已经超出G，按照规定，动态奖励只限于六代以内，超过的则不再统计收益。因此，按照最高六代对应的奖励比例3‰，A可以获得第一代至第六代合计总持币量3‰的按日奖励。

在第一种和第二种收益模式基础上，LCC光锥币还有第三种收益模式，称为团队奖励。这个模式的核心是鼓励参与者培养团队，具体奖励规则是直推，也就是第一代的成员中，按照设置的门槛，给予相应比例的奖励。

我们还是以A为例，如果A直接推荐并培养了4个第一代成员，当他们的总持币量达到100万枚，则奖励1‰；如果A直接推荐并培养了8个第一代成员，当他们的总持币量达到200万枚，则奖励1.5‰。依此类推。

以上是LCC光锥币的三种收益模式，这套模式的精妙之处在于，一是要你出钱，购买LCC光锥币；二是要你出人脉，拉更多的人参与；三是要你出精力，培养并做大团队。如果这是一个真正的实业，付出这些努力，一定会有回报。但是，从我们分析这个收益模式中，我们没有看到这些收益与LCC光锥币宣传的影视传媒文化产业有任何的关系，而唯一挂钩的就是你出的钱和你拉的人。

此时此刻，这样的项目，你还会迷恋吗？

6/ 操盘主角

关于LCC光锥币这起案件，还有一个问题我们没有解答，那就是这起案件的操盘者。

据网络媒体的公开报道，LCC光锥币及其衍生的多种数字货币投资者为5万~8万人，涉及的资金总额高达49亿元人民币。在针对被告人郝铃声、杨放犯集资诈骗罪的〔2020〕粤刑终623号刑事判决书中，LCC光锥币的涉案金额也高达130916816.9元，由此足见这起欺诈案件的影响之大。我们不禁要问，操盘主角到底是谁？

这一切还得从一家叫深圳天易家禾公司的主体说起。通过工商资料查询，深圳天易家禾公司于2017年9月29日成立，注册地在深圳市前海港合作区，经营范围为影视传媒研发等。

这里有两位非常重要的人物出现，第一位是深圳天易家禾公司的法人及董事长崔杰，又名崔涵晙[①]；另一位是深圳天易家禾公司的董事及总经理杨放，又名杨舜琂[②]。

根据刑事判决书中出现的资料，我们从以下三个方面来还原这起欺诈案的操盘主角，以及他们的职责分工。

第一个方面是深圳天易家禾公司的主营业务。据查，该公司主营业务为影视传媒研究，在刑事判决书中多次出现该公司宣传拍摄电影的相关信息。

第一次是深圳天易家禾公司宣传其与北京爱奇艺公司联合投资拍摄电影《我是你妈》。对此，北京爱奇艺公司曾出具相关说明及合同，证实双方合作事实以及深圳天易家禾公司确实出资350万元。

---

① 晙，读作jùn。

② 琂，读作yán。

第二次是受害人岳某东陈述，在参加LCC光锥币的讲座期间，主讲人宣称公司要投资一部很多明星参演的电影《路在钱荒》，购买他们的影视股权，电影上映后可以分红。

第三次是被告人杨放的供述，杨放称公司筹备的电影《超客》上线后，将获得票房利润的3%~5%的奖励。

我们还特别注意到，多位受害人都讲到，在参加LCC光锥币举行的讲座、论坛或者培训的过程中，他们都以《大圣归来》《战狼2》等作为案例，宣称一旦电影上映将会获得巨大的收益。

深圳天易家禾公司的经营业务确实契合了当前影视产业投资巨大的财富效应，而且他们又真实地参与了一些影视项目的投资，普通投资者仅仅通过互联网核验信息是很难判断LCC光锥币的真实性的。

第二个方面是围绕被告人崔杰形成的庞大组织架构体系。在刑事判决书中，围绕崔杰形成的组织架构有两份证据资料。

一份是公安机关调取的与崔杰相关联公司的工商登记资料的证据。这份证据显示，与崔杰关联的公司有8家，分别是：（1）深圳天易家禾影视传媒有限责任公司；（2）广州天易家禾影视策划有限公司；（3）广州市科御投资管理有限公司；（4）广州市易生元健康科技有限公司；（5）广州易链网络科技有限公司；（6）广州数易文化发展有限公司；（7）广州拓沃文化活动策划有限公司；（8）兔牙数字视觉科技（广州）有限公司。

这份资料只能说明以上公司与被告人崔杰之间存在关联，但无法证明是犯罪主体。

另一份资料或许更有明确的指向性。在整个案件中，公安机关侦查的资料、员工的证人证言，以及受害者的陈述都指向了同一家公司——香港三道集团。

据查，香港三道集团于2014年在香港注册，法定代表人为崔杰。该公司对外是这样宣传的：

香港三道集团以数易文化为本，分公司遍布中国大陆地区、中国台湾地区、马来西亚等地，是一家多平台综合经营的集团公司，旗下还有数易文化、数易商学院、三道茗茶、天易家禾影视传媒有限公司、广州市益生元健康科技有限公司等。

通过对上述资料的整理，以及结合刑事判决书中的证人证言，我们把公司主体与人员身份做了匹配，并绘制成图9.5。

如图9.5所示，以崔杰、郝铃声、杨卓義、杨放等为核心人员，构建的以香港三道集团及其下属的关联公司为主体，共同打造了一个庞大的组织体系和业务体系。在此，我尤其要提到广州天易家禾影视策划公司，这家公司组织部门建设完备，高峰期员工数达到39人。

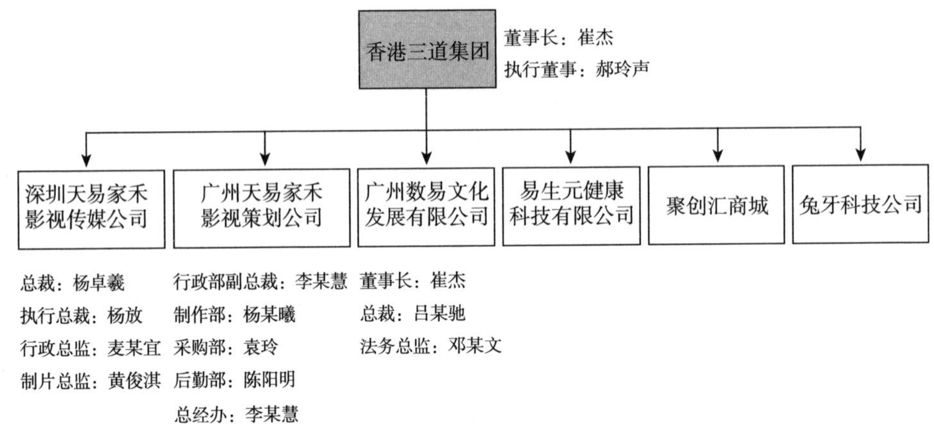

注：根据〔2020〕粤刑终623号判决书整理。

图9.5　香港三道集团组织架构及人员职务信息

由此可见，在崔杰等人构建的香港三道集团这个体系中，并非完全都是LCC光锥币的欺诈主体，这是他们极其狡猾的地方。在真真假假之间，绝大多数的参与者无法判断其真伪，最终掉入陷阱之中。

第三个方面是LCC光锥币案人员组织体系。我们在前两个方面谈到，崔杰等人通过巧妙设计、精细伪装后，给外界展现出来的是一家实力雄厚的大型集团公司。但是，在这之下，他们进行的却是以LCC光锥币为由头的数字货币欺诈。作为团队成员之一，受害人张3某的陈述或许能够给我们揭开这个迷局。

张3某说："LCC币是南非的一个平台，深圳天易家禾公司是其中一个大玩家，该公司有四个领导人，杨卓義、杨放、郝铃声、崔杰，以及培训总监文某南。公司共有九个团队，我知道杨放带领赵1某团队，团队成员包括钟某玲、康1某、王某懿、李6某、袁某言、邬某萍和我。而我的下线有黄某辉，黄某辉的下线是肖蓉。团队二是杨3某，团队三是李2某。其他团队我不清楚。这九个团队就像一个金字塔，深圳天易家禾公司在最上层，由它发展了九个团队，九个团队再各自发展自己的下线，下线再发展自己的下线，慢慢形成一个庞大的金字塔。金字塔的每层都从自己的下线中赚取他们的提成，形成一条利益链。”

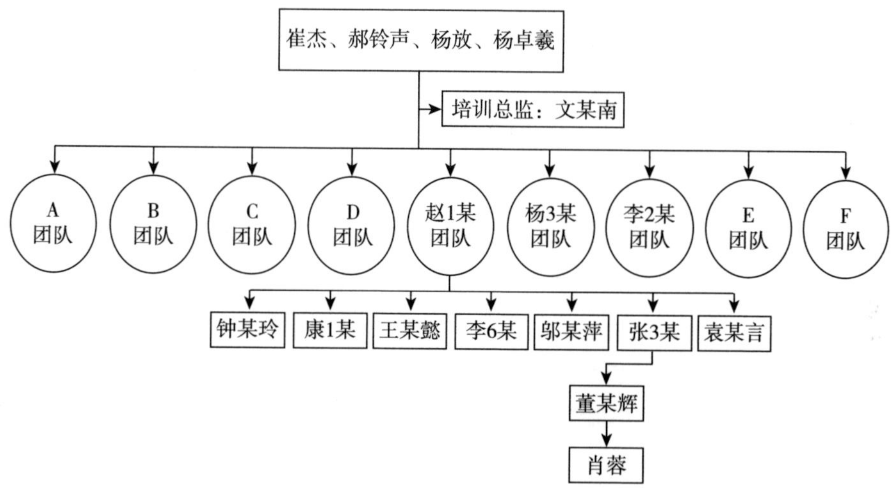

注：根据〔2020〕粤刑终 623 号判决书集资参与人张 3 某陈述整理。

图 9.6 “LCC 光锥币”传销组织发展结构

当然，张3某的陈述到底是不是真实的，我们无法更进一步地核实。不过，从公安机关的调查以及法院的审判中，对LCC光锥币传销骗局的定性来看，我认为基本可信。

至此，这起披着数字货币的外衣，以影视传媒产业为依托，精心布局的一场金融传销诈骗案基本浮现在我们面前。这场骗局的真正狡猾之处在于其谋划的一切有真有假，大多数的参与者都难以洞察其根本，最终上当受骗。

7/ 事件定性

LCC光锥币这起案件我们已经解析完毕。对于这起案件，又该如何定性呢？

通过前面的介绍大家已经知道，在LCC光锥币这起案件中，有三位主谋，分别是崔杰、郝玲声、杨放。我们在中国裁判文书网上并未找到针对崔杰的刑事判决书，无法知晓法院对崔杰的定性和判决结果。在此，我们仅能以被告人郝玲声、杨放的判决结果作为依据，来了解法院对这起案件的看法。

2020年3月26日，广东省广州市中级人民法院对被告人郝铃声、杨放犯集资诈骗罪一案作出判决，刑事判决书编号为〔2019〕粤01刑初185、472号。宣判后，原审被告人郝铃声、杨放不服，提出上诉。广东省高级人民法院于2020年6月19日作出了二审终审判决。从判决书中，我们可以看到法院的观点。

法院认为：2017年11月至2018年3月，被告人郝铃声、杨放伙同崔杰等人，违反国家金融管理规定，以深圳天易家禾影视传媒有限公司的名义，通过会议、培训和发展下线等方式向社会公众公开销售LCC影视区块链虚拟货币，以高额回报为诱饵，吸引公众投资。其间，被告人郝铃声以香港三道集团执行董事等身份参与LCC影视区块链虚拟货币宣传推广会议的讲课，被告人杨放以深圳天易家禾公司执行总裁杨舜[illegible]THE、杨明心等名义参与LCC影视区块链虚拟货币的招商会，向社会公众进行推广宣传，并向部分投资者提供收款银行账户以及代为收款购买LCC虚拟货币。

经司法会计审计，报案的700余名集资参与人中，提供转账记录的有85人（部分为集体报案人），经统计其投资和损失数额总计人民币22842621.25元。

被告人郝铃声、杨放参与推广虚拟货币非法交易，变相吸收公众存款，扰乱国家金融管理秩序，数额特别巨大，其二人的行为均已构成非法吸收公众存款罪。在共同犯罪中，被告人郝铃声、杨放并非仅起次要、辅助作用，两人均系主犯。本案涉及区域广泛，人数众多，造成集资参与人损失数额特别巨大，社会影响及危害性极大，依法应予严惩。依照《中华人民共和国刑法》有关规定，作出如下判决：

（1）被告人郝铃声，犯非法吸收公众存款罪，判处有期徒刑七年，并处罚金人民币30万元。

（2）被告人杨放，犯非法吸收公众存款罪，判处有期徒刑七年，并处罚金人民币30万元。

从法院的判决结果来看，法院是以非法吸收公众存款罪对被告人定罪量刑的，该罪名是典型的金融领域犯罪罪名。

同时我们还需要注意的是，如果崔杰等人是以深圳天易家禾公司为名，对外发行LCC光锥币，那他们就是通过发行虚拟货币进行非法集资，这同样是当前金融领域高发的犯罪行为。

我认为，在这起案件中，策划者利用当前数字货币的热点，通过虚假的数字货币，操控数字货币价格，制造高额回报假象，并且通过传销手段不断发展会员，引诱受害者参与投资，最终非法占有受害者资金。所以说，这是一起典型的金融欺诈案件。

8/ 案件点评

LCC光锥币这起金融欺诈案的发生不是偶然的，它是在区块链作为一种新技术出现后，在探索其运用的过程中，不法分子利用区块链技术、数字货币概念进行的金融欺诈的典型犯罪案例。

根据公开资料，关于区块链、数字货币的概念，学术界还未形成统一的标准定义。从我的理解来看，区块链是指由一系列的网络节点共同构成的连续不间断的信息编译方式或是记账方式。在区块链的信息编译方式中，每一个参与者都是网络节点，信息将在不同的网络节点之间进行连续的传递，这就实现了信息连续叠加而难以篡改（见图9.7）。

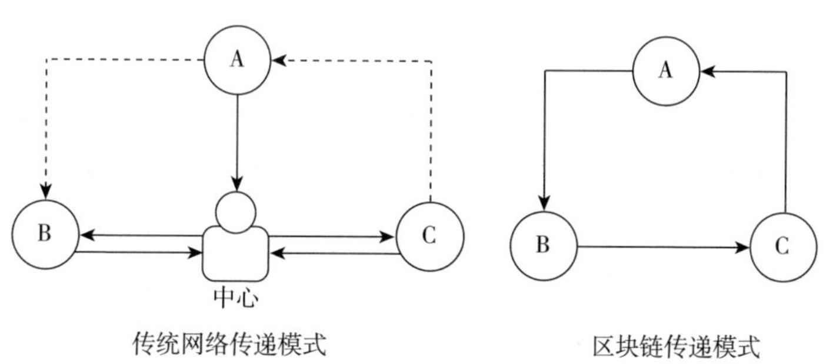

图 9.7　区块链技术概念结构演示

因此，对区块链技术来说，最为显著的特征有两个，一是去中心化，二是难以篡改。所以，这使得区块链技术未来在产权确认、数字交易等方面将会有巨大的作用。

但是，区块链技术并不等于数字货币。虽然区块链技术最先运用于比特币（BTC），并在此之后出现了一系列所谓的数字货币。但是，它们是有本质区别的。当前，世界上大多数国家都不承认比特币（BTC）货币的性质。我国在2013年就发布了相关的风险警示，其中明确指出比特币（BTC）不是货币，是一种虚拟商品。然而，不少投资者在推广者的宣传和诱导中，仍然迷信比特币（BTC）以及市场中产生的各种数字货币的价值，这显然是错误的。

区块链作为一种底层技术，它的运用场景仍在探索。我国对区块链技术也保持着开放和探索的态度。同时，对于区块链技术在金融领域的运用和对数字货币的研究，我国还走在世界的前列。中国人民银行原行长周小川曾表示，我国从2014年开始便着手数字货币的研究。未来，随着区块链技术的广泛运用，以及国家层面的数字货币的推出，将有利于肃清市场中虚假的数字货币，让区块链、数字货币的发展真正进入合法合规的发展阶段。

在LCC光锥币这起案件中，策划者通过发行虚假的数字货币，对外发售募集资金，并通过传销手段进行推广，非法吸收投资者的资金。从本质上看，这是一起典型的以发行数字货币为噱头的非法集资行为。

知识扩展2

从央行资产负债表看货币创造机制

在现代信用货币制度下，货币的创造是由中央银行创造基础货币，商业银行创造存款货币，二者共同作用形成的一套完整的货币创造机制。

基础货币，又称为强力货币或高能货币，是指这种货币是整个银行体系内存款扩张、货币创造的基础，其数额大小对货币供给总量起到决定作用。基础货币由流通中的现金和存款准备金构成。根据货币流动性的强弱，我国将货币划分为M0、M1和M2。其中，M0反映的是基础货币，M2−M1的差额则是存款货币。

在整个货币的供给机制中，央行创造的基础货币起着基础性和关键性的作用。央行创造基础货币的过程，则是通过对央行资产负债表的调整来实现的。并且，通过调整，央行实现了对基础货币的扩张和收缩，最终影响市场中货币的供给总量。

以表9.4为例。在央行的资产负债表中，左侧是资产项目，右侧是负债项目。央行通过对资产负债表相关科目金额的调整，来实现对货币量的调控。

表 9.4　中国人民银行资产负债表

2021 年 6 月 30 日中国人民银行资产负债表			单位：亿元人民币
资产项目	金额	负债项目	金额
国外资产	220505.68	储备货币	324494.14
外汇	212130.20	货币发行	89614.10
货币黄金	2855.63	金融性公司存款	216320.68
其他国外资产	5519.85	其他存款性公司	216320.68
对政府债权	15250.24	其他金融性公司	
其中：中央政府	15250.24	非金融机构存款	18559.36
对其他存款性公司债权	130900.47	不计入储备货币的金融性公司存款	5719.08
对其他金融性公司债权	4354.48	发行债券	900.00
对非金融性公司债权	—	国外负债	942.49
其他资产	18886.49	政府存款	45666.43
		自有资金	219.75
		其他负债	11955.47
总资产	389897.36	总负债	389897.36

注：根据中国人民银行官网（网址：http://www.pbc.gov.cn/）公布的“货币当局资产负债表”整理。

比如，央行增加外汇持有量，即外汇科目金额上升，那意味着央行增加了基础货币的投放；反之，如果外汇科目金额下降，那意味着央行缩减了基础货币的投放。

再如，在央行资产负债表右端科目中，货币发行属于负债。如果当前货币发行科目数额增加，则意味着央行基础货币的投放增加；反之，则意味着央行基础货币缩减。

从表9.4我们可以看出，只要通过央行资产负债表的货币，不论是流入还是流出，都是基础货币。央行通过对资产负债表科目的调整，实现基础货币的投放，进而影响商业银行存款货币的创造能力，最终实现对市场整体货币量的影响。在一般意义上所讲的央行的扩表和缩表，指的就是资产负债表的扩张和收缩。

因此，只有当我们认识了央行的资产负债表，以及了解了货币创造的机制，才能真正判断市场中货币量的变化。这是从根本上认识货币的创造机制。

深圳善心汇案——金融互助欺诈

互帮互助是人性的底层需求。

当互帮互助的爱心与义务劳动结合，就有了志愿者服务；当互帮互助的爱心与捐赠结合，就有了红十字会这样的机构；当互帮互助的爱心与风险防控结合，就有了保险机构与保险产品。在合法合规的运作下，每一份爱心与善心，它都滋补着这个世界，温暖着我们的生活。

然而，当互帮互助的爱心被犯罪分子利用，从涓涓细流，就演变成惊涛骇浪，其社会危害是难以估量的。“深圳善心汇案”，犯罪分子正是利用了人们互帮互助的爱心与善心，将简单的借贷关系进行隐匿，利用错配规则，以传销为手段，吸引大量社会群众参与其中，最终不仅给受害人造成巨大的经济损失，更可恨的是破坏了社会最基本的信任体系。

“深圳善心汇案”参与的人数之多、规模之大、危害之深，让人震惊。把它称为“世纪欺诈”，我想并不为过。

深圳善心汇案——金融互助欺诈

1/ 案情简况

马斯洛[①]在他的需要层次理论中提出，人类的需要分为五个层次，分别是生存需要、安全需要、归属与爱的需要、尊重需要以及自我实现的需要。互帮互助是人类需要层次中的高级需要，不可或缺。

当互帮互助的人性需要与志愿服务结合起来，这就有了志愿者服务。比如照顾敬老院的老人，在边远山区支教。

当互帮互助的人性需要与捐赠结合起来，这就有了红十字会、基金会这样的公益组织。它们接受社会公众的捐款捐物，再将这些物资送到需要帮助的人手中。

当互帮互助的人性需要与风险分散结合起来，这就有了商业保险这样的产品。通过保险的方式，分散大家的风险，减少个体的损失，最终实现社会整体的互帮互助。

以上这些都是基于人性底层互帮互助的善心爱心，在合法合规的运作方式下发挥着积极的社会作用。然而，却有一些人利用互帮互助的善心爱心，把这些作为手段，诱骗社会公众，达到非法获利的目的。尤其是当他们将互帮互助的善心爱心同金融结合起来的时候，其危害就更大了。

2016年1月27日，中国人民银行（以下简称央行）官网再次发布有关“MMM金融互助社区”的风险提示，内容如下：

MMM金融互助社区等打着金融互助旗号的网络投资平台频现，不少投资

① 亚伯拉罕·马斯洛（1908—1970年），出生于美国纽约市。美国社会心理学家、人格理论家和比较心理学家。人本主义心理学的主要发起者和理论家，心理学第三势力的领导人。马斯洛在1943年发表的《人类动机的理论》一书中首次提出了需要层次论。

群众参与其中。此类平台以高额收益为诱饵，吸引公众参与投入资金或发展人员加入，具有极大的风险隐患。

此次风险提示明确指出“MMM金融互助社区”及类似的金融互助平台未经批准，通过网站、微博、微信等多种渠道公开宣传，承诺畸高利息，引诱群众投入资金；同时，设置推荐奖、管理奖等奖金制度，鼓励投资人发展人员加入，并按加入先后形成层级关系，计算返利金额，具有非法集资、传销交织的特征。

事实上，“MMM金融互助社区”（或称MMM、MMM金融金字塔）这个骗局早已存在。20世纪90年代，俄罗斯人谢尔盖·马夫罗季①便创建了“MMM金融金字塔”，吸引了数百万人加入。1997年，“MMM金融金字塔”崩塌，他本人也一度沦为阶下囚。2007年5月，马夫罗季出狱并重操旧业，“MMM”进入印度、南非、印度尼西亚等国家。随着互联网的传播，“MMM”也进入了中国，通过网站、论坛、微信等渠道吸引众多信徒，像潘多拉病毒一样肆意蔓延。

2015年，以张天明为首的犯罪团伙在学习了“MMM金融互助社区”的模式后，将“MMM金融金字塔”的欺诈模式与我国大力推动的扶贫事业结合起来，以“为国家精准扶贫，为弘扬慈善文化”为旗号，以善心汇为名，在全国各地大力发展会员，牟取非法利益。经公安机关和司法鉴定机构调查统计，截至2017年7月24日，张天明团伙开发的系统注册会员多达59万多人，系统涉案金额高达1000多亿元。

该起案件造成的社会影响极其恶劣，甚至有不明真相的群众在张天明等人的鼓动之下制造了数起群体性事件。这起案件到底是如何发生的，它真正的迷惑性又在哪儿？为了弄清案件的事实真相，我们在中国裁判文书网上，以“善心汇”为关键词，截至2021年9月20日，合计检索到刑事案由文书多达1604份。遗憾的是，这起案件的主谋张天明的刑事判决书在裁判文书网上并未公示。我们只能从这1604份刑事案由文书中筛选一份对该起案件表述较为完善的，针对被告宋文军、陆文旭等人的刑事判决书，编号为〔2017〕湘1121刑初635号。我们把这份刑事判决书作为基础材料，还原这起事件发生的过程，揭

---

① 谢尔盖·马夫罗季（1955—2018），男性。著名庞氏骗局“MMM 金融金字塔”、俄罗斯“MMM 金融互助社区”创始人。

露它欺诈的本质。我们希望通过解析这起案件，帮助大家认识这类金融互助的危害，以避免再次上当受骗。

2/ 盗用善心

善心如水，涓涓细流。但是一旦善心被汇聚起来，便是大江大河，惊涛骇浪。在善心汇这起欺诈案中，张天明团伙做的第一件事情就是包装，包装出一个以善心为外衣的平台。

2016年5月28日，经张天明授意开发的善心汇众扶互生系统（以下简称善心汇系统）1.0版正式上线。该平台以扶贫济困、均富共生为理念，打造循环新经济生态系统。他们打着“为国家精准扶贫、精准脱贫发力，为国家供给侧结构性改革助力，为中国优秀传统文化传承尽力”的旗号，对外宣称帮助别人成就自己。张天明等人在这样的口号宣传下，开展了以下具体的一些动作。我们通过对本案关联信息的检索，找到了以下三则信息。

第一则信息来自海南省文昌市人民政府网站2017年5月12日发布的《关于文昌市残疾人社会福利厂获爱心企业300万元资助》。文章提到，深圳善心汇文化产业集团十分关注、支持海南残疾人事业，2016年以来先后共向海南省残疾人基金会捐赠610万元资金，与海南省残联、海南省残疾人基金会共同帮助海南残疾大学生创业团队创办平价超市、康复养生、椰壳手工艺制作、网络电子商务等11个创业就业项目，辐射带动500多名残疾人就业①。该则信息通过政府官方网站发布，可以说明深圳善心汇文化产业集团捐款的真实性。

第二则信息来自中国妇女发展基金会于2017年4月7日发布的《关于终止与深圳市善心汇文化传播有限公司合作的声明》②。该份文件指出，2016年12月27日，深圳市善心汇文化传播有限公司向中国妇女发展基金会捐赠并设立善心汇公益基金。之后，双方于2017年4月7日终止了合作关系。这份资料可以证明深圳市善心汇文化传播有限公司（以下简称深圳善心汇公司）的确有开展慈善行动。

① 文昌市人民政府 . 文昌市残疾人社会福利厂获爱心企业 300 万元资助［EB/OL］.［2021-09-20］. http://wenchang.hainan.gov.cn/wenchang/62469/201705/8c6819d516cf4af1bc059dd67b9f93d4.shtml.

② 中国妇女发展基金会 . 关于终止与深圳市善心汇文化传播有限公司合作的声明［EB/OL］.［2021-09-20］. https://www.cwdf.org.cn/index.php?m=content&c=index&a=show&catid=84&id=3604.

第三则信息来自河北省委宣传部主办的时代先锋网于2017年7月14日发布的《关于滦县铁局寨村为大病困难户举行爱心捐助活动》[①]。在一张宣传图片上，可以识别到善心汇捐助高永善款5000元的信息。通过该信息，可以说明善心汇公司向部分群众捐款的事实。

另外，在善心汇的关联案件，针对被告罗小琴组织、领导传销活动罪二审刑事裁定书〔2019〕川05刑终112号中，被告人有这样一段供述：

《中华英才》杂志2017年03~04期的82~85页，报道了有关善心汇公益基金启动的信息；《法制日报》2017年1月19日，以专版形式报道了善心汇打造共享、共生、共赢的新经济生态系统的信息；《北京参考报》2017年5月12日，以专版形式报道了善心汇扶贫济困的信息等。

作为媒体机构，其职责是履行客观真实的信息报道。当张天明团伙在开展真实的社会公益活动时，媒体机构有义务客观公正地报道。对于普通的社会大众，当在新闻媒体中看到深圳善心汇公司如此多行善乐施的报道后，自然也就更加坚信深圳善心汇公司的合法性。

然而，后来在公安机关和法院的调查统计中发现，张天明团伙投入到扶贫捐助上的资金仅占其传销收益的百分之一。由此可见，张天明团伙是把慈善事业作为舆论热点，利用媒体的宣传力量，包装了深圳善心汇公司乐善好施的品牌形象。他们抓住了社会大众的心理，以此诱骗社会大众参与到他们精心策划的骗局之中。

这是这起欺诈案充满迷惑性的非常关键的一点。

3/ 运作主体

在善心汇这起欺诈案中，浮在水面的正是以深圳市善心汇文化传播有限公司为核心，打造的品牌—实业—技术为一体的善心汇集团。

2013年5月24日，张天明注册成立深圳市善心汇文化传播有限公司。在随后的几年里，初中肄业，做过工人、服装批发和净水器处理的张天明摇身一变成了扶贫济困、均富共生的“张天师”。

张天明为何会有如此巨大的转变？据他本人交代，他参加了“云互

① 时代先锋网．滦县铁局寨村为大病困难户举行爱心捐助活动［EB/OL］．［2021-09-20］．http://xianfeng.hebei.com.cn/system/2017/07/14/011188823.shtml.

助”“MMM金融金字塔”等网络传销，了解并熟悉这些传销模式后，便于2015年9月开始谋划并组建团队，正式开启他的欺诈之路。

张天明一手打造了围绕善心汇公司形成的一个分工明确、组织严密的体系，这个体系我们称为善心汇集团。要彻底弄清善心汇集团的结构体系，我们从职责划分和组织网络两个方面展开说明。

通过对刑事判决书的整理和分析，我们认为善心汇集团构建的是一个三角职责体系，即品牌—实业—技术的三角结构。

首先，张天明团伙以善心汇集团的名义对外开展慈善活动，塑造慈善的品牌形象，以获得社会大众情感上的认同。其次，善心汇集团包装实体产业，包括对海南善心汇大厦的包装。该集团对外大力宣传公司拥有2000亩黄花梨种植基地，在三亚槟榔谷有260亩的房地产开发用地，以及经营网络购物商城等。通过这些宣传向参与者传递出其拥有实体产业的形象，其目的都是让参与者相信善心汇集团的实力。最后，善心汇集团还开发了善心汇众扶互生系统，通过这个系统宣传其所谓的扶贫济困、均富共生的新经济生态理念，其本质是以该系统作为技术支撑，是实现其欺诈的工具。

在善心汇集团构建的三角体系中，各部分相互作用，共同支撑，为整个欺诈构建了严密的逻辑基础（见图10.1）。

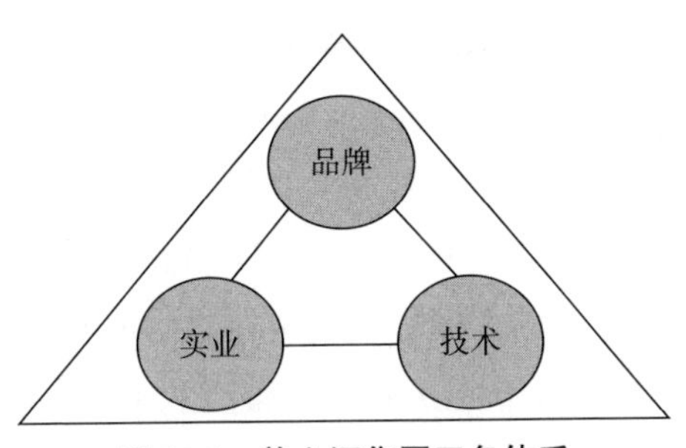

图 10.1　善心汇集团三角体系

在品牌—实业—技术三角体系的支撑下，以深圳善心汇公司为核心，各关联公司主体共同构建了一个完整的组织体系网络。

在品牌运作方面，主要是通过海南三亚善心汇文化传播有限公司（以下简称三亚善心汇公司）和昆明善心汇文化传播有限公司（以下简称昆明善心汇公司）来完成。

2016年3月，张天明通过董建向李某3租赁了海南18度果岭酒店后，将该酒店重新装修，换上了善心汇品牌标识，更名为善心汇大厦。三亚善心汇公司注册地正是善心汇大厦所在地，并将该地作为善心汇集团的主要办公场地，主要负责品牌推广、会员考察接待等。2017年初，昆明善心汇公司在昆明成立，该公司也是供善心汇会员参观和考察的。

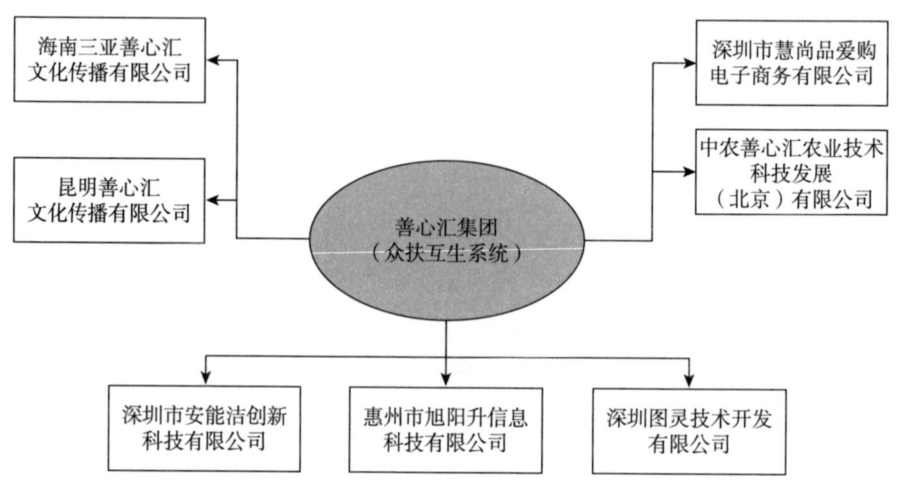

注：根据〔2017〕湘1121刑初635号判决书整理。

图10.2　善心汇集团公司主体关系

在实业方面，与善心汇集团关联的两家公司，第一家是深圳市慧尚品爱购电子商务有限公司（以下简称深圳慧尚品公司）。

深圳慧尚品公司是经张天明授意，于2016年末成立的，法人代表是曹洪福，主要负责线上商城运营、企业会员入驻等。深圳慧尚品公司在善心汇集团中承担着极为重要的作用，名下的慧尚品购购物商城是会员消费的重要平台，更是善心汇欺诈的关键点。这个问题我们留在之后说明。

另一家公司则是于2017年成立的中农善心农业科技发展（北京）有限公司（以下简称善心汇农业公司）。从刑事判决书中所述内容看，该公司负责在农村开办中农善心超市。中农善心超市到底在哪些地方有开设，开设了多少家，在判决书中并没有说明，我们也就无法做出更详细的判断。

至于善心汇集团所宣称的，在海南拥有的2000亩黄花梨种植基地和在三亚槟榔谷的260亩房地产开发用地，经公安机关调查核实，所谓的海南2000亩黄花梨种植基地实际上只有几百亩而且还只是树苗，所谓的三亚槟榔谷的260亩房地产开发用地也根本没有用地手续。

同时，在查询到的其他的注册公司中，大量的公司都只是空壳状态，没有经营任何实际业务。

在技术方面，主要有三家公司为善心汇集团提供技术服务。

第一家是深圳市安能洁创新科技有限公司（以下简称深圳安能洁公司），这家公司承担着善心汇众扶互生系统1.0和2.0版本的开发，同时负责系统的技术升级、运营安全和维护，有着至关重要的作用。

第二家是2016年底成立的惠州市旭阳升信息科技有限公司（以下简称惠州旭阳升公司），法定代笔人是陆文旭。该公司负责对会员的注册资料进行审核。

第三家则是由张天明出资收购的深圳图灵技术开发有限公司（以下简称深圳图灵公司），法定人为侯大光。该公司为善心汇集团开发了三款手机软件，即善讯App（主要用途是会员间通讯使用）、一善App（主要作用是为会员提供大病救助）、善购App（主要支持会员在商城购物使用）。这三款App与善心汇众扶互生系统和慧尚品购系统共同构成了善心汇集团的技术生态体系。

坦率地讲，如果没有公安机关的调查，大多数人根本没有能力弄清张天明团伙所打造的品牌—实业—技术这样的一个生态。大家能够感受到的是一个逻辑自洽、布局合理、实力雄厚的善心企业，受害者是很难看出定善心汇欺诈的本质的。如果我们的分析到此结束，大家确实是很难判定。不过，只要大家静下来认真思考它的运作模式，一切的谜团都能解开。

4/ 交易规则

通过前面的解析，我们已经知道，在善心汇这起欺诈案中，帮助张天明团伙实现欺诈的正是善心汇众扶互生系统。这个所谓的系统其实是一个技术程序软件，参与者都得通过这个软件来完成交易。我们要想揭开善心汇欺诈的本质，就得彻底弄清善心汇众扶互生系统的交易规则。

在善心汇系统中充斥着大量的各种佛教俗语，比如布施实质上就是投资，受助实质上就是接受投资。

张天明团伙将投资区划分为五个不同的等级，对应着不同的交易金额与收益规则。以特困区为例，投资额度限定在1000~3000元，单笔投资对应的收益率是50%。

在系统上，投资人同意投资后，需要在1~7天内将投资款转账给被投资者。只有当被投资者接收到这笔资金，这笔投资才是有效的。同时，投资者完成转账后，他系统内的身份就会自动转变为被投资者，7~10天内，通过系统的自动匹配，另外的投资者又将投资款连同投资收益转账给投资者。这里需要注意的是，在交易的过程中，每一次交易都需要消费一定量的善心币。

为了帮助大家更好地理解，我们举例说明。比如A现在选择在小康区投资。假设A单笔投资1万元，按照善心汇众扶互生系统的交易规则，他首先需要确保自己账户上有2枚及以上的善心币，才能在系统上选择布施，待系统匹配到对应的受助者B后，此时根据系统提供的B的银行账户信息，在3~15天内A向B转账汇款1万元，这时A的投资才算完成。

A投资完成后，其在系统内的身份会自动切换为受助者，在随后的9~12天内，通过系统的自动匹配，布施者C又将本金1万元连同2000元（1万元×20%）的收益一并转账到A账户中。至此，A完成了一个完整的交易闭环，实现了投资收益。而在系统中留下的B和C，B的身份是布施者，他将按照交易规则，待系统匹配到新的受助者后，向受助者支付1.2万元；C的身份则是受助者，他将等待系统匹配新的布施者，实现他的投资回报。

通过以上解析，大家一定会提出以下两个问题：

（1）如果投资者A选择布施后，却没有向B转账，怎么办?

（2）如果投资者A投资后，系统没有匹配到新的投资者B给A转账，又怎么办?

以上两个问题直接关系到善心汇系统的运行稳定性。对此，张天明团伙是有具体解决方案的。

针对第一个问题，张天明团伙采用的是账户冻结机制。一旦投资者在排单布施匹配成功后24小时内不打款，系统将冻结账户。之后，若投资者想解除账户的冻结状态，则需要交纳解冻费。按照规定，第一次解冻账号需要服务费500元，第二次解冻账号需要服务费1000元。

针对第二个问题，张天明等人设计了排单升区制，也就是说，如果在原投资区未能匹配成功，系统将排单自动向更高区分配，确保匹配达成。

这里我们需要补充说明的是，在善心汇系统的匹配规则中，并非是一对一的匹配原则。也就是说，投资者A投资的资金可能是打款给一个人，也可能打款给多个人。比如，投资者A投资的金额为3万元，系统可能匹配给受助者B转账2万元，给受助者C转账1万元。从这里可以看出，善心汇系统利用时间和金额的错配保障了系统运行（见图10.3）。

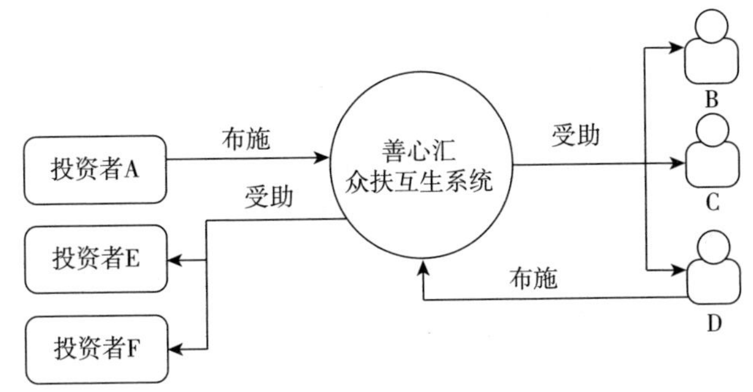

注：根据〔2017〕湘1121刑初635号刑事判决书整理。

图 10.3 “善心汇系统”排单匹配示意

同时我们还发现，2016年9月后，张天明将善心汇系统升级为2.0版本。其中，最为重要的是增加了企业版会员及接单功能。企业可以在该系统注册并购买5颗善种子成为企业版会员，参与布施和受助，在15~50天内获得10%的返利，也可以发展下线会员获得返利。

根据对善心汇系统交易规则的分析，我们可以断定，善心汇系统中的这种投资行为本质上是在会员之间发生的借贷，但区别于一般意义上的借贷。日常的借贷关系中，债权人和债务人是确定的。然而，在这起案件中，实质上是由善心汇系统按照借贷期限和出借规模的不同，在会员之间进行错配的借贷关系。在这种关系中，只固定参与者的身份，而不固定对象。这就是说，当投资者A把资金汇款给B后，投资者A的身份确定为债权人。但是，收到资金的会员B，作为债务人，其款项的偿还者并非一定是A，而是由系统进行错配。

从以上善心汇系统的交易规则来看，我们完全可以确认，这是一起典型的利用借贷期限和借款金额的不同，进行的错配借贷行为，是利用后加入者的资金去支付先加入者本金和利息的庞氏骗局。

知识扩展1

庞氏骗局：查尔斯·庞兹的故事

查尔斯·庞兹曾被人称为与哥伦布、马可尼（无线电发明者之一）

齐名的最伟大的三个意大利人之一，因为他像哥伦布发现新大陆一样“发现了钱”。

庞兹1882出生于一个意大利犹太家庭。在他21岁的时候移居到了美国。在美国他干过各种工作，一心就想发大财。1919年，庞兹来到了波士顿，他要在这里开启他的财富之梦。

他设计了一个投资项目，向美国大众兜售。

我把他的投资项目分为三个部分：

第一，项目内容。在庞兹所处的时代，流行国际回邮代金券，这种代金券的作用是代替邮票。比如A给B写信，并且期待B的回信，就可以在信件中附带一张代金券，B收到信件后，可以用这张代金券去当地邮局兑换一张寄回去的邮票，这样一来B就不用承担邮费了。

第二，利润来源。在庞兹的计划中，利用了汇率差额，去其他国家收购代金券，回到美国换邮票，然后再将邮票兑换成现金。比如，西班牙的一张邮票兑换成美元的价格为5美分，而在美国买一张邮寄到西班牙的邮票则需要8美分，那么就可以用5美分去西班牙购买兑换券，回到美国后在去换取价值8美分的邮票，这样就能获得3美分的利差。

第三，投资回报。庞兹承诺，投资人无论投资多少数额， 都可以在45天内获得50%的利息，在90天内获得100%的利息。

起初，相信他的人并不多，只有少数人抱着试一试的态度投资了他。可是当庞兹在45天之后真的给了投资者连本带利的全部现金后，面对这样的结果，越来越多的人开始相信庞兹，这个雪球就滚起来了。从1919年开始，在一年左右的时间里，差不多有4万名波士顿市民，成了庞兹项目计划的投资者。他们大部分是怀揣着发财梦想的穷人，在他们的投资中，多则投资几百美元，少则几十美元，就这样庞兹一共收到了约1500万美元。

直到1920年7月30日，波士顿《邮报》的头版头条发布报道，彻底揭穿了庞兹所谓的代金券投资计划。8月2日，波士顿《邮报》正式宣布庞兹完全没有偿付能力，宣布破产。事后，警方调查发现，庞兹收到的钱，按照他的许诺，可以购买几亿张欧洲邮票，然而事实上他只买过两张。8月13日，庞兹正式被逮捕，最终被法院判处5年监禁。

据庞兹后来回忆："投资者如车水马龙，四人一排，从市政厅，排到了学校街，接着排到了尼罗河大楼，楼梯上、走道里，水泄不通，一直排到我的办公室。每个人眼睛里都只有一样东西，每个人看起来都像一个钱疯子。"由此可见投资者的疯狂。

后来，人们把查尔斯·庞兹所使用的这种依靠吸收后加入者的资金去支付先加入者的本金和利息，从而不断发展投资者的欺诈模式，命名为"庞氏骗局"。

5/ 虚拟货币

在张天明团伙建立的善心汇系统中，善种子、善心币和善金币是会员参与交易非常重要的工具，那它们在善心汇系统中到底都扮演着怎样的作用呢？

经法院调查，在善心汇系统1.0版中，投资者参与的流程如下：

第一步：注册。参加者登录善心汇系统个人版平台页面，完善个人信息资料，经系统客服审核通过后成为注册会员。

第二步：激活。注册会员并不能参与投资交易，若想参与投资则需要激活账户。激活方法是注册会员向上线推荐人（系统会员）支付300元购买1颗善种子，完成账户激活。

第三步：交易。激活后的会员账户才能参与排单交易。此时，会员向推荐人购买100元/枚的善心币，即可进入系统平台参与布施。在不同的投资区消耗的善心币数量是不同的，如表10.1所示。

表 10.1　投资分区投资回报及"善心币"消耗数量

序号	投资分区	投资回报	消耗"善心币"数量
1	特困区	50%	1 枚
2	贫困区	30%	1 枚
3	小康区	20%	2 枚
4	富人区	10%	3 枚
5	德善区	5%	3 枚

注：根据〔2017〕湘 1121 刑初 635 号刑事判决书整理。

第四步：升级。系统将会员分为不同级别，普通会员要想升级为高级会员需要发展一定规模（人员数量、级别数量）的下线会员，以及交纳人民币3万元至48万元不等的升级费用。不同级别的会员购买善种子、善心币的价格不同，级别越高折扣越大。

第五步：收益。按照善心汇系统设置的规则，会员发展下线获得的收益中，50%可以直接通过平台提取现金，另外50%的收益则按1∶1的兑换比例转换为平台发行的善金币。

通过以上流程，我们了解了善种子、善心币和善金币的作用及价格。

首先是善种子，又称为激活码，每颗300元。在善心汇系统中，其主要功能是帮助会员激活账户。其次是善金币，又称为排单币，每枚100元。在善心汇系统中，会员参与投资，需要消耗一定量的善心币。以德善区为例，投资者每参与一次投资，就需要消耗3枚善心币，成本是300元。第三是善金币，与人民币按1∶1的比例兑换。善金币实质上是张天明团伙发行的货币，用于向会员支付收益，在善心汇系统中流通。

我认为，在善心汇系统中，善种子和善心币是张天明团伙发行的虚拟货币，类似于Q币、百度币等代币，张天明团伙通过出售善种子和善心币这两种虚拟货币赚取利润。反过来说，参与者在加入善心汇系统，并参与其交易的过程中，是存在加入门槛和交易费用的。善心币的出现，则是张天明团伙对参与者的又一次掠夺，他们以零成本发行善心币，用于支付会员的收益，会员拿到的不过是一串没有任何流通价值的虚拟货币。虽然在善心汇系统中，会员可以使用善金币在网络商城购物，但这只是张天明团伙对善金币的价值赋能，定价权都在张天明的手中。

随着我们对善心汇欺诈的揭露不断深入，我们惊叹张天明团伙对金融知识运用的熟练。如果他们能够善用所掌握的金融知识，或许会有不错的成绩，只可惜他们却走上了邪路。

6/ 传销真相

在解析善心汇系统交易规则这一部分，我们已经分析了善心汇系统维持运转的秘密，那就是需要不断地发展新会员。新会员越多，参与的资金越多，善心汇利用错配规则维持这个系统就能越稳定。

要想达到这个目的，就必须设计一套模式，能够激励会员不断地发展新会员。为此，张天明团伙以利益为诱饵，以传销为手段，设立了一套发展新会员的模式。

首先，收益模式方面，张天明团伙将会员的收益分成静态收益和动态收益两种模式。

其中，静态收益是指会员账户激活后，可参与静态模式的布施，根据会员投资的金额分为特困、贫困、小康、富人、德善等不同社区，获得对应5%~50%不等的收益。静态收益的特点是会员需要投入资金，投资越多，对应的收益越多。所以，静态收益模式属于投资收益。

动态收益则是指会员发展下线会员，并按照推荐会员参与投资金额的一定比例获得管理奖励。按照规则，会员可以得到其下线第一代6%、第三代4%、第五代2%的投资奖励。以会员A为例，他直接发展的会员为第一代，由第一代会员发展出新的会员称为第二代，依此类推（见图10.4）。

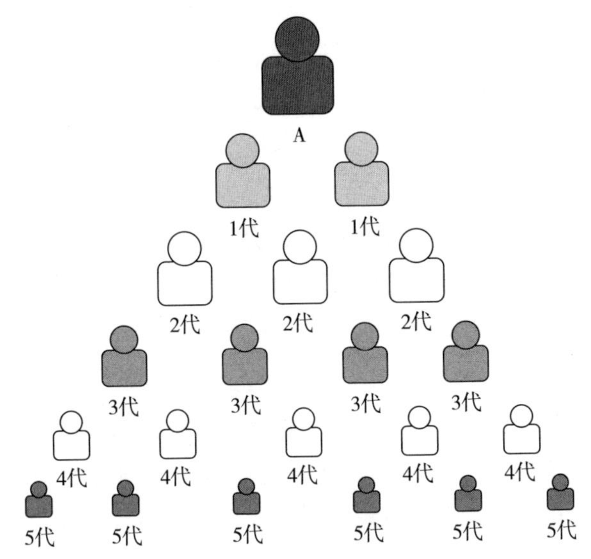

注：根据〔2017〕湘1121刑初635号刑事判决书整理。

图10.4 “善心汇系统”传销结构

或许大家会疑惑，为什么善心汇系统会采用这种隔代计提收益的办法。在我看来，这正是张天明团伙狡猾的地方。

假设采用连续计提收益，即得到第一代6%、第二代4%和第三代2%的投资奖励，这种方式有两个弊端。

第一是对A的激励比较有限。由于A的收益只与前三代挂钩，当A在发展了三代下线会员之后，他就没有动力继续帮助其下线会员发展新的会员。这样，利益很快就会固化，缺乏持续发展新会员的动力。

第二是隔代计提收益会减小上下线会员之间的利益冲突，从利益争夺者变为利益支持者。

还是以A为例，A通过努力，发展了第一代会员，计提收益属于正激励。A发展了下线会员B，会员B发展了下线会员C。对A来说，B是第一代会员，C是第二代会员。如果A可以计提第二代会员C的利益，那么A就和第一代会员B之间形成了利益冲突，他们是竞争关系。并且，B发展C是B的努力，而非A的努力，因此不能获得收益计提。因此，如果A还想获得收益，他就必须支持B去壮大的他下线会员，因为只有支持了B做大他的下线会员后，B的下线会员产生更多的下线会员C。而只有当C足够大，才能产生更多的下线会员D。到会员D的时候，正好就是A的第三代会员。按照规则，A就能按第三代会员参与静态投资规模的4%计提收益，这样A的利益就实现了。

从以上的分析中我们可以看出，隔代计提收益这种模式的根本目的就是要激励每一个会员A往下做大团队，这也是为什么张天明团伙把动态收益称为管理团队奖的原因。

这里我们要指出，在善心汇系统中，会员获得的管理团队奖，其中50%以现金方式提取；而另外50%则按照1：1的比例兑换为善金币。这正如我们在上一部分谈到的，是张天明团伙对会员的再一次收割。

在张天明团伙设计的模式中，除了隔代收益的利益引诱外，还有会员升级的利益引诱。这二者共同作用，更加强化了善心汇系统的传销发展模式。

在善心汇系统中，会员要想激活账户，需要用到善种子。会员要想参与投资，需要消耗善心币。在前面我们已经说到，参与者需要向推荐人购买善种子和善心币，那这里就存在一个利益点和激励点。

根据刑事判决书内容整理，在善心汇系统中，发展的下线会员需要向上线推荐人购买善种子和善心币。而上线会员的善种子和善心币则需要从张天明处购买。会员从张天明处购买时，价格越低，其利润也就越大。而决定其采购价格的则是会员等级，会员等级越高，采购价格越低，反之采购价格越高。假设会员A按5折从张天明处购买了善金币，那么每一枚善心币就有50元的利润。因此，这就激励着会员不断升级（见图10.5）。

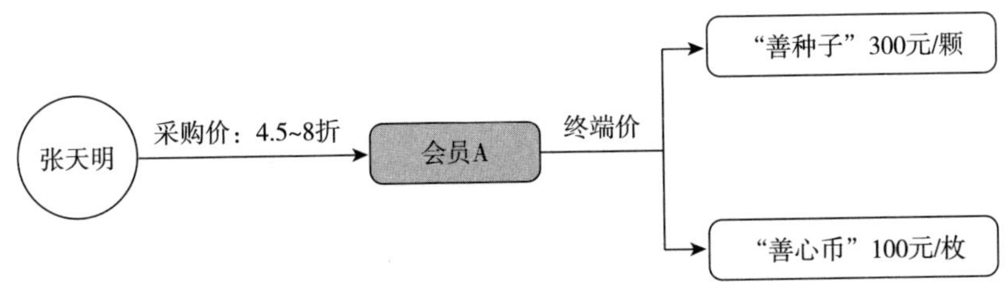

注：根据〔2017〕湘1121刑初635号刑事判决书整理。

图10.5 "善心汇系统"虚拟货币价格演示

按照规则，善心汇系统会员一共分为六个等级，从低至高分别是普通会员、A轮功德主、B轮功德主、C轮服务中心会员、B轮服务中心会员以及A轮服务中心会员。作为普通会员，要升级为不同级别的高级会员，则需通过发展一定规模（人员数量、级别数量）的下线和交纳3万元至48万元不等的升级费用。

总而言之，会员升级既是张天明团伙获利的又一工具，同时又是强化会员不断发展下线会员，支撑其传销模式的重要手段。在张天明团伙策划的善心汇模式中，参与者不仅要出钱，还要出力。

经公安机关、法院的调查发现，在善心汇系统中，张天明团伙的收益主要产生于四个方面：

（1）出售善种子、善心币取得的收入；

（2）普通会员向不同高等级会员升级中支付的升级费；

（3）账户解冻服务收入；

（4）网络商城经营收入。

经司法鉴定机构统计，截至2017年7月24日，善心汇系统共有注册会员5981028人，其中激活会员5361936人。仅激活会员一项，张天明团伙的收入就高达1608580800元（5361936×300元）。

在〔2017〕湘1121刑初635号刑事判决书中，湖南省鉴真司法鉴定中心湘鉴司鉴中心出具了一份《司法鉴定意见书》（〔2017〕电鉴字第112-1号）。该司法鉴定机构通过重构善心汇系统的会员推荐网络得到了一个金字塔形的会员网络结构图。整个网络共有75层，其中，A轮功德主9971个，B轮功德主5197个，C轮服务中心951个，B轮服务中心506个以及A轮服务中心56个（见图10.6）。

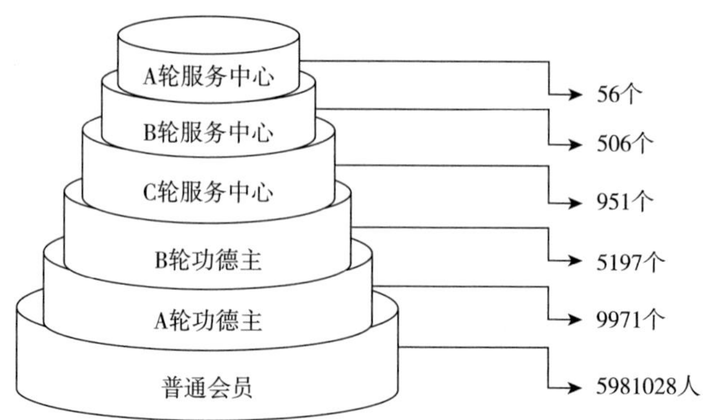

注：根据〔2017〕湘1121刑初635号判决书整理。

图10.6 善心汇金字塔会员结构

此时此刻，我想没有人会再相信善心汇众扶互生的鬼话和张天明等人伪装的善心了。这些都不过是张天明团伙欺诈受害者非法获利的工具和手段。只是当这场骗局被揭开时，已经有太多的人为此付出了代价。张天明等人可恨的原因是，他们利用了老百姓的善心善举，利用了老百姓对金融知识的缺乏，策划了这样一场几十万人参与的世纪大骗局。他们不仅仅是骗钱，更可恨的是他们破坏了人与人之间的基本信任，和老百姓对和谐社会的美好期许。

7/ 事件定性

这场以善心伪装的骗局，从逻辑上我们已经揭开了它欺诈的本质，但更需要老百姓从心底里揭穿它。

关于善心汇这起案件，作为主犯的张天明，由于法院没有公布针对他的刑事判决书，我们无法了解更多有关他的信息，以及他策划这起案件的详细过程。我们从湖南省双牌县人民法院官方微博发布的一则消息中得知，善心汇头目张天明，因犯组织、领导传销活动罪以及聚众扰乱公共场所秩序罪，一审被判刑十七年，并处罚金1亿元[①]。

在我们查询到的1604份刑事案由文书中，主要有两类，一类是针对善心汇集团管理人员的刑事判决书，另一类是针对加入善心汇的会员的刑事判决

① 黄石网警巡查执法．“善心汇”头目张天明一审被判刑17年，罚金1亿元！［EB/OL］．［2021-09-21］．https://baijiahao.baidu.com/s?id=1620080890373418033&wfr=spider&for=pc.

书。我们从这两类来看看法院对这起案件的定性。

2018年12月14日，湖南省祁阳县人民法院对被告人宋文军、陆文旭等善心汇集团的部分管理人员作出了刑事判决，判决书编号为〔2017〕湘1121刑初635号。在该份判决中，法院是这样表述的：

被告人宋文军、陆文旭、刘世周、曹洪福、陈振容、刘辉、蓝清、曾亚芳、侯大光、陈晓伙同他人，组织、领导以扶贫互助为名，要求参加者以缴纳费用或者购买商品、服务等方式获得加入资格，并按照一定顺序组成层级，直接或者间接以发展人员的数量作为计酬或者返利依据，引诱参加者继续发展他人参加，骗取财物，扰乱经济社会秩序，其行为均构成组织、领导传销活动罪。公诉机关指控十被告人所犯罪名成立。

被告人陆文旭、曹洪福、陈振容、刘辉在善心汇运行过程中，担任各部门的负责人或是积极注册成立关联公司，组建、完善各部门及管理制度，运营网上商城，举办各类研讨会、培训班、演唱会等对善心汇进行虚假宣传包装，或是利用高管身份建立健全传销组织架构，操纵、管理、优化、协调善心汇传销系统。被告人侯大光为善心汇提供关键技术支持，开发替代微信的善讯App等软件。被告人蓝清、陈晓分别协助被告人陈振容、曹洪福管理网络传销平台客服、商城工作。各被告人之间彼此联系、分工合作，有机紧密地服务于深圳善心汇公司善心汇众扶互生系统网络传销平台，严重扰乱了经济社会秩序，造成了恶劣社会影响。被告人宋文军、刘世周、陈振容、蓝清、曾亚芳、刘辉、曹洪福、陆文旭、陈晓利用善心汇网络传销平台，发展会员，其组织内部参与传销活动人员在三十人以上且层级在三级以上，其中被告人陆文旭、宋文军、刘世周直接或者间接收取参与传销活动人员缴纳的传销资金数额累计达二百五十万元以上，被告人宋文军、刘世周、陈振容、蓝清、曾亚芳、刘辉、曹洪福组织、领导的参与传销活动人员均已累计达一百二十人以上，情节严重。

在共同犯罪过程中，被告人陆文旭、曹洪福、陈振容、刘辉对善心汇组织的建立、管理、协调、扩大起了重要作用，被告人宋文军、刘世周是善心汇传销组织早期最高级别会员，广泛宣传善心汇，对传销组织的建立、扩大起了关键作用。六名被告人均系主犯。被告人蓝清、曾亚芳、侯大光、陈晓对善心汇组织的管理、协调、扩大起了次要作用，应为从犯。

根据以上事实，法院对上述被告人以犯组织、领导传销活动罪作出刑事判决，判决结果如表10.2所示。

表 10.2 “善心汇”案部分被告人职务及判决结果

序号	姓名	出生年份	文化程度	职务	刑期	罚金
1	宋文军	1981 年	高中文化	深圳善心汇公司董事长	八年	300 万元
2	陆文旭	1973 年	大专文化	深圳善心汇公司行政部经理 惠州旭阳升信息公司法人	八年	200 万元
3	刘世周	1987 年	中专文化	深圳慧尚品信息有限公司法人	七年	300 万元
4	曹洪福	1981 年	初中文化	深圳善心汇公司商务部经理 慧尚品购电子商务公司法人	七年	100 万元
5	陈振容	1984 年	大专文化	深圳善心汇公司客服部经理	七年	100 万元
6	刘辉	1990 年	大学文化	深圳善心汇公司产品部经理	五年	30 万元
7	蓝清	1993 年	大专文化	深圳善心汇公司客服部员工	五年	70 万元
8	曾亚芳	1971 年	大专文化	—	四年	20 万元
9	侯大光	1981 年	大学文化	深圳图灵技术公司法人 / 总经理	二年	15 万元
10	陈晓	1988 年	大学文化	慧尚品购电子商务公司总经理助理 / 行政部经理	一年六个月	5 万元

注：根据〔2017〕湘 1121 刑初 635 号刑事判决书整理。

从以上判决结果中我们可以看出，善心汇案的管理人员都是以犯组织、领导传销活动罪被定性的。那加入善心汇传销活动的会员又该被如何定罪呢？

在众多针对善心汇会员的判决书中，我们特别关注到针对被告人罗小琴组织、领导传销活动罪的刑事判决书，编号为〔2019〕川05刑终112号。

2019年3月29日，四川省合江县人民法院对被告人罗小琴作出了一审判决，判决书编号为〔2018〕川0522刑初92号。被告人罗小琴不服，提出上诉。四川省泸州市中级人民法院于2019年9月24日作出二审裁定，裁定结果是驳回上诉，维持原判。

在判决书中，法院是这样表述的：

被告人罗小琴于2016年6月通过网络，以自己和其丈夫赵某1的名义在善心汇网络平台注册成为会员，将会员账号激活操作，通过静态收益和动态收益进行获利。被告人罗小琴以扶贫济困同时能获得快速高额回报吸引他人，通过口头宣传、微信等方式推荐亲戚、朋友等人加入善心汇网络平台，发展牟某、何某、税小兰、彭某、朱珍等人为其直推下线，彭某等人再发展赵先容、税昌蓉、祝某、陈某2等人为下线，再由下线发展下线。

经湖南省鉴真司法鉴定中心鉴定，被告人罗小琴在善心汇网站上登录用户名为189××××3059，ID为8642，属于C轮服务中心，账户创建日期为2016年6月7日。罗小琴的账号在整个会员网络中处于第16层，其下级网络有16层，会员账号2819个。该账户共完成24次赠与，累计206000元，22次受助，累计251600元。截至2017年7月24日，已支付善种子1231个，剩余96个；已支付善心币13965个，剩余13965个；已支付善金币4060个，剩余74691个；管理钱包已支出73000元，剩余2501元。罗小琴操作的赵某1的登录用户名为181××××6888，ID为9877，属于普通用户，账户创建时间为2016年6月19日。赵某1的账号是罗小琴本人账号的下线会员，网络中处于17层，其下网络有15层，2687个会员账号。该账户共完成21次赠与，累计268000元，20次受助，累计357500元。截至2017年7月24日，已支付善种子41个，剩余1个；已支付善心币77个，剩余2个；已支付善金币0个，剩余97928个；管理钱包已支出91900元，剩余2828元。

据此，法院认为：被告人罗小琴的行为已构成组织、领导传销活动罪。罗小琴并非该组织的发起人或主要组织者，起次要作用，可以认定为从犯，应当从轻、减轻处罚或者免除处罚。罗小琴经公安机关电话传唤到案，归案后如实供述犯罪事实，系自首，依法可以从轻或减轻处罚。法院依照《中华人民共和国刑法》有关规定，作出如下判决：

（1）被告人罗小琴，犯组织、领导传销活动罪，判处拘役六个月，缓刑一年，并处罚金2万元；

（2）追缴被告人罗小琴的违法所得30万元，上缴国库。

我们在判决书中还特别注意到一个细节。被告人罗小琴，大学本科学历，其身份是教师。我们在此指出的目的是再次警示社会公众，面对这样的一些项目时，一定要认真分析，仔细研判。因为在这些骗局之中，一不小心你可能就成了帮凶，并为此付出惨重的代价。

在我看来，法院对主犯张天明、部分管理人员以及参与的会员都是以犯组织、领导传销活动罪定性量刑的。虽然这不是金融领域犯罪罪名，但是我认为，在善心汇这起欺诈案中，张天明团伙在慈善外衣的包裹下，实则是利用错配规则在受害者之间进行庞氏骗局式的借贷投资，并通过发售善种子、善心币等虚拟货币实现非法牟利。从案件发生的实质来看，传销仅是案件中发展会员的模式，案件的根本还在于张天明团伙运用金融手段进行欺诈。因此，我认为，善心汇案应认定为一起典型的金融欺诈案。

8/ 案件点评

在人性的深处，既有帮扶他人的善心，又有贪图利益的贪心。在商业经营中，不少的企业家、创业者都在这方面下足功夫，以期发掘利润之源。

作为善心汇金融欺诈案的主谋之一，张天明可谓是这方面的“专家”。他以善心作为外衣，通过伪装打造了一个善心汇集团。在参与者看来，善心汇集团是一个乐善好施、实力雄厚的大企业。在这个基础上，张天明团伙推出了实现其欺诈的载体，即善心汇众扶互生系统。试想，没有善心汇集团的慈善形象，他又如何能够取信于受害者呢?

张天明团伙在善心汇众扶互生系统中将金融手段运用得淋漓尽致。首先，他们将极易暴露的借贷平台，设计成帮扶平台，而其本质仍然是利用错配规则来保障借贷运行的隐性借贷平台；其次，通过发行善种子、善心币和善金币等虚拟货币，实现对参与者的财富收割；再次，利用静态+动态的双收益模式，以及会员等级升级制度，强化了传销模式的发展；最后，传销模式带来的会员人数的猛增，又进一步为善心汇众扶互生系统利用错配规则、维持整个欺诈系统的延续和发展提供了机会。它们之间环环相扣，共同维系了善心汇的欺诈。

这起案件具有极强的迷惑性和超强的传播扩展能力。然而，受害者并非就不能判断它欺诈的本质。其实，只要受害者在参与这个项目之前，能够仔细思考，支撑投资回报的利润到底来自哪里，受害者就能发现，张天明团伙构建的这个生态本质上就是一种借贷关系。作为普通的借贷，一定是确定的债务人归还确定的债权人，参与者需要评估借款者的偿还能力。但是，当张天明团伙把这个借贷关系隐蔽化后，维持系统运转的唯一策略就是拆东墙、补西墙，不断依赖新增会员的资金保障前期会员的本金和利息，这一套模式是难以持续的。一旦没有新增会员，就难以支撑系统的错配，整个系统就必然瓦解。如果受害者能够认清这点，就能揭穿善心汇的骗局。

遗憾的是，这起欺诈已经发生。其参与的人数之多，造成的损害规模之大，在新中国的历史上也排得进前列了。把这起欺诈案称为“世纪欺诈”，我想并不为过。

知识扩展2

为什么建议培养“金融思维”？

有专家提出，学金融的人不宜太多，应该鼓励更多的年轻人进工厂，去搞科学创新，对此我表示完全赞同。但是，我想强调我的观点：年轻人一定要培养“金融思维”。

什么是“金融思维”呢？我认为，金融思维就是指遵照金融的内在规律进行分析、思考、推演和行为的逻辑。而这套逻辑的核心就表现在聚集和分散两个方面。

年轻人小王当前正好有一个不错的项目。经过测算，这个项目需要投入100万元资金。在传统的思维中，小王首先需要积累这100万元资金，才能开启项目。

同一天，小王找到老王，把自己的项目分享给了老王。老王听后觉得小王的项目不错，决定投资他。但是，经过一盘算，老王全部的资产加起来正好100万元。此时此刻，老王犹豫了，因为如果这100万元全部投资给了小王。可能会产生两种比较极端的结果。结果一：项目运行的非常好，那老王作为投资者，能够获得非常丰厚的投资回报；结果二：项目失败了，老王作为投资者，将损失惨重。经过深思熟虑，老王放弃了对小王的投资，或者是只愿意投资一小部分。在这种情况下，小王的项目仍然难以启动。

在案例中，我们提到的两类人，一类是像小王这样的年轻人，他们有活力、有创意，还有梦想，但是他们资源匮乏；而另一类是像老王这样的保守者，他们有资源、有财富，还有经验，但是他们最缺少的就是干劲和梦想。

往小了说，这是个体之间的问题；往大了说，这是社会发展的问题。如何才能真正激发市场的活力，发挥二者的优势，那就是必须建立一个开放、包容、活力的金融市场。通过金融市场，能够为小王汇集资金，帮助他去实践项目，创造效益；通过金融市场，能够为老王提供分散风险的机会，激发他们释放资源的可能。只有当二者结合起来，市场的活力才能真正被激发，社会才能得到更大的发展。

当前，我国正处在“万众创业、大众创新”的时代。全社会仍处在新的技术探索，提高社会生产力的关键时期。如果社会不能解决小王和老王他们的问题，资源就不能在不同群体之间进行有效结合。因此，在我看来，我们不一定需要那么多的金融从业者，但是我们需要更多具备“金融思维”的年轻人，全社会需要更加完善的金融市场。

只有成熟的金融市场，才能更好地激发社会活力，真正发挥“产业为本、金融为器”的定位，金融才能更好地服务于实体产业。

龙汇二元期权案——期权欺诈

股票有两种状态，涨或者跌；赌博也有两种状态，大或者小。有人认为，赌博和投资是一样的，结果都是买对了方向则赚钱；反之则亏钱。对此，您认同吗?

“龙汇二元期权案”正是这样的一起案件。犯罪分子巧妙地将赌博伪装成金融投资，把合法的经纪人模式演变成其拉入赌徒的工具，扩大其赌资的手段，最终造成大量不明真相，无法识别赌博本质的群众参与投资，造成严重的社会危害。更为可怕的是，不少参与者，既是受害者，又成了犯罪者，我们非常惋惜。

赌博与投资是有本质区别的。“产业为本、金融为器”，金融是为实体产业服务的，这是我国对金融行业的根本性定位。任何违背这个根本性定位的金融发展，都是错误的。不管是股票，还是本案中出现的衍生金融工具期权，其第一性首先是服务实体企业，第二性才是二级市场的买卖交易。这是根本性的区别！

龙汇二元期权案——期权欺诈

1/ 案情简况

国内著名投资人、高瓴资本创始人张磊在他的著作《价值》这本书中写道："聪明的投资人容易高估自己的聪明和低估市场的傻。"在我看来，这里的"聪明"却不是真聪明。在人性的深处，总有一种盲目的自信，那就是高估自己的能力。

比如赌博。在一个公正的对决中，赌博的胜率始终是确定的50%，然而仍然有人沉迷于赌博，这是为什么？因为他相信他的胜率要高于50%，这显然是高估了自己！类似这样的事情在现实生活中并不少见，只是因为这些事情中赌博的特征表现得足够明显，因此参与者还是少数。然而，一旦不法分子将赌博与其他工具结合起来，比如与金融结合，将赌博伪装在金融产品之中，把赌博的特征隐蔽起来，就非常容易迷惑社会大众，从而引诱大量的受害者参与，最终造成巨大的财产损失。

2016年4月18日，中国证监会官网（网址：https://www.csrc.gov.cn）首次就二元期权发布了一份风险提示①。这份文件以社会参与者问答的形式，对二元期权金融欺诈的本质以及其非法性做了风险提示（见图11.1）。

① 中国证券监督管理委员会．最近我看到很多网站宣传，做外汇、股票等二元期权交易，操作简单方便还可赚大钱，请问我可以参与吗？［EB/OL］．［2021-10-25］．http://www.csrc.gov.cn/csrc/c106299/c1600711/content.shtml.

最近我看到很多网站宣传，做外汇、股票等二元期权交易，操作简单方便还可赚大钱，请问我可以参与吗？

中国证监会 www.csrc.gov.cn 时间：2016-04-18 来源：

问：最近我看到很多网站宣传，做外汇、股票等二元期权交易，操作简单方便还可赚大钱，请问我可以参与吗？

答：根据我国《期货交易管理条例》的规定，期权合约是指期货交易场所统一制定的、规定买方有权在将来某一时间以特定价格买入或者卖出约定标的物的标准化合约。简单来说，期权是一种以股票、期货等品种的价格为标的，在期货交易场所进行交易的金融产品，在交易过程中需完成买卖双方权利的转移，具有规避价格风险、服务实体经济的功能。

近期，互联网上出现了很多二元期权网站平台，这些平台打着“交易简单、便捷、回报快”等口号，利用互联网招揽投资者参与二元期权交易。经了解，这些网络平台交易的二元期权是从境外博彩业演变而来，其交易对象为未来某段时间外汇、股票等品种的价格走势，交易双方为网络平台与投资者，交易价格与收益事前确定，其实质是创造风险供投资者进行投机，不具备规避价格风险、服务实体经济的功能，与我会监管的期权及金融衍生品交易有着本质区别，其交易行为类似于赌博。目前，已有地方公安机关以诈骗罪对二元期权网络平台进行立案查处。

需要注意的是，这些网站大多注册在境外，在国内无网络备案信息、无实际办公地址，投资者一旦上当受骗，损失很难追回。请您不要参与此类网络二元期权交易，以免遭受损失；如您受到此类行为侵害，请尽快向当地公安机关报案。

图 11.1　中国证监会对“二元期权”的风险提示

2019年3月8日，中国证监会官网发布了一份标题为“2018年9月IOSCO[①]发布的《关于二元期权的声明》”[②]的材料。这份声明再次警示社会公众投资非法或欺诈性二元期权的风险。

但国家有关部门的反复警示仍然没能阻止投资者对二元期权的投资冲动，大量的投资者参与其中。当我们在中国裁判文书网上（网址：https://

① 国际证监会组织（International Organization of Securities Commissions，IOSCO），也称证券委员会国际组织，是国际间各证券暨期货管理机构所组成的国际合作组织，1983 年正式成立，总部设在西班牙马德里市。

② 中国证券监督管理委员会 . 2018 年 9 月 IOSCO 发布《关于二元期权的声明》［EB/OL］.［2021-10-25］. http://www.csrc.gov.cn/csrc/c100220/c1003110/content.shtml.

wenshu.court.gov.cn/），以“二元期权”作为关键词进行检索时，截至2021年10月25日，一共查询到各类刑事案由文书66份。在这些涉及二元期权的案件中，尤其以最高人民法院在2021年1月12日发布的“第26批指导性案例”中第146号《陈庆豪、陈淑娟、赵延海开设赌场案》最为典型。这起二元期权欺诈案参与人数多达10万人，涉案资金高达2.7亿元。最高人民法院在发布的指导意见中是这样表述的：

指导性案例146号《陈庆豪、陈淑娟、赵延海开设赌场案》，旨在明确以二元期权交易的名义，在法定期货交易场所外利用互联网招揽投资者，以未来某段时间外汇品种的价格走势为交易对象，按照“买涨”“买跌”确定盈亏，买对涨跌方向的投资者得利，买错的本金归网站（庄家）所有，盈亏结果不与价格实际涨跌幅度挂钩的，本质是“押大小、赌输赢”，是披着期权交易外衣的赌博行为。当前，这类案件在实践中日益多发，在互联网上披着期权交易外衣进行赌博，犯罪手段较为隐蔽，对经济秩序危害较大。该案例确认的裁判规则对于类似案件的处理提供了明确的办案指引，有利于打击网络赌博违法犯罪、引导公众依法进行投资、保护公民合法财产权益。

经过分析，我们发现主犯陈庆豪、陈淑娟、赵延海策划的这起二元期权案件的运作主体是北京龙汇联创教育科技有限公司（以下简称龙汇公司）。为了探究这起案件发生的详细过程，我们在中国裁判文书网上，以“龙汇二元期权”作为关键词进行检索，截至2021年10月25日，合计查询到4份刑事案由文书。遗憾的是，针对被告人陈庆豪、陈淑娟、赵延海的〔2018〕赣08刑初21号、〔2019〕赣刑终93号刑事判决文书并未公开。因此，我们只能以关联案件，即针对被告人杨立军、施翠亮开设赌场案（刑事判决书编号〔2018〕赣0820刑初327号）作为我们分析的基础材料，展开对龙汇二元期权的解析。

画皮是传说中妖怪伪装成美女时所披的人皮，可以取下来描画，后来专门用来比喻掩盖狰狞面目或丑恶本质的漂亮外衣。在我看来，龙汇二元期权就是在漂亮的金融外衣下行欺诈本质的妖怪。但画皮始终是画皮，只要揭开它的画皮，一切真相就自然可见。

2/ 数学游戏

期权作为一种金融衍生工具，在投资中为人熟知。当大家听到二元期权时，虽然不一定了解什么是二元期权，但一定会认为这是一个金融产品。

所以，参与二元期权的投资想必就是进行金融投资。然而，事实真的是这样吗?

在此，我们先暂且放下对金融衍生工具、期权等专业金融知识的介绍，首先揭开龙汇二元期权赌博的特征。

在龙汇二元期权的关联案件中，我们找到一份编号为〔2019〕赣0802刑初200号刑事判决书。这份判决书清楚地陈述了龙汇二元期权的玩法，具体是这样的。

第一步，投资者在龙汇公司网站上（网址：http://www.dls-fx.com），填写身份证号、银行卡号、电子邮箱等信息，完成注册。

第二步，注册成功的投资者通过龙汇公司网站下载安装MetaQuotes Software Corp4（简称MT4）市场行情软件，以及龙汇公司自制插件。

第三步，在已注册的账号上充值成功后，登录MT4软件进行交易。

第四步，执行投资。执行投资需要确定4个要素，分别是：①选择外汇品种。②选择交易时间（1M、5M、15M、30M、60M[①]）。③输入投资金额。按照规定，龙汇二元期权单次单笔投资最低金额为100元。④选择投资方向。在MT4交易界面上有“买涨”和“买跌”[②]两个选项，投资者选定方向后点击确认按钮，即投资成功。

第五步，交易结果。按照龙汇二元期权的交易规则，在对应的交易时间截止时判定投资成败。如果投资者选定的是“买涨”，若时间截止时，外汇品种价格高于投资时的价格，则判定投资者获胜；反之则失败。

投资者按照以上5个步骤进行投资交易。在此，我们要特别解释龙汇二元期权的盈亏收益规则。

按照规定，如果投资者交易获胜，则可以获得投资额76%~78%的收益；如果投资者交易失败，则投资本金全部亏损。这里76%~78%的投资收益主要是因为不同的外汇品种其投资赔率不同。此时此刻，不知道你是否已经发现，在龙汇二元期权的投资盈亏规则中，获胜和失败的盈亏赔率是不对等的。

① M代表分钟。1M代表1分钟；5M代表5分钟，依此类推。

② 买涨和买跌是投资领域的俗语。所谓买涨，是指当投资者预计资产价格将会上涨，此时以低价买入，高价卖出赚取价差；反之，如果投资者预计资产价格将会下跌，则以高价卖出，之后低价买回赚取价差，这种行为称为买跌。

更确切地说，这是一场彻彻底底的数学游戏，是庄家必赢，玩家必亏的赌局。我们一起来算一算。

表 11.1 "龙汇二元期权"投资盈亏

投资状态	盈亏比例
获胜	76%~78%
亏损	-100%

假设投资者小王出资1万元，按照每次100元的投资金额，分100次投资，选择获胜赔率为78%的外汇品种。当前小王全部买入看涨（或者看跌），其获胜概率均是50%，即50次获胜，50次亏损。

由此我们可以算出，获胜的50次，小王将获得3900元（78元×50）的收益；而失败的50次，小王将损失5000元（100元×50）。总体下来，小王的这100次交易，将会亏损1100元。

按照这样的盈亏赔率，如果投资者要想保持不亏不赢的状态，那他的胜率要达到多少呢？我们给出了一个表达式，即：

$$0.78X+（1-X）\times（-1）=0$$

通过计算得出，只有当投资者的胜率X达到56.18%，高于50%的自然概率时，才能保持盈亏平衡。而如果投资者要想赚到钱，投资胜率就必须得超过56.18%。

表面上，似乎投资者仍有获胜的可能。但如果咱们换位思考，站在龙汇公司的角度来看，在这个赌局中却是一个稳赚不赔的生意。由此可见，这是一个典型的利用盈亏赔率的不同对投资者进行欺诈的赌博游戏。

如果这仅仅是一个数学游戏，可能还有人认为这是一个愿赌服输的游戏。那如果我告诉你，龙汇公司还能控制你的盈亏，也就是能坐庄出老千，你还会参与吗？

滑点是一个国际金融市场中常见的金融俗语，简单地说就是下单（挂单）的价格和实际成交的价格不一致。当你在交易软件上看到当前价格1.0001美元，此时买入一手美元的多单[①]后，发现实际成交价格却是1.0003美元，这

① 期货交易中，持有期货合约头寸称为持仓。其中，持有看涨行情的头寸称为持有多单，简称多单或持多。

就是滑点。

滑点在国际投资市场中本来是比较常见的。造成滑点的原因既有客观的，如数据传输延迟，同时也有主观的，也就是有人通过交易软件后台人为操控，使交易平台的价格和实际价格间存在差异。

在龙汇二元期权欺诈案中，龙汇公司提供的MT4交易软件本身就没有真实接入国际市场，他们通过自制插件，控制交易品种的数据走势，以此实现对投资胜率的控制。这样的手段和方式或许大多数受害者都不得而知。

面对这样的数学游戏，以及可以控制的后台数据，无论你是怎样的高手，多么精于投资，我想你永远都不可能成为赢家。而对于大多数受害者，仅面对着这样一个不对等的数学游戏都无法做出理智的判断，荒谬地认为这是愿赌服输。

3/ 认识期权

我们指出龙汇二元期权是一个赔率不对等的数学游戏，是赌博行为。或许还有人不服，他会认为买股票、买期权不也是这样的吗？对提出这样问题的朋友，存在对金融投资的错误认识。期权和这里的二元期权是完全不同的！

认识期权，我们得先来认识以下两种交易行为：

第一种行为：当你在超市里选择了一堆商品后，拿到收银台完成结账。这种一手交钱一手交货的交易行为，我们称为现货交易。

第二种行为：某一天，你发现超市里一款价格为100元的水杯价格有轻微上涨。你预计3个月后这款水杯价格将涨到200元。此时此刻，你找到超市负责人，跟他约定：你将在3个月后向他购买1万个水杯，但是价格按当前100元/个的价格计算，并且你愿意支付30%的定金。超市负责人同意了你的方案。这个交易行为将在3个月后按当前设定的交易条件来执行。对于这种在当前约定交易条件，并在未来执行的交易，我们称为远期交易。

从以上两种交易来看，第一种交易行为的交易发生在当下。但第二种交易行为的交易却发生在3个月以后，即交易发生在未来。因此，它们之间存在着显著的差异，即发生在当下的交易，价格是确定性的因素；然而发生在未来的交易，价格是不确定的。任何发生在未来的交易都是不确定的，我们把这种不确定称为风险。

为了解决价格不确定的风险，人们开始探究解决方案，这促使了金融衍生工具的出现。金融衍生工具[1]又称金融衍生产品，与基础性金融工具相对应，是指在一定的基础性金融工具的基础上派生出来的金融工具。因此，金融衍生工具有两个特点，一是它的派生性，是基于某个商品或资产基础上派生出来的，二是它的交易发生在未来。因此，金融衍生工具可以定义为在某个商品或资产基础上派生的，发生在未来的一种交易形式。

目前，国际市场上最普遍运用的金融衍生工具有四种，分别是金融远期、金融期货、金融期权和金融互换[2]。

金融远期合约是指交易双方约定在未来某一个确定的时间，按照某一确定的价格买卖一定数量的某种金融资产的合约。在合约中，交易双方约定买卖的资产称为标的资产，约定的成交价格称为协议价格。金融期货合约与远期合约不同，金融期货合约通常都是标准化合约。金融期货合约是指交易双方同意在约定的未来某个日期按约定的条件买入或卖出一定数量标准化的某种金融工具的标准化合约。因此，金融期货合约的交易都在交易所内进行。金融期权则是指赋予期权的购买方在规定的期限内按买卖双方约定的价格购买或出售一定数量某种金融资产的权利的合约。也就是说，金融期权合约交易的标的是某种资产买的权利或卖的权利，这与金融期货合约是完全不同的。金融互换是在英国著名经济学家大卫·李嘉图[3]提出的比较优势理论基础上产生的。它是指交易双方利用各自筹资机会的相对优势，以商定的条件将不同币种或不同利息的资产或负债在约定的期限内互相交换，以避免将来汇率和利率变动，获取常规筹资方法难以得到的币种或较低的利息，实现筹资成本降低的一种交易行为。

以上四种金融衍生工具之间虽有差异，但共同特征都是交易未来的商品或资产。交易未来的商品或资产，其目的和意义是什么呢?

我们来看一个案例。假设某棉花种植户A，今年播下种子时必然会面临一个艰难的选择，是多播种子还是少播种子？这个选择的决定因素是种植户A对下一年棉花价格的预测。如果预计明年棉花价格高涨，那就应该多播种子，产

---

① 贾玉阁．金融理论与实务［M］．北京：中国财政经济出版社，2010：179.

② 贾玉阁．金融理论与实务［M］．北京：中国财政经济出版社，2010：179—197.

③ 大卫·李嘉图（1772—1823年），英国古典政治经济学的主要代表人物之一，也是英国古典政治经济学的完成者。

量越高利润越大；反之，如果预计明年棉花价格下跌，就应该少播种子，或者不播种子，毕竟不赚钱。但是，明年的棉花价格是很难准确预判的。如果是你，你会怎么办呢？

在这种情况下，大多数的棉花种植户就只能盲目播种，被动接受未来棉花价格波动的风险。假设种植户A当前播的种子一年后棉花产量为1亿吨，现在每吨生产成本1200元。如果一年后棉花价格上涨至1500元/吨，种植户A就能赚300亿元［1亿吨×（1500−1200）元/吨］；若棉花价格跌至1100元/吨，那种植户A就亏了100亿元［1亿吨×（1100−1200）元/吨］（见图11.2）。

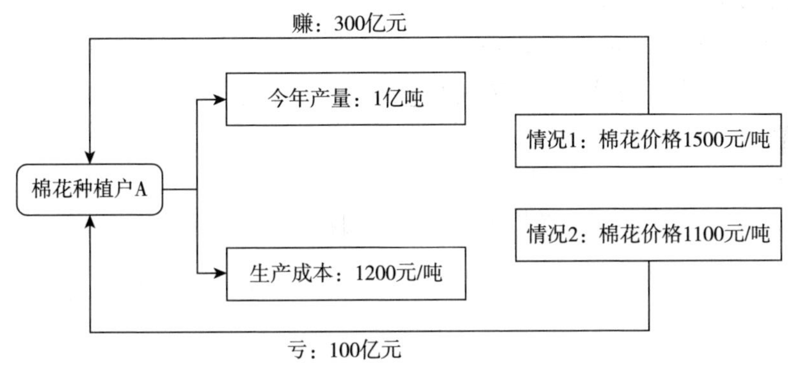

图 11.2　棉花种植户现货交易盈亏演示

在此我举出两个价格的目的是要强调价格波动将会对种植户A造成重大影响。但是，一年后棉花价格到底是什么情况，种植户A只能被动接受。

此时，我想给种植户A一个建议。在他播种子的同时，他通过当地的棉花期货交易所卖出一份棉花期货合约。该份期货合约的核心内容是：

（1）交易标的：棉花；

（2）交易数量：1亿吨；

（3）交易价格：1400元/吨；

（4）交割日期：一年后棉花收成时；

（5）交易方向：卖出。

接下来请跟随我一起来推演种植户A一年后的情况。如果一年后棉花价格上涨至1500元/吨，种植户A以1500元/吨的价格出售1亿吨棉花，因此在现货市场上种植户A将获得300亿元［1亿吨×（1500−1200）元/吨］的利润。同时，在期货市场上，种植户A却需要以1500元/吨的价格买入一份交易规模为1亿吨的棉花期货合约，以对冲上一年卖出的期货合约实现平仓[①]。因此，在期货交易中，种植户A将损失100亿元［1亿吨×（1400–1500）元/吨］（忽略交易成本）。总体来看，对种植户A来说，在这一组交易中可以获得200亿元［300亿元–100亿元］的净利润。

也许有人会提出，如果价格下跌呢？那我们继续推演。假设一年后棉花价格下跌至1100元/吨，种植户A在现货市场上以1100元/吨的价格卖出1亿吨棉花。因此，种植户A在现货市场损失100亿元［1亿吨×（1100–1200）元/吨］。同时，在期货市场上，种植户A以1100元/吨的价格买入一份交易规模为1亿吨的棉花期货合约，以对冲上一年卖出的期货合约实现平仓。因此，在期货交易中，种植户A将获得300亿元［1亿吨×（1100–1500）元/吨］（忽略交易成本）的利润。总体来看，对种植户A来说，在这一组交易中，仍然可以获得200亿元的净利润（见图11.3）。

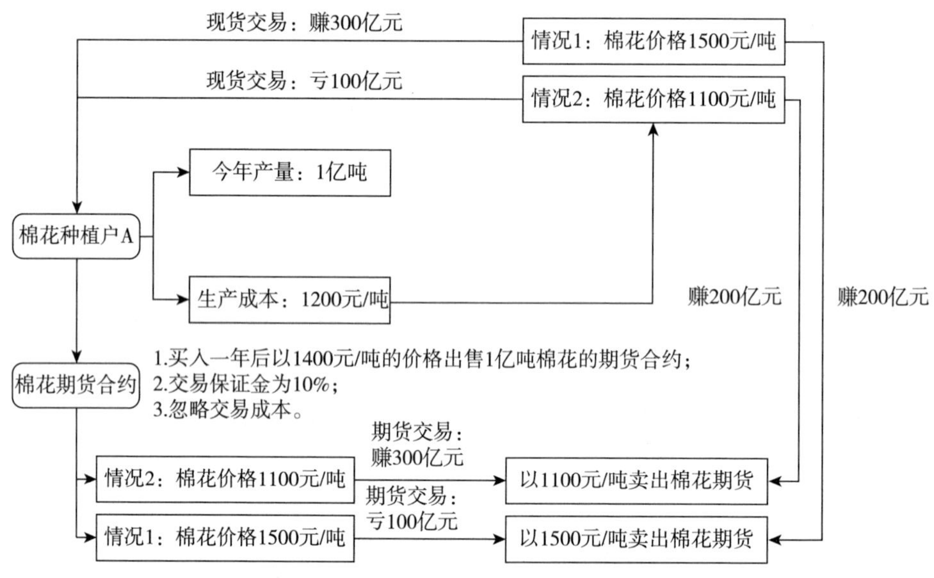

图 11.3　棉花种植户期货交易盈亏演示

① 平仓，是源于商品期货交易的一个术语，指的是期货买卖的一方为对冲以前买进或卖出的期货合约而进行的成交行为。在股票交易中，多头将所买进的股票卖出，或空头买回所卖出股票行为的统称。

至此，大家已然发现，种植户A通过构建这样一组“现货+期货”的交易模式后，无论未来棉花价格如何波动，他的净利润始终保持在200亿元。由此可见，种植户A通过期货交易实现了对未来价格波动风险的有效管控。这正是金融衍生工具最基本功能之一——套期保值。

金融衍生工具有三大功能，分别提套期保值、价格发现和投机获利。金融衍生工具的首要功能便是套期保值，是大宗商品交易者或资产持有者用来应对跨时间风险的工具，本质上是一种风险管理手段。只有真正理解了金融衍生工具的功能和意义，才能正确看待金融的投机属性。

回到龙汇二元期权这起欺诈案中。龙汇二元期权本质上是一个赌博游戏，它“押大赌小”的盈亏方式与金融衍生工具投机中的盈亏有着完全不同的性质。不管是金融衍生工具的投机交易，还是股票买卖中的交易亏损，其本质都是以交易标的资产的价值为判断基准的，其存在的目的是补充金融市场的流动性和实现风险的转移，绝不是为了赌博。这是识别龙汇二元期权欺诈的关键所在。

知识扩展1

上市公司股票期权激励简案

历史上，股票期权最早产生于美国，其目的是用于对管理层进行激励。

在现代公司制下，公司所有权和经营权相分离，股东和管理者之间利益不一致。股东追求的是股息和分红，管理层获得的是工资和薪金。二者的利益矛盾，导致公司在经营中出现诸多的冲突。而股票期权作为一种激励手段，能够将管理层利益与股东利益统一起来，化解二者之间的矛盾，提供公司的经营成绩。

根据上市公司博迈科（证券代码：603727），于2018年5月19日发布的《博迈科2018年股票期权激励计划（草案）》，我们以这份《草案》为基础，对博迈科的股票期权激励方案进行缩减改编，以帮助大家了解股票期权激励方案的内容。

博迈科海洋工程股份有限公司
2018年股票期权激励计划

（草案/简案）

一、计划目的

进一步建立健全公司长效激励机制，吸引和留住优秀人才，充分调动公司董事、高级管理人员、中层管理人员及核心技术人员的积极性，有效地将股东利益、公司利益和核心团队个人利益结合在一起，使各方共同关注公司的长远发展。

二、管理机构

股东大会负责审议批准本激励计划的实施、变更和终止。董事会是本激励计划的执行管理机构，负责本激励计划的实施。监事会及独立董事是本激励计划的监督机构。

三、激励范围及对象

（一）本激励计划激励对象为公司董事、高级管理人员、中层管理人员及核心技术人员（不包括独立董事、监事）。

（二）本激励计划首次授予的激励对象共计 88 人，包括：

1. 公司董事、高级管理人员；

2. 公司中层管理人员；

3. 公司核心技术人员。

四、股票来源、数量及分配

（一）标的股票来源

股票期权激励计划涉及的标的股票来源为公司向激励对象定向发行公司A股普通股。

（二）标的股票的数量

本激励计划拟向激励对象授予 900 万份股票期权，约占本激励计划草案公告时公司总股本 23414.50万股的 3.84%。其中首次授予849万份，占本次授予权益总额的 94.33%；预留51万份，占本次授予权益总额的 5.67%。

（三）股票期权激励计划的分配

表 11.2 股票期权激励计划的分配

姓名	职务	获授的股票期权数量（万份）	占授予股票期权总数的比例（%）	占目前总股本的比例（%）
华兰珍	副总经理、财务总监	65.00	7.22	0.28
吴章华	副总经理	50.00	5.56	0.21
邱攀峰	副总经理	40.00	4.44	0.17
王新	副总经理、董事会秘书	40.00	4.44	0.17
代春阳	总工程师	40.00	4.44	0.17
中层管理人员、核心技术人员（83 人）		614.00	68.22	2.62
预留		51.00	5.67	0.22
合计（88 人）		900.00	100.00	3.84

五、时间安排

（一）有效期

本激励计划有效期自股票期权首次授予之日起至激励对象获授的股票期权全部行权或注销之日止，最长不超过 60个月。

（二）授予日

授予日在本激励计划经公司股东大会审议通过后由董事会确定，授予日必须为交易日。公司需在股东大会审议通过后60日内首次授予股票期权并完成公告、登记。预留部分股票期权授予日由公司董事会在股东大会审议通过后12 个月内确认。

（三）等待期

股票期权等待期分别为自相应授予之日起12个月、24个月、36个月。

（四）可行权日

在本激励计划经股东大会通过后，授予的股票期权自授予之日起满12个月后可以开始行权。

（五）行权安排

表 11.3　行权安排

行权安排	行权时间	行权比例（%）
首次授予的股票期权第一个行权期	自首次授予之日起 12 个月后的首个交易日起至首次授予之日起 24 个月内的最后一个交易日当日止	30
首次授予的股票期权第二个行权期	自首次授予之日起 24 个月后的首个交易日起至首次授予之日起 36 个月内的最后一个交易日当日止	30
首次授予的股票期权第三个行权期	自首次授予之日起 36 个月后的首个交易日起至首次授予之日起 48 个月内的最后一个交易日当日止	40

（六）禁售期

1. 激励对象为公司高级管理人员的，其在任职期间每年转让的股份不得超过其所持有本公司股份总数的25%；在离职后半年内，不得转让其所持有的本公司股份。

2. 激励对象为公司高级管理人员的，将其持有的本公司股票在买入后6个月内卖出，或者在卖出后6个月内又买入，由此所得收益归本公司所有，本公司董事会将收回其所得收益。

六、行权价格

（一）首次授予股票期权的行权价格为每股18.68元，即在满足行权条件的情况下，激励对象获授的每一份股票期权拥有在其行权期内以每股18.68元购买1股公司股票的权利。

（二）预留股票期权的行权价格不低于股票票面金额，且不低于下列价格较高者：

1. 预留股票期权授予董事会决议公布前1个交易日的公司股票交易均价；

2. 预留股票期权授予董事会决议公布前20个交易日、60个交易日或者120个交易日的公司股票交易均价之一。

七、授予、行权的条件

（一）授予条件

同时满足下列授予条件时，公司应向激励对象授予股票期权，反之，若下列任一授予条件未达成的，则不能向激励对象授予股票期权。

1. 公司未发生以下任一情形：

（1）最近一个会计年度财务会计报告被注册会计师出具否定意见或者无法表示意见的审计报告；

（2）最近一个会计年度财务报告内部控制被注册会计师出具否定意见或者无法表示意见的审计报告；

（3）上市后最近36个月内出现过未按法律法规、公司章程、公开承诺进行利润分配的情形；

（4）法律法规规定不得实行股权激励的。

2. 激励对象未发生以下任一情形：

（1）最近 12 个月内被证券交易所认定为不适当人选；

（2）最近 12 个月内被中国证监会及其派出机构认定为不适当人选；

（3）最近 12 个月内因重大违法违规行为被中国证监会及其派出机构行政处罚或者采取市场禁入措施；

（4）具有《公司法》规定的不得担任公司董事、高级管理人员情形的；

（5）法律法规规定不得参与上市公司股权激励的。

（二）行权条件

激励对象行使已获授的股票期权除满足上述条件外，必须同时满足如下条件：

1. 公司未发生以下任一情形：

（1）最近一个会计年度财务会计报告被注册会计师出具否定意见或者无法表示意见的审计报告；

（2）最近一个会计年度财务报告内部控制被注册会计师出具否定意见或者无法表示意见的审计报告；

（3）上市后最近36个月内出现过未按法律法规、公司章程、公开承诺进行利润分配的情形；

（4）法律法规规定不得实行股权激励的。

2. 激励对象未发生以下任一情形：

（1）最近12个月内被证券交易所认定为不适当人选；

（2）最近12个月内被中国证监会及其派出机构认定为不适当人选；

（3）最近12个月内因重大违法违规行为被中国证监会及其派出机构行政处罚或者采取市场禁入措施；

（4）具有《公司法》规定的不得担任公司董事、高级管理人员情形的；

（5）法律法规规定不得参与上市公司股权激励的。

3. 公司层面业绩考核要求

（1）本激励计划授予的股票期权，在行权期的3个会计年度中，分年度进行业绩考核并行权，以达到业绩考核目标作为激励对象的行权条件；

（2）首次授予的股票期权的各年度业绩考核目标如表11.4所示。

表 11.4　业绩考核目标

行权期	业绩考核目标
首次授予的股票期权第一个行权期	以 2017 年营业收入为基数，2018 年营业收入增长率不低于 10%
首次授予的股票期权第二个行权期	以 2017 年营业收入为基数，2019 年营业收入增长率不低于 80%
首次授予的股票期权第三个行权期	以 2017 年营业收入为基数，2020 年营业收入增长率不低于 150%

4. 个人层面绩效考核要求

（1）薪酬委员会将对激励对象每个考核年度的综合考评进行打分，并依照激励对象的考评结果确定其行权的比例，若公司层面各年度业绩考核达标，则激励对象个人当年实际行权额度=个人层面标准系数×个人当年计划行权额度。

（2）激励对象的绩效评价结果划分为优秀（A）、良好（B）、合格（C）和不合格（D）四个档次，考核评价表适用于考核对象。届时根据表11.5确定激励对象行权的比例：

表 11.5　激励对象行权的比例

评价标准	优秀（A）	良好（B）	合格（C）	不合格（D）
标准系数	1.0	1.0	0.8	0

八、其他

（注：资料来自博迈科海洋工程股份有限公司于 2018 年 5 月 19 日通过上海证券交易所发布的《博迈科 2018 年股票期权激励计划（草案）》，网址：http://www.sse.com.cn/disclosure/listedinfo/announcement/）

4/ 运作主体

在上一部分中，我们已经完全了解了正规期权与龙汇二元期权之间本质的差别。龙汇二元期权只是一个披着金融外衣的赌博工具，绝不是正规的金融期权。

骗局在没有揭穿前，靠的全是演技。龙汇二元期权这起欺诈案的主谋在这方面可谓煞费苦心。他们面对的首要问题就是如何包装一个正规的主体。这是他们欺诈的起点。

早在2015年以前，二元期权的骗局就已经在国外出现了。在这段时间，本案的幕后实际控制人周熙坤已经接触到了二元期权。在〔2018〕赣0802刑初327号刑事判决书中，我们看到这样一段话：

现有同案犯供述及证人证言能够证实，周熙坤是本案网络赌博的幕后策划者、指挥者，在利用龙汇公司推广二元期权赌博交易之前，周熙坤在2015年10月就已经利用罗龙公司推广该二元期权赌博交易。

从这段话中，我们可以获取两个重要信息：①周熙坤是这起案件的幕后策划人、指挥者；③周熙坤在2015年10月以前就在推广二元期权。在中国裁判文书网上，我们并未找到周熙坤的判决材料，我们无法了解在2015年10月以前周熙坤是如何实施欺诈的。但是，我们可以确定的是，周熙坤是这起案件的主谋，以及他在2015年10月以后组织和实施欺诈的过程。

据查，2016年初，在周熙坤的组织下，招募了陈庆豪、陈淑娟、赵廷海等人，任命陈庆豪为顾问、市场总监，并以龙汇公司中国区市场总监的身份代表龙汇公司与各地主要经纪人进行沟通，为经纪人解决问题，以此维系龙汇网站与经纪人之间的关系，并发展会员、拓展市场。到这里出现了这起案件的实施主体——北京龙汇联创教育科技有限公司。

根据工商档案，2016年6月14日，北京汇融联创科技有限公司和广东罗龙科技有限公司（以下简称罗龙公司）分别出资2000万元和3000万元共同成立了北京龙汇联创教育科技有限公司，法定代表人为周曜。据公安机关调查，罗龙公司是实际控制人周熙坤通过姚焕华帮忙代办注册的，法定代表人为周曜。同样，北京汇融联创科技有限公司也是周熙坤实际控制的。因此可以确认周熙坤是龙汇公司的幕后老板、实际控制人。在龙汇公司成立后，周熙坤策划的二元期权在国内迎来了爆发式增长。我们把这起由周熙坤策划的，以龙汇公司作为运作平台的二元期权，称为龙汇二元期权。

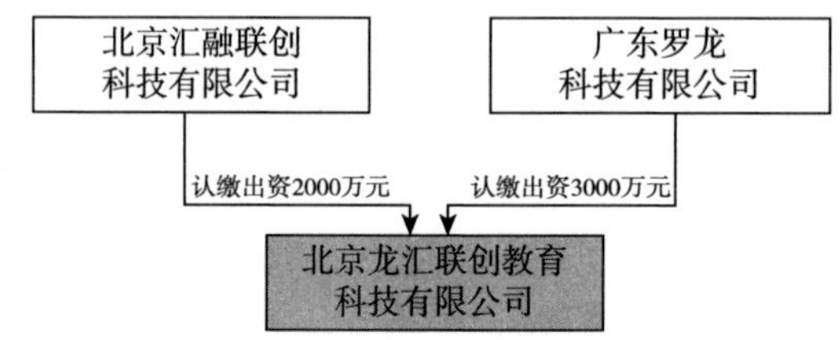

注：根据〔2018〕赣0802刑初327号判决书整理。

图11.4　龙汇公司股权结构

有了龙汇公司这个合法主体，周熙坤以此作为运作平台，开发了龙汇网站和龙汇经纪人服务平台（网址：http://www.DLS-FX.com DragonLeader Services）。由此我认为，在龙汇二元期权欺诈案中，龙汇公司主要承担着龙汇网站的运营与管理，为会员交易提供交易技术支持，以及管理会员资金的进出，是龙汇二元期权的运营主体。

除此之外，周熙坤还注册了其他主体来负责推广龙汇二元期权。2016年初，被告人缪阳被聘为龙汇公司讲师，主要负责通过推广会、技术培训会、带单等方式宣传和推广龙汇二元期权。随后4—5月间，被告人施翠亮、楚雪娇陆续加入龙汇公司，在上海为龙汇二元期权的推广提供会务、客服、报账等后勤服务工作。为便于工作的开展，在周熙坤的指使下，以施翠亮和楚雪娇二人的名义，于2016年11月在上海成立了上海麦曦商务咨询有限公司（以下简称麦曦公司），施翠亮担任法定代表人，楚雪娇任总经理。麦曦公司主要负责为龙汇公司聘请宣传讲师，以及推广龙汇二元期权和发展客户。

前面我们已经讲到龙汇二元期权运作的两大关键平台，一是负责交易与经纪人服务的龙汇公司，二是负责宣传与推广的麦曦公司。在这两个主体之外，龙汇二元期权的运作还有第三类主体，即负责接收投资者交易资金并向周熙坤转移资金的主体，我把这类主体称为资金转移平台。

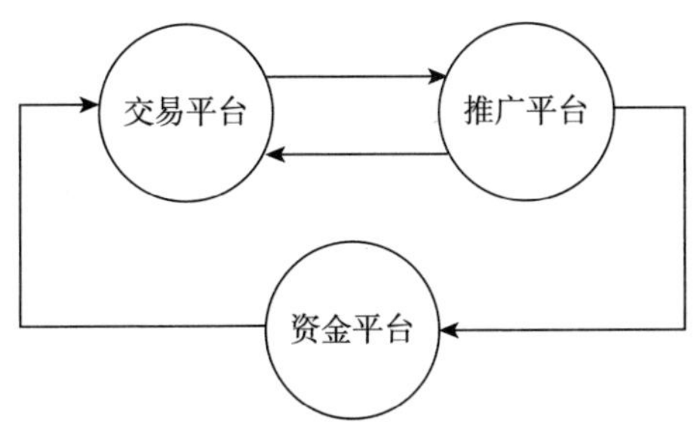

注：根据〔2018〕赣0802刑初327号判决书整理。

图 11.5 “龙汇二元期权”三大运作载体关系

值得注意的是，龙汇二元期权欺诈案涉案资金高达2.7亿元，如果仅通过龙汇公司的银行账户完成收款，是非常容易引起监管部门注意的。这点我想大家都能想到，作为主谋的周熙坤定然也考虑到了。因此，要想降低这个风险，必须要将资金分散、转移，以降低被发现的风险。

为此，周熙坤采取盗用或冒用他人信息的方式，利用福州诺一鞋业有限公司、上海哲荔网络科技有限公司、福州开柚生物技术有限公司等公司的银行账户，通过智付电子支付等第三方支付公司接收投资者的赌资，最终实现资金以大化小，分散转入。

在刑事判决书中，证人杨某证实其不是上海哲荔网络科技有限公司的法定代表人，与该公司没有任何关系，从未利用该公司的信息在智付电子支付有限公司注册商户。

另外，证人黄某、林某陈述：“他们夫妻俩2015年3月注册了福州开柚生物技术有限公司，黄某担任法定代表人，公司是一个淘宝网店，主要经营项目是在淘宝网上卖化妆品；公司从来没有开设过网站，开柚公司的网站不知道是谁注册的，公司除了在阿里巴巴注册了支付宝商户账号外，从未在其他支付公司注册过商户。”

以上证人的证言证实了我们的看法。周熙坤等人盗用或者冒用他人公司信息，在智付电子支付等第三方支付公司开立收款账户，接收投资者的赌资。

因此可以说，龙汇二元期权欺诈案的三大平台，即龙汇公司作为交易平台，麦曦公司作为推广平台，以及包括福州开柚生物技术有限公司在内的其他接收投资者赌资的资金平台，共同支撑了龙汇二元期权的欺诈行为。表面上似乎很难把这些平台联系起来，但是在公安机关的调查之下，这些平台最终都指向了幕后实际控制人周熙坤。这点也充分反映了犯罪分子的警惕与隐蔽。

5/ 宣传策略

龙汇二元期权能够引诱数十万人参与，我认为与其宣传策略有着密不可分的关系。

金融行业的火热，财富自由的鼓吹，投资暴富的神话，一次次触碰着老百姓的神经，大家都想冲进这个财富的殿堂。但面对纷繁复杂的金融产品，高深莫测的金融数据，又让不少老百姓望而生畏。假设有一种投资，它交易简单、操作简便、回报快速，并且人人都能上手，这会不会打动你呢？

“交易简单、操作简便、回报快速”正是龙汇公司最响亮的口号，简单又充满了魔力。

第一，交易简单。在龙汇二元期权的交易规则中，投资者只需选择“买涨”还是“买跌”，这是再简单不过的事情。它彻底地抛开了传统投资涉及的公司研究、财务分析、价值评估等复杂事项。因此，搞不懂就不再是理由了。

第二，操作简便。参与龙汇二元期权投资，投资者只需网上注册、在线充值、系统下注，以及一键提现，几乎没有任何门槛，没有过多限制，这种操作的便捷性扫清了投资者参与的障碍。

第三，回报快速。在龙汇二元期权的交易规则中，有1分钟、5分钟、15分钟、30分钟和60分钟五个投资时间段供投资者选择。大家注意，最短1分钟，最长也才60分钟，这种投资获胜的快感甚至超过了买彩票，它会成瘾，更会上瘾。

在我们查询资料的过程中，还看到了一家与龙汇二元期权同期开始的名叫IGOFX控股的公司。根据其官方网站的宣传，该公司经营着一个叫“IGOFX二元期权”的业务。它的宣传策略与龙汇二元期权有着异曲同工之妙。

IGOFX二元期权的第一个口号是“我们不以集资方式进行操盘”。

投资者最怕被骗！如果一个项目要求投资者把手里的钱给对方，这对投资者在心理上是有挑战的。没有一定程度的信任，投资者不会轻易给钱。IGOFX二元期权的宣传就很好地抓住了投资者的心理，强调平台不集资，不收取投资者的款项，只提供交易平台供投资者交易，很好地化解了投资者的心理障碍。

IGOFX二元期权的第二个口号是“不担保、不承诺收益”。

投资者追求高收益，但是怕不合常理的高收益。对投资者来说，固定的收益，尤其是超高的固定收益反而不踏实。IGOFX二元期权在宣传中直接指出收益来自投资者的投资水平，完全与平台无关，反而赢得了投资者的信任。

IGOFX二元期权的第三个口号是“不扣留资金，取款无任何限制”。

投资者不怕赚不到钱，就怕连本金都拿不回来。因此，IGOFX二元期权在其宣传中直接点出了投资者的痛点。这会引诱投资者进行测试，通过一次次验证，反而会加深投资者的信任。

IGOFX二元期权的第四个口号是“盈利亏损交易记录清晰透明，随时登录账户进行监督”。

赚得明白，亏得清楚，这是投资者最希望获得的公平。IGOFX二元期权抓住了这一点，强调平台在MT4系统交易有清晰的记录，更容易让投资信任。

无论是龙汇公司提出的“交易简单、操作简便、回报快速”的宣传策略，还是IGOFX二元期权提出的“不集资、不保证、不扣留，清晰透明”的宣传口号，都指向了投资者的痛点，抓住了投资者的软肋，最终成功地引诱了投资者。

赤裸裸的赌博的参与者是不多的。因为大家都知道，这是一个零和游戏[①]，不可能产生任何社会价值，同时公安机关在打击赌博犯罪方面力度也始终不减。然而可怕的正是像龙汇二元期权这样的，将赌博伪装在金融产品之下，把赌博行为包装成投资行为，对投资者有很有强的迷惑性。一旦加入，投资者很容易上瘾，最终陷入赌博的旋涡中不可自拔。在龙汇二元期权这起欺诈案中，它们的宣传策略实质上就是赌博的宣传策略。

6/ 业务模式

经纪人，按照《辞海》的解释，是介绍买卖双方交易，以获取佣金的中

① 零和游戏，又称为游戏理论或零和博弈，源于博弈论。它是指在一项游戏中，游戏者有输有赢，一方所赢正是另一方所输，而游戏的总成绩永远为零。

间商人。2004年，国家工商总局修订了《经纪人管理办法》，明确了经纪人的业务范围、收费标准和权利义务等。经纪人的出现也便利了当事人的工作，对社会发展起到了积极作用。在金融行业同样存在着大量的经纪人。

在龙汇二元期权这起欺诈案中，除了周熙坤、陈庆豪等核心人员外，推动这起欺诈案快速发展的，正是遍布全国各地的经纪人。他们既是这场欺诈的受害者，又是这起案件的助推者。对于他们，除了同情，更有可悲。

经纪人模式是龙汇二元期权迅猛发展的重要推手。通过对〔2018〕赣0802刑初327号刑事判决书的分析，我们发现，龙汇公司设计的经纪人模式共分为六个等级，自下而上为SB银级、GB金级、PB铂金级，以及PB铂金一星级、二星级和三星级。参与者根据各等级的要求依次晋级。

例如，投资者要想成为SB银级经纪人，首先个人账户交易规模要达到8000美元。对投资者来说，要达到8000美元的交易量，一是可以多充值。假如投资者充值8000美元，只需执行1次交易就可以实现8000美元的交易量；但是如果投资者只充值100美元，那就需要执行80次交易才能达到8000美元的交易量。这个条件可以归纳为多充值少交易，少充值多交易，是SB银级经纪人的第一个条件。第二个条件是发展不少于3名下级会员，且下级会员的合计交易量须达到40000美元。这个条件则是要求参与者发展下级会员，做大团队规模。

只有参与者同时满足：（1）自身达到8000美元的交易量，（2）发展的下级会员满3人，并且下级会员合计交易量达到40万美元才能晋级为SB银级经纪人。

表 11.6 “龙汇二元期权”经纪人等级表

经纪人等级	个人交易（美元）	直推人数	下级会员交易（美元）	团队数量及交易规模要求			团队等级要求
				团队	充值（美元）	交易总量（美元）	
SB 银级	8000	3 人	4 万	—	—	—	—
GB 金级	—	—	—	5 组	2.5 万	180 万	—
PB 铂金级	—	—	—	5 组	—	—	≥ 1GB 金级
PB 铂金一星级	—	—	—	—	—	—	≥ 2GB 金级
PB 铂金二星级	—	—	—	—	—	—	≥ 3GB 金级
PB 铂金三星级	—	—	—	—	—	—	≥ 4GB 金级

注：根据〔2018〕赣 0802 刑初 327 号判决书整理。

同样，如果参与者想要升级为GB金级经纪人，那就要求经纪人发展更多的下线会员，培养更能发展下线的会员，以及孵化更大的下级团队。

从对龙汇二元期权欺诈案经纪人模式的解析来看，要想晋级到更高的经纪人等级，除了自身的交易规模达到要求外，更重要的是发展下级和培养团队。这必将促使参与者不断地发展下级会员，做大团队规模，最终必将发展成为一个层级清晰、组织严密的金字塔式利益体系。在这个体系中，高级经纪人的晋级是以下级经纪人或会员为基础的，高级经纪人的收入是以下级经纪人的交易量为核算依据的。因此，龙汇二元期权的这种经纪人模式完全是传销式的金字塔结构。

前面我们已经指出，龙汇二元期权本质上是一个数学游戏。大多数参与者最终都只会亏损，获利的唯一办法就是不断发展下级，吸收更多会员。我们要知道，参与人数越多，交易规模越大，经纪人能够分到的利益才可能越多。

我们以〔2018〕赣0802刑初327号刑事判决书为基础，根据鉴定机构公布的《司法鉴定意见书》，统计了该案中被告人参与时间、身份、发展人数以及非法获利的数额，绘制成表11.7。

表 11.7 “龙汇二元期权”部分参与人信息

姓名	开始时间	身份（会员等级）	发展人数	非法收入
杨立军	2016 年初	代理商（PB 铂金级）	6 万人	722 万元
施翠亮	2016 年 5 月	麦曦公司法人	—	100 万元
楚雪娇	2016 年 5 月	麦曦公司总经理	—	67 万元
朱昌鑫	2016 年 8 月	麦曦公司客服经理	—	10 万元
缪阳	2016 年初	龙汇公司讲师	—	90 万元
穆晓艳	2016 年初	代理商（PB 铂金级）	2 万余人	253.4 万元
王河润	2016 年初	代理商（PB 铂金级）	1000 余人	187 万元
韩福秀	2016 年 5 月	代理商（PB 铂金级）	2000 余人	35 万元
张文强	2016 年 8 月	代理商（GB 金级）	2000 余人	34.5 万元
吴微	2016 年 3 月	龙汇公司讲师、代理商（GB 金级）	—	31.6 万元
田胜民	2017 年 3 月	代理商（GB 金级）	150 人	20 万元
邱广学	2016 年下半年	代理商（PB 铂金级）	1000 余人	20 万元
杨丽娟	2016 年	代理商（GB 金级）	—	12 万元
南军军	2016 年 4 月	代理商、YY 频道讲师	近千人	8 万元

注：根据〔2018〕赣 0802 刑初 327 号判决书整理。

从表11.7可见，被告人杨立军是龙汇二元期权欺诈案的经纪人，会员等级为PB铂金级。其发展的下级人数高达6万人，非法获利金额高达722万元。人数之多，规模之大，让人惊叹。

人人都知道传销是违法行为。但是，在龙汇二元期权欺诈案中，当传销者被包装成经纪人时，大家又糊涂了。这里的经纪人模式是传销吗？显然是。当司法鉴定机构重构了这起案件中参与者的身份时，一个清晰的金字塔结构就完整地呈现出来了。每一个高级会员的收益都是由其下级会员的人数规模和交易数量决定的，这恰恰是传销最显著的特征。

7/ 事件定性

截至我们查询材料时，龙汇二元期权欺诈案的幕后实际控制人周熙坤仍未归案。但天网恢恢，疏而不漏，作为主谋的他必将为他的犯罪行为承担相应的法律责任。

作为本案重要参与者的陈庆豪、陈淑娟和赵廷海三人，江西省吉安市中级人民法院于2019年3月22日对他们作出了一审刑事判决，编号为〔2018〕赣08刑初21号。宣判后，陈庆豪、陈淑娟提出上诉。江西省高级人民法院于2019年9月26日作出了〔2019〕赣刑终93号刑事判决。由于以上两份刑事判决书并未公示，我们不清楚三人在这起案件中到底承担着什么样的角色和作用。我们只能通过最高人民法院发布的第26批指导案例材料内容，来了解法院对三人的判决结果。具体如下：

（1）被告人陈庆豪，犯开设赌场罪，判处有期徒刑二年六个月，并处罚金人民币50万元，驱逐出境；

（2）被告人陈淑娟，犯开设赌场罪，判处有期徒刑二年，并处罚金人民币30万元；

（3）被告人赵延海，犯开设赌场罪，判处有期徒刑一年十个月，并处罚金人民币20万元。

在我们掌握的针对被告人杨立军、施翠亮开设赌场案的〔2018〕赣0802刑初327号刑事判决书中，可以比较清楚地看到法院对这起案件的定性。江西省吉安市吉州区人民法院对龙汇二元期权性质的认定如下：

关于涉案的龙汇二元期权是否合法，我国2017年新修订的《期货交易管理条例》第四条明确规定期货交易应当在法定期货交易场所进行，禁止在法定期货交易场所之外进行期货交易。而龙汇二元期权通过网络平台进行所谓的二元期权交易，打着“交易简单、便捷、回报快”等口号，是从境外博彩业演变而来，其交易对象为未来某个时间点外汇、股票等品种的价格走势，交易双方为龙汇网络平台与投资会员，交易价格与收益事先确定。其实质是创造风险供投资者进行射幸投机[①]，没有任何实物的金融交易，与中国证监会监管的期权及金融衍生品交易有着本质区别。

中国证监会早在2016年4月18日就已在其官方网站对二元期权网站平台发布过风险警示，将其交易性质警示为“类似赌博”，并建议广大投资人不要参与此类网络二元期权交易。另外，IOSCO（国际证监会组织）通过声明警示二元期权主要通过互联网平台或社交媒体交易，监管难度较大。IOSCO成员已通过IOSCO多边备忘录开展基于个案的跨境合作。各辖区采取的措施包括风险警示、禁止二元期权销售和加强相关App管理等。

具体到本案，龙汇公司的二元期权交易除了正常下载安装MT4市场行情接收软件之外，还需要另行下载龙汇公司自制插件，该插件的窍门在于其通过技术性手段将龙汇网站上的K线图与市场外汇行情断开，根本不具有外汇交易的正规性、合法性。会员点击“买涨”或“买跌”按钮完成交易，买定离手后，就不可更改交易内容，不能止损止盈，不论所选外汇交易品种涨跌幅度如何，只要买对涨跌方向的会员（赌徒）即可盈利交易金额的76%~78%，如果买错涨跌方向则本金归网站（庄家）所有。其交易行为实际上就是“押大小”的赌博游戏，只不过披上了一层金融衍生产品的皮而已。整个交易模式完全符合赌博的投机性、射幸性。因此龙汇公司经营及麦曦公司服务的龙汇网站本质上就是赌博网站。

根据以上事实，法院按照被告人在案件中的身份、角色以及起到作用、造成后果的不同，对各被告依法作出了判决，结果如表11.8所示。

① 所谓射幸，即侥幸，本意是碰运气。射幸行为是指因他人损失而得到偶然利益的行为，如保险、赌博等，其中赌博违反了民法中公序良俗原则，而保险属于合法行为。部分射幸行为因有害于一般秩序而应无效，如赌博、巨奖销售等；但经政府特许者除外。因此，射幸投资指的就是完全依赖运气成分的行为，本质上是赌博。

表 11.8　部分被告人判决结果

序号	姓名	文化程度	身份（会员等级）	罪名	刑期	罚金
1	杨立军	中专	代理商（PB 铂金级）	赌博罪	二年 缓刑三年	20 万元
2	施翠亮	高中	麦曦公司法人	开设赌场罪	二年 缓刑三年	5 万元
3	楚雪娇	大专	麦曦公司总经理	开设赌场罪	一年六个月 缓刑二年	3.5 万元
4	朱昌鑫	初中	麦曦公司客服经理	开设赌场罪	拘役四个月 缓刑八个月	1 万元
5	缪阳	大专	龙汇公司讲师	开设赌场罪	一年八个月 缓刑二年	4.5 万元
6	穆晓艳	初中	代理商（PB 铂金级）	赌博罪	十个月 缓刑一年六个月	12 万元
7	王河润	高中	代理商（PB 铂金级）	赌博罪	七个月 缓刑一年四个月	10 万元
8	韩福秀	高中	代理商（PB 铂金级）	赌博罪	拘役四个月 缓刑八个月	5 万元
9	张文强	大学	代理商（GB 金级）	赌博罪	拘役四个月 缓刑八个月	5 万元
10	吴微	本科	龙汇公司讲师 代理商（GB 金级）	赌博罪	拘役三个月 缓刑六个月	5 万元
11	田胜民	大专	代理商（GB 金级）	赌博罪	管制十个月	4 万元
12	邱广学	初中	代理商（PB 铂金级）	赌博罪	拘役二个月 缓刑四个月	4 万元
13	杨丽娟	初中	代理商（GB 金级）	赌博罪	管制六个月	2.5 万元
14	南军军	高中	代理商、YY 频道讲师	赌博罪	管制四个月	0.8 万元

注：根据〔2018〕赣 0802 刑初 327 号判决书整理。

从法院的判决结果中我们可以看出，被告人施翠亮、楚雪娇、朱昌鑫和缪阳四人是龙汇二元期权案中涉案主体的管理人员或工作人员，他们均以开设赌场罪被定罪量刑。其余被告则是以经纪人身份涉案的，他们都以赌博罪被定罪量刑。

从法院的观点来看，龙汇公司推出的龙汇二元期权不是真正的金融衍生产品，而是披着金融产品外衣的赌博工具。涉案主体的管理人员和工作人员，和以经纪人身份参与赌博的人员，都因开设赌场罪或赌博罪被判入狱。虽然以上两个罪名均不是金融领域犯罪罪名，但法院的定性揭露了龙汇二元期权的本性。

我认为，龙汇二元期权案是一起典型的金融欺诈案。策划者利用了合法的金融衍生概念，把赤裸裸的赌博伪装成金融期权产品，并把赌博的射幸特征伪装成合法投资，在推广的过程中又以“交易简单、操作简便、回报快速”为宣传口号，引诱受害者参与。同时，策划者对金融行业常见的经纪人模式进行异化，把参与者变为推广者，让受害者变成犯罪者。这些都是策划者利用了社会大众对金融知识的认知错误。所以我说，这起案件是一起典型的金融欺诈案，因为要想揭露这场欺诈的真相，必须要回到对金融衍生工具的正确认识上来。

8/ 案件点评

关于龙汇二元期权这起金融欺诈案，我们不得不承认，它确实有其充满迷惑性的地方。甚至此时此刻，仍然还有人会拿它与股票投资相比。他们会说：“难道股票投资不也是这样的吗？投资有风险，入市需谨慎，难道不也是愿赌服输的游戏吗？”

如果你还持有这样的看法，显然是缺乏对金融的正确认识，错误地看待了股票市场和金融衍生工具市场的作用。正如我们之前所分析的，金融衍生工具最早、最基本的功能是套期保值，是投资者进行风险管理的工具，这是金融衍生工具首要的功能。在此基础上，部分参与者通过金融衍生工具参与投资，这是其投机的表现，我们承认金融衍生工具的这个功能。但是，合法金融衍生工具的投机功能与龙汇二元期权的赌博行为是完全不同的。

第一，合法的金融衍生产品必须依照国家监管部门的要求依法设立，受国家法律保护。而龙汇二元期权本身就未经国家相关部门批准，未在国家规定的期货交易所交易，是非法的、不受国家法律保护的。

第二，合法的金融衍生产品有着明确的底层商品或资产作支撑。这些底层商品或资产受市场经济环境、供需关系等因素影响，投资者可以根据掌握的信息进行分析、判断，每一个参与者获得的信息是公正公平的，投资选择是专业能力的反映。而对于龙汇二元期权，虽然其名义上以国际外汇市场为依托，但实质上它的数据并未真实接入国际市场，并且还可以在后台人为操控。由此可见，这不是专业能力的比拼，而是操盘者的胜率控制。

第三，任何投资都存在一定的风险。对于合法的投资，监管部门会根据金融产品的风险等级对投资者作出限定，以提示投资者识别风险，这是投资者保护的一种机制。然而，在龙汇二元期权这起金融欺诈案中，我们没有看到任何一条对投资者的要求和限制，它具有广泛性。同时，还夸大了赌博的特点，作为诱导受害者的手段。这些行为都不应是合法金融投资所具有的。

第四，任何合法的投资都不会是“买定离手式”的交易。投资者在选择任何一项资产投资时，都可以按照交易规则，执行委托下单、委托撤单，以及卖出订单等。也就是说，投资者交易应当具有止盈止损的特点。例如，当投资者以5元/股的价格买入股票A后，如果未来价格下跌，投资者可以在交易规则下任意时刻卖出股票A及时止损。表面上看这似乎与龙汇二元期权一样，也发生了亏损，但是本质上它们的逻辑完全不同。

因此，龙汇二元期权这起金融欺诈案，表面上看起来很简单，但是其内在具有很强的迷惑性。缺乏金融知识的受害者是容易被蒙蔽的。通过这起案件，也再次提示监管部门，在对投资者进行风险警示时，告知式的警示或许难有效果。只有真正揭开其内在欺诈的逻辑，才能真正唤醒投资者。

知识扩展2

我国场内主要期权产品介绍

期权产品作为衍生金融工具之一，是金融市场的重要组成部分。自2015年以来，随着上证50ETF期权在上海证券交易所上市交易，由此开启了我国期权产品的快速发展阶段。

期权产品，根据其交易标的的不同，分为商品期权和金融期权。目前，我国已经建立了种类丰富的期权产品。接下来，我们按期权产品所在交易场所的顺序，为大家详细地介绍。

一、商品期权

商品期权，是指标的物为实物商品的期权产品。在我国，商品期权产品主要在三大商品期货交易所上市交易。截至目前，一共推出了20种商品期权产品，供投资者交易。

（一）郑州商品期货交易一共推出了6种期权产品。

郑州商品期货交易所

序号	期权产品	代码	交易标的
1	白糖期权	看涨期权：SR-合约月份-C-行权价格	白糖期货合约
		看跌期权：SR-合约月份-P-行权价格	
2	菜籽粕期权	看涨期权：RM-合约月份-C-行权价格	菜籽粕期货合约
		看跌期权：RM-合约月份-P-行权价格	
3	棉花期权	看涨期权：CF-合约月份-C-行权价格	棉花期货合约
		看跌期权：CF-合约月份-P-行权价格	
4	PTA 期权	看涨期权：TA-合约月份-C-行权价格	精对苯二甲酸（PTA）期货合约
		看跌期权：TA-合约月份-P-行权价格	
5	甲醇期权	看涨期权：MA-合约月份-C-行权价格	甲醇期货合约
		看跌期权：MA-合约月份-P-行权价格	
6	动力煤期权	看涨期权：ZC-合约月份-C-行权价格	动力煤期货合约
		看跌期权：ZC-合约月份-P-行权价格	

注：根据郑州商品期货交易所官网（网址：http://www.czce.com.cn/）资料整理。

（二）大连商品期货交易一共推出了8种期权产品。

大连商品期货交易所

序号	期权产品	代码	交易标的
1	豆粕期权	看涨期权：M-合约月份-C-行权价格	豆粕期货合约
		看跌期权：M-合约月份-P-行权价格	
2	玉米期权	看涨期权：C-合约月份-C-行权价格	玉米期货合约
		看跌期权：C-合约月份-P-行权价格	
3	铁矿石期权	看涨期权：I-合约月份-C-行权价格	铁矿石期货合约
		看跌期权：I-合约月份-P-行权价格	
4	液化石油气期权	看涨期权：PG-合约月份-C-行权价格	液化石油气期货合约
		看跌期权：PG-合约月份-P-行权价格	

续表

序号	期权产品	代码	交易标的
5	聚乙烯期权	看涨期权：L-合约月份-C-行权价格	线型低密度聚乙烯期货合约
		看跌期权：L-合约月份-P-行权价格	
6	聚氯乙烯期权	看涨期权：V-合约月份-C-行权价格	聚氯乙烯期货合约
		看跌期权：V-合约月份-P-行权价格	
7	聚丙烯期权	看涨期权：PP-合约月份-C-行权价格	聚丙烯期货合约
		看跌期权：PP-合约月份-P-行权价格	
8	棕榈油期权	看涨期权：P-合约月份-C-行权价格	棕榈油期货合约
		看跌期权：P-合约月份-P-行权价格	

注：根据大连商品期货交易所官网（网址：http://www.dce.com.cn/）资料整理。

（三）上海商品期货交易一共推出了6种期权产品。

上海商品期货交易所

序号	期权产品	代码	交易标的
1	原油期权	看涨期权：SC-合约月份-C-行权价格	原油期货合约（1000桶）
		看跌期权：SC-合约月份-P-行权价格	
2	铜期权	看涨期权：CU-合约月份-C-行权价格	阴极铜期货合约（5吨）
		看跌期权：CU-合约月份-P-行权价格	
3	铝期权	看涨期权：AL-合约月份-C-行权价格	铝期货合约（5吨）
		看跌期权：AL-合约月份-P-行权价格	
4	锌期权	看涨期权：ZN-合约月份-C-行权价格	锌期货合约（5吨）
		看跌期权：ZN-合约月份-P-行权价格	
5	黄金期权	看涨期权：AU-合约月份-C-行权价格	黄金期货合约（1000克）
		看跌期权：AU-合约月份-P-行权价格	
6	天胶期权	看涨期权：ZC-合约月份-C-行权价格	天然橡胶期货合约（10吨）
		看跌期权：ZC-合约月份-P-行权价格	

注：根据上海商品期货交易所官网（网址：http://www.shfe.com.cn/）资料整理。

二、金融期权

金融期权是以某种金融产品或金融工具作为交易标的期权产品。截至目前，我国金融期权产品数量仅有4个。

1. 上海证券交易所。2015年2月9日，上证50ETF期权在上海证券交易所上市交易，这是我国第一个金融期权产品。2019年12月23日，上海证券交易所迎来了第二只金融期权，即沪深300ETF期权。

上海证券交易所

合约标的	上证 50 交易型开放式证券投资基金（50ETF）	华泰柏瑞沪深 300 交易型开放式指数证券投资基金（沪深 300ETF）
合约类型	认购期权、认股期权	
合约单位	1 万份	
合约到期月份	当月、下月及随后两个季月	
行权价格	9 个（1 个平值合约、4 个虚值合约、4 个实值合约）	
行权价格间距	3 元或以下为 0.05 元，3~5 元（含）为 0.1 元，5~10 元（含）为 0.25 元，10~20 元（含）为 0.5 元，20~50 元（含）为 1 元，50~100 元（含）为 2.5 元，100 元以上为 5 元	
行权方式	到期日行权（欧式）	
到期日	到期月份的第三个星期三（遇法定节假日顺延）	
行权日	同合约到期日，行权指令提交时间为 9 ：15—9 ：25，9 ：30—11 ：30，13 ：00—15 ：30	
交收日	行权日次一交易日	
交易时间	上午 9 ：15—9 ：25，9 ：30—11 ：30（9 ：15—9 ：25 为开盘集合竞价时间） 下午 13 ：00—15 ：00（14 ：57—15 ：00 为收盘集合竞价时间）	
买卖类型	买入开仓、买入平仓、卖出开仓、卖出平仓、备兑开仓、备兑平仓以及业务规则规定的其他买卖类型	
最小报价单位	0.0001 元	
申报单位	1 张或其整数倍	
涨跌幅限制	认购期权最大涨幅＝ Max（合约标的前收盘价 ×0.5%，Min ［（2× 合约标的前收盘价 – 行权价格），合约标的前收盘价］×10%） 认购期权最大跌幅＝合约标的前收盘价 ×10% 认沽期权最大涨幅＝ Max（行权价格 ×0.5%，Min ［（2× 行权价格 – 合约标的前收盘价），合约标的前收盘价］×10%） 认沽期权最大跌幅＝合约标的前收盘价 ×10%	

续表

熔断机制	连续竞价期间，期权合约盘中交易价格较最近参考价格涨跌幅度达到或者超过50%且价格涨跌绝对值达到或者超过10个最小报价单位时，期权合约进入3分钟的集合竞价交易阶段
开仓保证金最低标准	认购期权义务仓开仓保证金=［合约前结算价+Max（12%×合约标的前收盘价－认购期权虚值，7%×合约标的前收盘价）］×合约单位 认沽期权义务仓开仓保证金=Min［合约前结算价+Max（12%×合约标的前收盘价－认沽期权虚值，7%×行权价格），行权价格］×合约单位
维持保证金最低标准	认购期权义务仓维持保证金=［合约结算价+Max（12%×合约标的收盘价－认购期权虚值，7%×合约标的收盘价）］×合约单位 认沽期权义务仓维持保证金=Min［合约结算价+Max（12%×合标的收盘价－认沽期权虚值，7%×行权价格），行权价格］×合约单位

注：根据上海证券交易所官网（网址：http://www.sse.com.cn/）资料整理。

2. 深圳证券交易所。2019年12月23日，嘉实沪深300ETF期权在深圳证券交易所上市交易，交易标的为“嘉实沪深300交易型开放式指数证券投资基金”。

3. 中国金融期货交易所。我国首只以股票价格指数作为交易标的的期权产品“沪深300股指期权”于2019年12月23日登陆中国金融期货交易所正式交易。

截至2021年10月26日，我国一共有20种商品期权产品，4只金融期权。除此之外，其他任何名目的期权都不合法。投资者在参与投资时应当认清产品。

壹理财案——在线理财（P2P）欺诈

边界！

国与国之间有边界；企业与企业之间有边界；人与人之间也有边界。守住边界，往往才能守住风险。

P2P网贷，从其出现、发展、蔓延，到最终的全面崩溃，究其根本是因为突破了边界。P2P网贷机构，其本质上是为个人与个人之间的借贷提供信息服务，仅仅是信息服务。但是，当它突破了信息服务的边界，进而扩展至担保、小额借贷、银行、金融理财等业务时，它已经成为了一个类金融机构。然而，作为金融机构，它又没有严格按照金融机构的监管要求进行管控，这就像“一匹脱缰的野马”，其危害是可想而知的。

自2012年起，国内P2P网贷机构不断爆雷，严重冲击着我国金融市场的安全。时至今日，P2P网贷对社会经济造成的危害还未完全平息。作为其中的一起典型案件，上海盐商集团P2P网贷“壹理财案”，它的发生值得我们深思……

壹理财案——在线理财（P2P）欺诈

1/ 案情简况

2012年，P2P[①]网贷平台在国内迎来了最疯狂的发展期，但随之而来的便是P2P网贷平台爆雷、跑路，进而暴露出黑恶放贷、暴力催收等一系列问题。这些问题的爆发终于将P2P网贷平台全部带进了坟墓。自2016年开始，在公安机关和监管部门的严厉打击之下，终于管控住了这个怪胎。这场以P2P网贷平台为主角的大面积非法借贷造成的社会危害还未散去，甚至有人指出，这场P2P网贷危机几乎演变成了系统性风险，由此可见这场危机的危害！

P2P网贷的产生还源于一个理想的金融互助理念。1976年，孟加拉国教授穆罕默德·尤努斯[②]把27美元借给了42位贫困的村民，为支付他们制作竹凳的微薄成本，帮助他们免受高利贷的盘剥，由此开启了他的小额贷款之路。1979年，他在国有商业银行体系内部创立了格莱珉（意为“乡村”）分行，开始为贫困的孟加拉妇女提供小额贷款业务。他的工作解决了穷人的借贷需求，其模式和银行并无太大差别，但这是普惠金融思想的一次实践。

如今看来，这个实践还不是P2P网贷的起源，真正的P2P网贷起源要源于英国的网贷平台Zopa[③]，这是由英国人理查德·杜瓦、詹姆斯·亚历山大、萨

① P2P 是英文 peer to peer lending（或 peer-to-peer）的缩写，意为个人对个人（伙伴对伙伴），又称点对点网络借款，是一种将小额资金聚集起来借贷给有资金需求人群的一种民间小额借贷模式。

② 穆罕默德·尤努斯：孟加拉国经济学家，孟加拉乡村银行（Grameen Bank，也译作格莱珉银行）的创始人，有“穷人的银行家”之称。尤努斯开创和发展了微额贷款服务，专门提供给因贫穷而无法获得传统银行贷款的创业者。2006 年，为表彰他们从社会底层推动经济和社会发展的努力，他与孟加拉乡村银行共同获得诺贝尔和平奖。

③ ZOPA（英国的 P2P 借贷服务网站），成立于 2005 年，是一家来自英国的 P2P 借贷服务网站，也是最早提供个人对个人网络借贷服务的网站，被称为 P2P 网贷鼻祖。

拉·马休斯和大卫·尼克尔森4位年轻人共同创造的。2005年3月，他们创办的全球第一家P2P网贷平台Zopa在伦敦上线运营，他们的宗旨是“摒弃银行，每个人都有更好的交易”。这个平台的盈利模式是投资者可列出出借金额、预期利率和出借时间，而借款者则根据借款用途、借款金额匹配合适的出借人，借贷双方自主选择完成借款，而平台仅向借贷的双方收取一定的手续费。这是真正意义上的P2P网贷平台。

随后，这种P2P网贷的理念被引入了国内。2007年6月，拍拍贷①将Zopa模式引进中国，成为国内首家P2P纯信用无担保网络借贷平台，由此开启了国内P2P网贷的发展。尤其在2008年国际经济危机几年后，国内货币政策从宽松走向紧缩，金融市场全面收紧，市场主体都在努力寻求资金来源。在这种背景之下，社会各类资本疯狂涌入P2P网贷市场，由此带来了自2012年开始的P2P网贷发展的高峰期。

然而，当P2P网贷以金融创新的名义，在市场缺乏必要的监管措施时，它的发展必然会异化。在P2P网贷平台不断新增的过程中，网贷平台爆雷、跑路、暴力催收等一系列问题频频曝出，全社会才开始重视P2P网贷的合法性及平台的角色，监管部门才出手对P2P网贷进行规范和约束。2016年8月24日，银监会联合四部门对外发布《网络借贷信息中介机构业务活动管理暂行办法》，文件明确限定自融、拆标、资产证券化等13条监管红线。2017年，监管部门又接连发布了《网络借贷信息中介机构备案登记管理指引》《网络借贷资金存管业务指引》和《网络借贷信息中介机构业务活动信息披露指引》三份文件，由此形成了对P2P网贷1+3的监管体系，实现了对P2P网贷行业的规范化管理，至此才算给国内P2P网贷这匹肆意奔驰的野马套上了缰绳。

但是，P2P网贷行业的不当发展造成的危害还未完全消散，大多数案件在警方的立案侦查后已经转到司法审判阶段，不过大量P2P网贷的受害者还在等待着，追回他们的损失还遥遥无期。对于这场P2P网贷闹剧，或许大家还不清楚为什么它会发生，又为什么它会如此短暂地发展后就消亡，这些P2P网贷平台到底有哪些违法行为，它们又是如何像病毒一样侵害着社会的？

为了回答这些问题，我们选取上海盐商集团有限公司（以下简称盐商集

① 拍拍贷，成立于2007年6月，公司全称为上海拍拍贷金融信息服务有限公司，总部位于中国上海，是中国第一家网络信用借贷平台。

团）运营的壹理财P2P网贷平台作为分析的对象，通过解析这起案件，来帮助大家认识P2P网贷的危害和在发展中存在的不法行为。我们在中国裁判文书网上，以“壹理财”作为关键词进行检索，截至2021年11月1日，合计查询到各类刑事案由文书共43份。我们以此作为基础材料，去解析这起由盐商集团操控的P2P网贷欺诈案的详细过程，尽最大可能还原事件的真相，揭露案件欺诈的本质，以警示社会公众避免再次上当受骗。

2/ 案件脉络

壹理财这起P2P网贷欺诈案发生的时间正好是国内P2P网贷发展的高峰阶段。它乘风而来，又随风而去，正应了小米公司董事长雷军的那句名言“风来了，猪都能飞起来”。然而，在我看来，这句话还有下半句，那就是“风去了，猪总会现出原形的”。

2012年3月，本案主犯之一的吴友建在上海创立了上海盐商集团有限公司，担任法定代表人。随后几年，吴友建围绕着盐商集团先后成立或收购了上海盐商网络科技有限公司（以下简称盐商网络公司）、上海融果金融信息服务有限公司（以下简称融果金融公司）、上海一佳商务咨询有限公司（以下简称一佳商务公司）、中金华泰商业保理（天津）有限公司（以下简称中金华泰公司）等一系列公司主体，并且在盐商集团内部组建了上海盐商集团双创事业部。

据吴友建交代，盐商集团真正开始对外集资是在2014年初。盐商集团通过其下属子公司和融资平台进行非法集资，以超级债权人名义对外进行放贷，并通过放大债权、重复使用债权等方式制作虚假债权材料，提供给旺财猫、壹理财等融资平台，旺财猫、壹理财等融资平台又将上述虚假债权包装成“壹财宝”“言禹贷”“日日盈”等投资期限、年化收益不同的理财产品，连同壹盐双创融资平台擅自发行的企业股权投资理财产品、中金华泰融资平台擅自发行的应收账款理财产品以及上海晶楷资产管理有限公司发行的基金产品，在未经有关部门批准的情况下，采用召开推介会、发送传单和互联网广告等方式通过门店、互联网等途径向社会公众公开宣传和销售，从而实现非法集资。

2018年6月27日，吴友建主动到公安机关投案并如实交代了犯罪事实。在公安机关的介入之下，盐商集团的犯罪行为终于停了下来。

由此可知，壹理财这起P2P网贷欺诈案，起始于2014年初，终止于2018年

6月。据司法机关统计，在这短短四年多的时间里，这起围绕着盐商集团的欺诈案共计非法集资规模高达50.37亿余元。虽然它不是国内P2P网贷欺诈案的规模之最，但它绝对是众多案件中较为典型的案件。

壹理财这起P2P网贷欺诈案的典型之处在于它充分地暴露了P2P网贷平台运作的欺诈特性。我们注意到，在这起案件中，吴友建等人打造了一个层次清晰、职责明确的平台体系，它们支撑了盐商集团高达50多亿元的非法集资。在我看来，这个体系主要分为四个层次（见图12.1）。

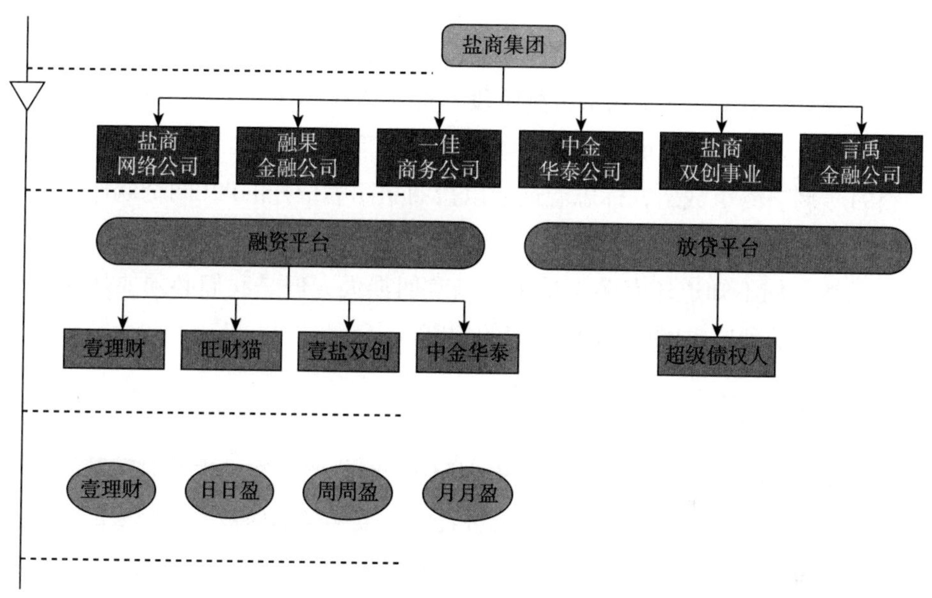

注：①根据中国裁判文书网发布的“壹理财”系列案件43份判决书整理。

②页面限制，主体名称均采用简称，与正文中简称对应。

图12.1 盐商集团综合架构体系

第一个层次是品牌主体。盐商集团要想实现对外集资，没有一个强力的品牌支撑是难以实现的。为此，吴友建等人将盐商集团打造成一个实力雄厚的综合性金融公司。在〔2020〕沪0115刑初1763号刑事判决书中，公诉机关指控被告人涂艳自2014年底开始担任盐商集团副总裁，协助吴友建开展赞助活动等提升集团形象，以及负责公司的产业运营。由此可见，吴友建等人对外开展各种活动的目的都是提升集团形象以获取受害者信任。

第二个层次是公司主体。在盐商集团之下包含一批公司，这些公司首先从股权关系上支撑起了庞大的盐商集团，其次在功能上承担着具体的职能和业务。这些合法主体成了他们非法行为的保护伞。

第三个层次是功能平台。在盐商集团构建的这个体系中，虽然主体很多，但一经分析就能发现核心只有两个功能，即放贷和募资。这恰恰是这起案件欺诈特性的重要体现。

第四个层次是产品体系。盐商集团最终面向社会公众的是被包装后的金融产品。它们以不同的期限、不同的投资回报率和不同的产品类型呈现在受害者面前，成了吴友建等人获取受害者资金的工具。

2018年6月后，在公安机关的调查下，相关责任人被警方控制，这起案件也从调查阶段逐步转入了司法审判阶段。直到2021年4月9日，上海市高级人民法院对被告人上海盐商集团有限公司、吴友建等集资诈骗二审作出〔2020〕沪刑终91号刑事终审裁定，标志着这起以盐商集团为依托的P2P网贷欺诈案落下了帷幕。

虽然我们不知道还有多少受害人未拿回损失，但是我们必须要从这起案件中真正认识到这起P2P网贷欺诈案的危害。

3/ 虚假产品

在上一部分，虽然我们搞清了壹理财P2P网贷欺诈案发生的时间脉络，但是，这起案件究竟是如何发生的，受害者的资金又是如何被募集起来的，这些问题还尚待解决。因此，在这一部分，我们就先对这起案件中出现的金融产品进行解析，来看看这些产品究竟都属于什么性质。

我们先来看以下四份刑事判决书。

第一份，在〔2019〕沪0115刑初4929号刑事判决书中，被告人陈某某是壹理财融资平台线下财富事业八部负责人。经调查，自2015年1月起，陈某某带领下属业务团队，对外销售“壹财宝”“言禹贷”“日日盈”等理财产品，以及上海晶楷资产管理有限公司发行的基金产品。

第二份，在〔2020〕苏0684刑初347号刑事判决书中，被告人姜某是上海盐商金融信息服务有限公司海门分公司和上海盐商一佳商务咨询有限公司海门分公司的负责人。经调查，姜某等人在海门地区通过壹理财线上融资平台，向社会不特定公众销售“壹财宝”“招财猫”等名称不同，投资期限为三个月、半年、一年不等，年化收益率为7%~13%不等的还本付息理财产品。

第三份，在〔2019〕沪0115刑初5576号刑事判决书中，被告人孙某某是盐商集团双创事业部总经理。经调查，自2017年10月起，孙某某负责寻找股权投资项目，由壹盐双创融资平台包装成企业股权投资理财产品后，通过壹理财融资平台对外销售，非法吸收公众资金。

第四份，在〔2020〕沪刑终91号刑事判决书中，上海盐商集团有限公司作为单位被告以及吴友建、孔祥国、徐震宇、李志浩等人被指控。经调查，自2016年起，被告人吴友建指使被告人李志浩负责运营旺财猫平台，将言禹公司的虚假债权包装成"日日盈""周周盈""月月盈"等债权转让类理财产品，承诺高额回报，向社会公众公开销售。

在以上四份刑事判决书中，提到的金融产品可以分为三类（见图12.2）。

第一类是以"日日盈""周周盈""月月盈""壹财宝""言禹贷"等为代表的债权转让类理财产品。

第二类是盐商集团双创事业部推出的股权投资类理财产品。

第三类是其他公司发行的基金类理财产品。

总之，在壹理财融资平台销售的产品包括债权、股权以及基金等各类理财产品。我们知道，合法的金融理财产品必须由合法的金融主体按照程序依法发行，在销售的过程中只能面向合格投资者推荐销售。然而，至少在我们所获得的资料中，我们并未看到盐商集团获得了监管部门的任何批准，由此也反映了这些理财产品的非法性。

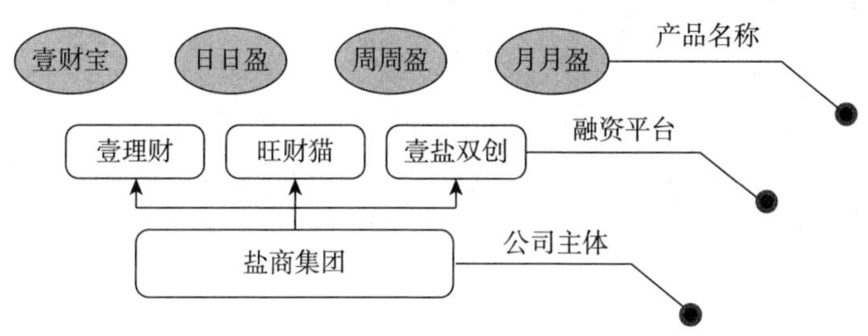

注：根据〔2020〕沪刑终 91 号判决书整理。

图 12.2 盐商集团部分理财产品

当然，我们在此剖析壹理财P2P网贷案件的欺诈性，主要是将这些理财产品的虚假性披露出来，这是我们的目的。在〔2020〕沪刑终91号刑事判决书中，公安机关的调查以及吴友建等主犯的供述，可以充分反映出这些理财产品的虚假性。

第一，在刑事判决书中多次出现了超级债权人吴月娥的信息。据查，吴月娥本是言禹金融公司的部门经理，吴友建等人以吴月娥的名义对外发放贷款形成债权，并将该债权包装成理财产品。但在包装的过程中，一是虚设了大量的债权，二是将本来的债权肆意放大。例如，吴月娥原本对外放贷的规模仅有100万元，却在包装成理财产品时放大至500万元，甚至1000万元。

第二，据公安机关调查，自2017年3月起，吴友建指使袁忠伟，通过中金华泰融资平台持有长春紫正制药有限公司对吉林省三晶医药物流有限公司应收账款的事实，将包装的理财产品通过壹理财融资平台对外销售。

第三，据公安机关调查，自2017年11月起，吴友建指使戚某某、陈某1虚构“盐商信成中国青年创业私募股权投资基金”股权投资项目，承诺高额回报，销售基金产品。

从以上三则仅有的信息中我们可以看出，盐商集团所发行和销售的理财产品是由非法的金融主体，以虚假的债权或股权为基础发行的虚假理财产品。这些理财产品如不是来自真实的资产支撑，那是站不住脚的。从这里我也可以断定，这绝不仅仅是非法吸收公众存款的问题，而必定是以非法占有为目的的诈骗行为。

无论投资者购买什么样的理财产品，都应该问清这几个问题：（1）是由哪个主体发行的，这个主体是不是合法的金融机构？（2）这个理财产品是什么性质的，是股权类还是债权类？（3）这个理财产品的底层资产是什么，资金流向哪里？等等。投资者多问问这些问题，可以很好地避免上当受骗。

回到这起案件中来，盐商集团先以超级债权人的名义对外放贷，又将债权包装成理财产品对外销售募资，就这一点，我们就可以认定盐商集团干的是银行的事。从这个角度看，盐商集团经营的绝不是正规的P2P网贷业务，它已经越界了。

4/P2P 模式

要想揭露盐商集团，在我看来只解决产品的欺诈问题，还不能实现对盐商集团虚假P2P模式的揭露，是绝不能让受害者醒悟的。

我把这起以盐商集团为载体的欺诈案划分为P2P网贷欺诈是有原因的。要回答这个问题，我们要回到对P2P网贷模式的认识上来。

P2P是英文Peer to Peer Lending（或Peer-to-Peer）的缩写，其含义是指个人对个人（或伙伴对伙伴）的借贷。按照定义，P2P又称点对点网络借贷，是投资人和借款人通过P2P网贷平台，在网络上达成借贷合约，形成借贷事实的一种借贷方式，业务结构如图12.3所示。

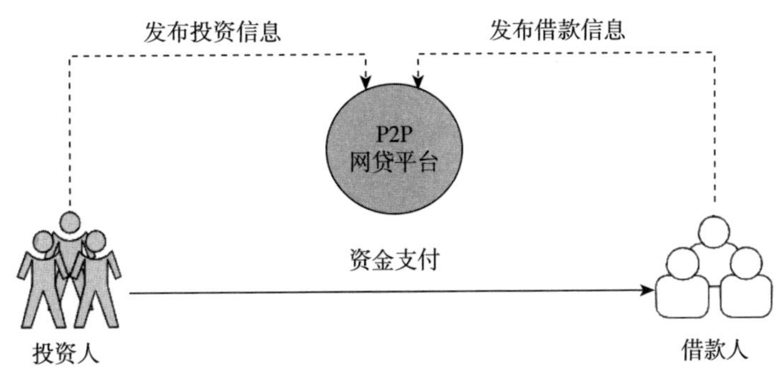

图 12.3　P2P 网贷传统模式结构

从图12.3中我们可以看出，借款人通过P2P网贷平台发布借款需求信息，投资人则通过P2P网贷平台获得投资信息，借贷双方通过P2P网贷平台完成撮合交易。因此，对P2P网贷平台来说，它是以网络信息技术服务商的角色出现的，是为借贷双方提供信息展示，促成双方达成借贷行为的信息中介机构。

因此，我们把这种以单纯提供信息技术服务的P2P网贷模式称为传统的P2P网贷模式。在传统的P2P网贷模式中，P2P网贷平台不承担金融机构的职能。从监管的角度看，它不属于金融监管的业务范畴。从本质上讲，通过P2P网贷平台发生的借贷属于民间借贷行为，是民间借贷的网络化。从这个角度出发，我们认为P2P网贷业务是受法律保护的，P2P网贷平台的经营是合法的。

然而，随着P2P网贷行业的发展，各种创新不断出现。在这个过程中，P2P网贷平台的信息中介角色被不断突破，异化为金融机构或类金融机构。在缺乏行业标准和监管的背景下，这些所谓的创新将P2P网贷行业不断推向罪恶的深渊。

通过对国内P2P网贷机构的分析，我认为我国的P2P网贷模式主要有以下四种创新类型：

第一种是传统的P2P模式+担保机制（见图12.4）。这种模式的核心是在传统的P2P网贷模式基础上，通过引入担保机制增强投资者信任。这种类型的担保一般有两种方式，一是P2P网贷平台自身为担保方承担担保责任，二是P2P网贷平台引入市场中其他担保机构承担担保职责。这两种担保方式对P2P网贷平台造成的风险是不一样的。如果是市场其他担保机构履行担保职责，则风险由该担保机构承担，理论上并不涉及P2P网贷平台，也并不会加大P2P网贷平台自身的经营风险。但是，如果担保责任由P2P网贷平台自身承担，就会给P2P网贷平台的经营带来重大风险。

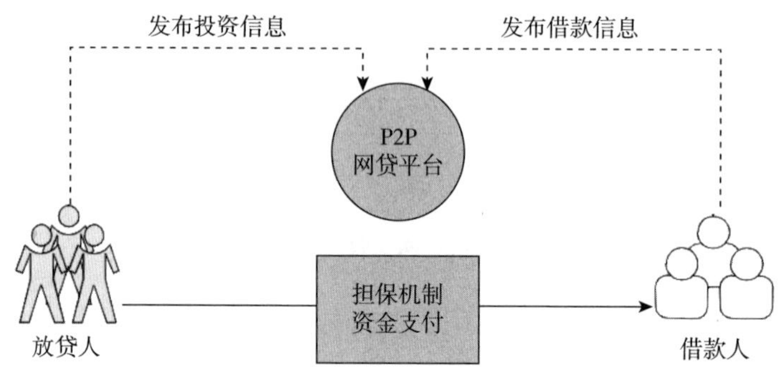

图 12.4　P2P 网贷模式创新一：传统 P2P 模式 + 担保机制

《中华人民共和国担保法》规定，只要是合法主体就可以履行担保职责。因此，P2P网贷平台以自身为担保主体并不违反法律规定。只是从P2P网贷平台自身经营风险的角度来看，这种模式将会加大其经营的风险。因此，对于第一种模式的创新，其角色仍然定位为信息中介，应认定为传统的P2P网贷模式。

第二种是银行模式（见图12.5）。这种模式是指，P2P网贷平台突破了信息中介的角色定位，以自身为借债主体对外发布借款信息募集资金，同时又以放贷人身份对外发布放贷信息，以吸引借款人借款。由此可见，这种模式中P2P网贷平台直接参与借贷，以借款人和放贷人的双重身份出现在借贷关系中，我们称为P2P网贷银行模式。

对于这种模式，P2P网贷平台承担着类似银行的职能，一边对外吸收资金，一边对外发放贷款，由此形成了资金池。而P2P网贷平台也不再以收取信息中介服务费作为盈利手段，而是将赚取借贷利差作为其收益的主要来源。因此，这种模式是P2P网贷平台银行化的重要体现，它从事着银行的业务。按照我国金融监管相关法律规定，这种P2P网贷模式显然是不合法的。

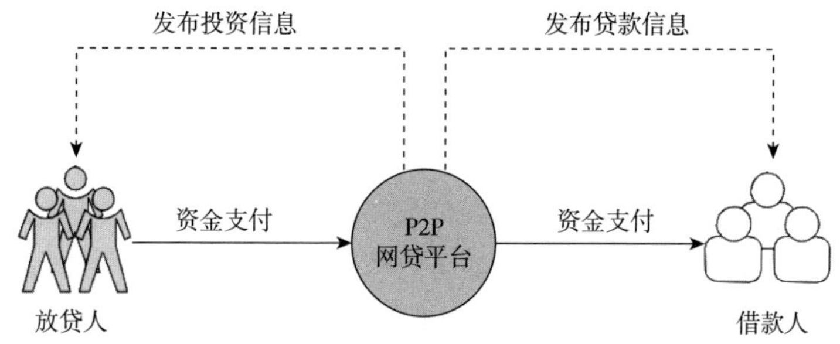

图 12.5　P2P 网贷模式创新二：银行模式

第三种是小额贷款公司模式（见图12.6）。小额贷款公司是由自然人、企业法人与其他社会组织依法投资设立的，不吸收公众存款，经营小额贷款业务的有限责任公司或股份有限公司。按照规定，小额贷款公司经营放贷的资金只能来自股东出资。我们一般认为小额贷款公司属于金融机构范畴，因此也把它们纳入了国家金融监管体系。在P2P网贷平台创新模式中，有平台将小额贷款公司模式引入了P2P网贷行业。这种与小额贷款公司业务相同的P2P网贷创新模式同样不对外募资，而是以自有资金或其他特定来源资金通过P2P网贷平台向借款人出借资金从而赚取贷款收益。

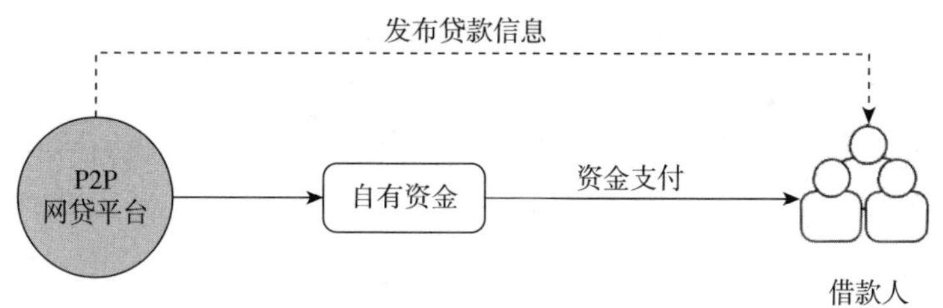

图 12.6　P2P 网贷模式创新三：小额贷款公司模式

国内虽然对小额贷款公司的性质认定仍有争议，但是，小额贷款公司在设立、经营和监管方面都有着明确的要求和条件，各地方金融办等职能部门也将小额贷款公司纳入金融监管的范畴。由此，我认为小额贷款公司属于金融机构。当P2P网贷平台从事小额贷款公司业务后，其信息中介的角色边界也被突破，已经不再是传统的P2P网贷模式了。

第四种是理财公司模式（见图12.7）。这种模式是指P2P网贷平台通过从市场中获得债权或股权资产包，并将资产包分拆设计为金融理财产品，通过P2P网贷平台对外发布，投资者购买股权或债权等理财产品来实现投资。由此我们可以看出，这种模式与国内的理财公司的业务模式几乎是相同的。

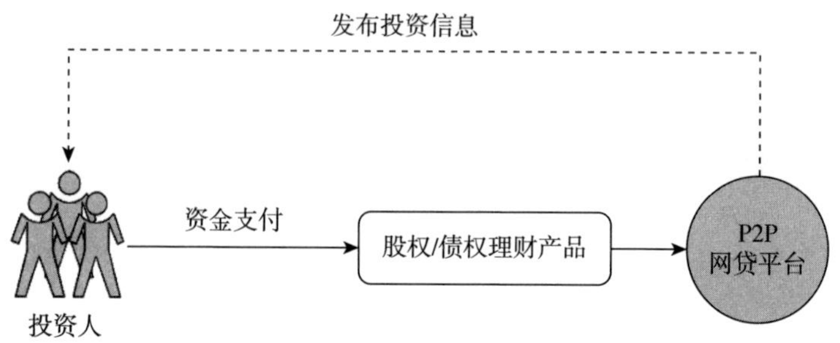

图 12.7　P2P 网贷模式创新四：理财公司模式

但是，不管是哪种类型的金融理财公司，都属于金融机构。因此，当P2P网贷平台参与理财产品的设计与发行时，其承担的是金融机构的职责，而不再是信息中介。

在此我们给大家介绍我国P2P网贷发展的创新模式，是要告诉大家，在传统的P2P网贷模式中，P2P网贷平台仅扮演着信息中介的职能，而非承担金融机构的职责。但是，当P2P网贷平台的角色边界被突破后，P2P网贷平台就演变为金融机构。但是，由于P2P网贷平台并没有被纳入金融监管范畴，其经营就如脱缰的野马，不仅没有约束，更没有规则。在这种情况下，P2P网贷平台的发展必然走向恶化，最终酿成的后果难以想象。

至此，大家已经完全了解了P2P网贷平台的发展模式。我们回到盐商集团这起P2P网贷欺诈案上来。在盐商集团P2P网贷欺诈案中，我认为被告人吴友建等人采用的正是P2P网贷平台创新的第四种模式，即理财公司模式。为什么我会做出这样的认定，请跟随我一起，开展对盐商集团业务的解析，从中你能得到明确答案。

5/ 业务模式

在盐商集团内部，虽然各子公司主体独立，但业务又彼此关联，共同构成盐商集团P2P网贷的完整闭环。

经查，吴友建控制的盐商集团下，有各类主体公司25家之多。结合我们掌握的刑事判决书内容，我们重点列出以下四个主体信息，以及各自承担的职责（见图12.8）。

第一，言禹金融信息服务（上海）有限公司。该公司成立于2015年9月10

日，法定代表人为孔祥国。经查，孔祥国作为盐商集团P2P网贷欺诈案的重要参与人，在2014年9月—2018年6月，经吴友建指使，以盐商集团和言禹金融公司为载体，以超级债权人吴月娥等人的名义对外发放信用贷款。由此可见，言禹金融公司承担的是对外放贷的职能。

第二，上海盐商一佳商务咨询有限公司。该公司成立于2017年1月3日，法定代表人为吴友建。根据〔2020〕沪刑终91号、〔2020〕苏0684刑初347号刑事判决书可知，徐震宇担任一佳商务公司总经理。一佳商务公司在全国各地设立了分公司，其中姜英担任一佳商务公司海门分公司负责人。我们认为，该公司主要职责是通过壹理财线上线下平台，以发传单、开酒会、门店接待、口口相传等方式，推广“壹财宝”“招财猫”等理财产品。

第三，盐商集团双创事业部。作为盐商集团内部设立的组织部门，我们并未查询到其具体创建的时间。但根据〔2019〕沪0115刑初5576号刑事判决书可知，孙某某自2017年10月起担任双创事业部总经理。其主要职责是寻找股权投资项目，把搜寻到的投资项目经双创事业部包装后，设计成企业股权投资或债权投资理财产品，并通过壹理财融资平台进行销售。

第四，上海盐商网络科技有限公司。该公司成立于2014年4月3日，法定代表人为吴友建。根据〔2019〕沪0115刑初5588号刑事判决书可知，李某某是盐商网络公司总经理，韩同广担任副总经理。该公司负责为盐商集团及旗下公司提供软件设计、平台维护和数据保管等服务。

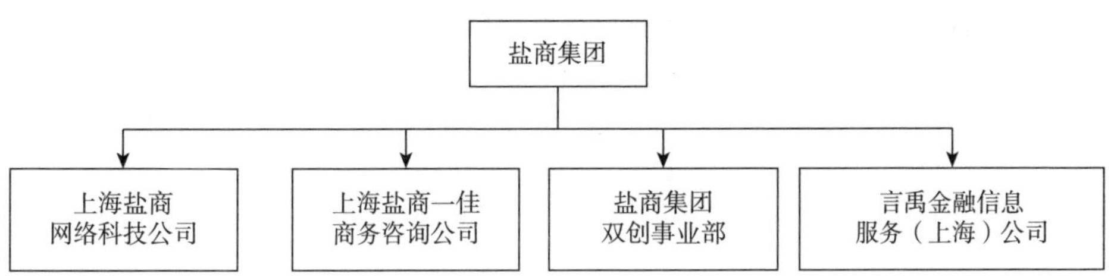

注：根据〔2020〕沪刑终 91 号判决书整理。

图 12.8　盐商集团部分核心业务主体

至此，盐商集团作为平台载体，上海盐商网络科技公司、上海盐商一佳商务咨询公司、盐商集团双创事业部和言禹金融信息服务（上海）公司等核心主体作为职能机构，共同支撑了盐商集团P2P网贷业务的两大核心功能平台，即融资平台和放贷平台（见图12.9）。

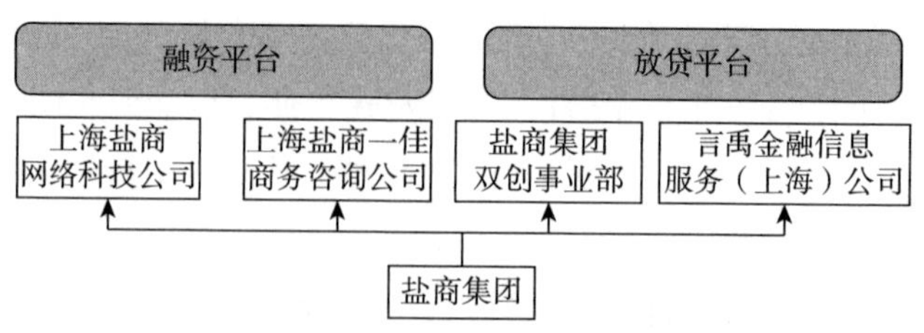

注：根据〔2020〕沪刑终 91 号判决书整理。

图 12.9　盐商集团 P2P 网贷的两大功能平台架构

我们给大家梳理盐商集团的完整业务模式，具体分为三步（见图12.10）。

第一步，以言禹金融公司和双创事业部等为代表的资产平台，通过开展业务，形成底层资产。具体操作是，盐商集团以言禹金融公司作为放贷平台，通过吴月娥等超级债权人向社会公众提供小额信用贷款，由此形成吴月娥等人对借款者的债权资产。同时，盐商集团又以双创事业部作为投资主体，对外开展投资业务，形成盐商集团或关联企业对已投资或拟投资企业的债权或股权关系。在这一系列的操作下，盐商集团拥有了基础的股权和债权资产。

第二步，盐商集团将拥有的股权和债权资产，通过内部包装，设计成不同金融理财产品。如果是以债权作为底层资产的，则包装设计成债权转让类理财产品；如果是以股权作为底层资产的，则包装设计成股权投资类理财产品。通过这一步的操作，完成了底层资产的金融产品化。所以，投资者在市场中看到的“日日盈”“周周盈”“月月盈”“壹财宝”“言禹贷”等理财产品，正是由各种底层资产作为基础，包装设计并发行出来的。

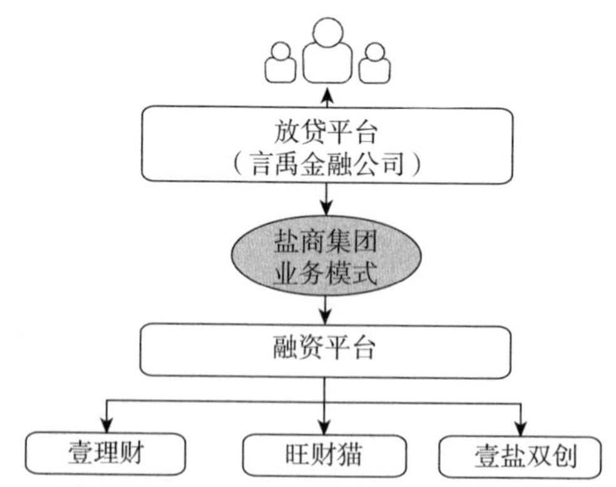

注：根据〔2020〕沪刑终 91 号判决书整理。

图 12.10　盐商集团 P2P 业务模式

第三步，作为盐商集团的三大融资平台，壹理财、旺财猫和壹盐双创，通过其线上线下的销售渠道，各地分公司，以及遍布全国的门店和业务人员，将这些理财产品推销出去，最终实现对资金的汇集。

至此，盐商集团通过其内部构建的业务体系，实现了业务的闭环，完成了盐商集团对资金的募资和对外投资。然而，这里有两个问题值得思考：第一，盐商集团的业务模式本质上是什么？第二，盐商集团的业务真的能够实现闭环吗？

从本质上讲，盐商集团扮演着金融机构的职责，既承担着银行的吸储和放贷的角色，同时又承担着金融产品设计者的角色，这样一个超级金融机构的角色本身就是违反现代金融风险隔离要求的。对于其业务能否闭环，大家只需要思考盐商集团首批债权或股权从何而来，就能发现问题。没有资金对外放贷或投资是不可能形成对外债权或股权的，所以盐商集团要做的就一定是先集资，再形成所谓的债权或股权，进而推动业务的发展，形成闭环。这里恰恰暴露了盐商集团P2P网贷模式的非法性，他们以虚假或少量的债权为基础，虚设和夸大了底层资产，并在此基础上包装设计成理财产品，通过销售完成募资，由此充分地暴露出盐商集团P2P网贷业务的非法性。

当我们回头对照之前所谈到的P2P网贷平台的创新模式，可以清楚地看出，盐商集团P2P网贷模式属于创新模式的第四种，即理财公司模式。作为合法正规的金融机构，国家会设定相应的门槛，通过规定一定实缴注册资本金和计提一定风险准备金等措施，以保障金融机构的正常经营和防控风险。但是，盐商集团做了吗？没有！

所以说，盐商集团的P2P网贷模式的风险已经彻底暴露，至于其他所谓的风控手段就已经毫无意义了。

6/ 吸储能力

决定一起集资欺诈案危害程度的，很大程度上取决于其集资的能力。集资能力越强，募资的规模越大，受害者的损失也就越大。正如我们之前所述，盐商集团构建的体系不只一个融资平台。试想，盐商集团的集资能力得有多强啊！

在〔2020〕沪刑终91号刑事判决书中，法院指出，自2014年初至2018年6月案发，盐商集团累计向社会公众非法募集资金50.3亿余元，其中：

34.5亿余元用于对前期投资人兑付本息；

5.4亿余元用于公司运营支出；

3.9亿余元用于发放员工工资、提成和兑付本息；

2.2亿余元用于归还盐商集团的其他债务；

0.4亿余元用于个人租房、归还个人其他债务；

另有3.4亿余元用于对外放贷和投资。

综合盐商集团吸收的资金规模和各资金的去向，经司法鉴定机关统计，盐商集团合计造成约1.6万余名受害人高达16.3亿余元的实际损失。

说到这里，大家自然会问，高达50.3亿余元的资金是如何被募集起来的呢？通过对掌握的刑事判决书的整理与分析，我们发现在盐商集团内部，有不只一个集资平台。在我们收集的43份刑事判决书中，有39份刑事判决书是壹理财集资平台涉案员工的。我们通过已掌握的资料梳理了壹理财集资平台的基本建制和人员配备。

首先，壹理财作为盐商集团的集资平台之一，通过线上和线下两种方式销售理财产品。

其次，线下方式主要是通过在各地开设分公司、设立门店，以推广会、宣传会以及酒会等手段向客户推广；

最后，壹理财集资平台内部设立了线下财富事业部，分为二部、三部、五部、六部、七部、八部，各部配置专门的负责人、团队长、理财师和业务员。

由于我们掌握的资料有限，只能以已查询到的43份刑事判决书中为基础。通过分析，我们整理了壹理财集资平台线下财富事业部各部人员的涉案金额和未兑付金额。从表12.1可见六部和八部的建制最健全，集资规模最大。

表 12.1 壹理财平台线下财富事业部业务部分人员涉案金额

壹理财平台线下财富事业部						
部门	姓名	职务	开始时间	涉案累计交易金额（余元）	投资者投入金额（余元）	未兑付金额（余元）
二部	姚某某	业务员	2016 年 1 月	572 万		339 万
三部	**王某某**	**负责人**	**2014 年 8 月**	**4016 万**	**3707 万**	**1638 万**
	陆某某	业务员	2014 年 8 月	684 万		336 万
	陆某某 2	业务员	2014 年 11 月	664 万		374 万

续表

壹理财平台线下财富事业部						
部门	姓名	职务	开始时间	涉案累计交易金额（余元）	投资者投入金额（余元）	未兑付金额（余元）
五部	**陈某某 1**	**负责人**	**2014 年 11 月**	**2.5 亿**	**1.7 亿**	**1.2 亿**
	周某某 1	业务员	2014 年 12 月	1613 万		715 万
	李某某	业务员	2016 年 9 月	3463 万		1988 万
	沈某 1	业务员	2016 年 10 月	1346 万		584 万
六部	**宋某某**	**负责人**	**2014 年 4 月**	**4.5 亿**	**3.3 亿**	**1.8 亿**
	毛某某 1	团队长	2014 年 12 月	5386 万		2662 万
	汪某某	业务员	2014 年 11 月	4000 万		1700 万
	郑某某	业务员	2015 年 1 月	894 万		272 万
	邱某某	业务员	2015 年 1 月	813 万		318 万
	瞿某某	业务员	2015 年 1 月	4596 万		1932 万
	董某某 1	业务员	2015 年 4 月	690 万		362 万
	唐某某	业务员	2015 年 4 月	2088 万		947 万
	沈某 2	业务员	2015 年 9 月	2310 万		848 万
	毛某某 2	业务员	2015 年 12 月	1300 万		610 万
	朱某 1	业务员	2016 年 8 月	921 万		369 万
	金某某	业务员	2016 年 8 月	856 万		375 万
	胡某	业务员	2016 年 8 月	647 万		610 万
七部	王某	业务员（兼职）	2016 年 1 月	923 万		570 万
八部	**陈某某 2**	**负责人**	**2015 年 1 月**	**5.4 亿**	**3.3 亿**	**2.5 亿**
	董某某 2	业务员	2014 年 11 月	1188 万		575 万
	陈某某 2	业务员	2015 年 1 月	900 万		389 万
	王某某	业务员	2015 年 2 月	1958 万		776 万
	胡某某 1	业务员	2015 年 3 月	2000 万		990 万
	陈某	业务员	2015 年 3 月	534 万		268 万
	杨某某	业务员	2015 年 3 月	2135 万		955 万
	黄某	业务员	2015 年 4 月	7725 万		3690 万
	张某	业务员	2015 年 4 月	990 万		478 万
	吴某某	业务员	2015 年 7 月	611 万		354 万

续表

壹理财平台线下财富事业部						
部门	姓名	职务	开始时间	涉案累计交易金额（余元）	投资者投入金额（余元）	未兑付金额（余元）
八部	李某某	业务员	2015 年 10 月	1188 万		647 万
	胡某某 2	业务员	2015 年 10 月	1381 万		807 万
	彭某	业务员	2015 年 11 月	574 万		258 万
其他	周某某 2	业务总监（二部负责人）	2014 年 4 月	6352 万	5041 万	2014 万
	赵某	业务总监（三部理财师）	2014 年 6 月	5031 万	3764 万	2506 万
	徐某	业务总监	2014 年 8 月	2.5 亿	1.8 亿	1 亿

注：①根据裁判文书网“壹理财”检索 43 份刑事系列判决书整理。

②表中资料来自判决书统计。

其中，六部负责人宋某某，自2014年4月开始至案发，涉案累计交易金额高达4.5亿余元，投资者投入金额3.3亿余元，未兑付金额1.8亿余元。而八部负责人陈某某2，自2015年1月开始至案发，涉案累计交易金额高达5.4亿余元，投资者投入金额3.3亿余元，未兑付金额2.5亿余元。

我想强调的是，以上仅仅是我们掌握的壹理财集资平台部分线下集资的情况，我们还不清楚线上渠道的集资规模有多大。我们在想，在线上开放的集资空间中，涉及的范围可能更大，人数可能更多。

从以上数据中我们可以看出，仅壹理财这一个集资平台，就给盐商集团带来了庞大的资金，足见其超强的集资能力。这种集资能力是如何获得的，我想除了一系列对涉案员工的高额奖励机制，更离不开盐商集团平台的赋能。

至此，这起围绕着盐商集团的非法P2P网贷欺诈案，已经被我们完全揭露了。

7/ 事件定性

关于这起案件的性质，我们从两个方面来了解法院的观点。

在〔2019〕沪01刑初60号刑事判决书中，上海市第一中级人民法院对被告人上海盐商集团有限公司和吴友建等直接负责的主管人员进行了案件定性。法院认为：

被告单位盐商集团及其直接负责的主管人员吴友建以非法占有为目的，使用诈骗方法非法集资，数额特别巨大，其行为均已构成集资诈骗罪。被告人孔祥国、王柱全作为盐商集团中直接负责的主管人员，被告人徐震宇、李志浩、吴月娥、韩同广作为盐商集团中的直接责任人员，使用诈骗方法非法集资，数额特别巨大，其行为均已构成集资诈骗罪。结合盐商集团、吴友建、韩同广、吴月娥具有自首情节，李志浩、王柱全、孔祥国、徐震宇、吴月娥、韩同广退赔全部或部分个人实际违法所得等情节，依照《中华人民共和国刑法》有关规定，对被告人作出如下判决。

（1）被告单位上海盐商集团有限公司，犯集资诈骗罪，判处罚金7000万元。

（2）被告人吴友建，盐商集团法定代表人，实际控制人。犯集资诈骗罪，判处无期徒刑，并处罚金人民币3000万元。

（3）被告人孔祥国，盐商集团副总裁、言禹金融公司负责人。犯集资诈骗罪，判处有期徒刑十五年，并处罚金人民币200万元。

（4）被告人徐震宇，壹理财集资平台负责人。犯集资诈骗罪，判处有期徒刑十三年六个月，并处罚金人民币200万元。

（5）被告人李志浩，旺财猫集资平台负责人。犯集资诈骗罪，判处有期徒刑十二年，并处罚金人民币150万元。

（6）被告人吴月娥，言禹金融公司员工、超级债权人。犯集资诈骗罪，判处有期徒刑五年，并处罚金人民币50万元。

（7）被告人王柱全，壹盐双创平台负责人。犯集资诈骗罪，判处有期徒刑十一年六个月，并处罚金人民币100万元。

（8）被告人韩同广，壹理财集资平台负责人。犯集资诈骗罪，判处有期徒刑十年，并处罚金人民币100万元。

同时，在〔2020〕沪0115刑初1763号刑事判决书中，被告人涂艳，自2014年起担任盐商集团副总裁。上海市浦东新区人民法院以被告人涂艳，犯非法吸收公众存款罪，判处有期徒刑四年，罚金人民币10万元。

在〔2020〕沪0115刑初1757号刑事判决书中，被告人戚某某，自2016年4

月起，担任盐商集团副总裁，负责管理财务部。上海市浦东新区人民法院以被告人戚某某，犯（单位）非法吸收公众存款罪，判处有期徒刑三年，缓刑五年，罚金人民币10万元。

以上是盐商集团这起欺诈案中部分管理人员的判决结果。从中我们得知，这起案件的主犯均是以犯集资诈骗罪定罪量刑的。同时，个别中高层管理者，是以犯非法吸收公众存款罪定罪量刑的。

除此之外，另有39份刑事判决书均是针对壹理财集资平台涉案员工的判决。经统计发现，对于这些案件，法院都是以被告人犯非法吸收公众存款罪定案的，并根据被告人参与案件的时间、担任的角色职责、涉案金额等为依据，判处不同的刑期和罚金。

从法院的判决结果中我们可以看出，法院对盐商集团这起欺诈案，是以集资诈骗罪和非法吸收公众存款罪两个罪名进行定性的。而非法吸收公众存款罪是典型的金融领域犯罪罪名。

我认为，这起以盐商集团为运作平台的P2P网贷欺诈案，是P2P网贷在国内缺乏法律监管的背景下，以金融创新之名进行的违法经营行为。在这个过程中，盐商集团通过边放贷边集资的方式，以发行虚假的金融理财产品为依托，实现对受害者的欺诈。因此，这起案件是以金融创新为名的欺诈案件，应该认定为金融欺诈案件。

8/ 案件点评

P2P网贷平台的出现有其历史必然性。传统的民间借贷与先进的互联网技术结合，必然会催生出新的借贷模式。从逻辑上看，P2P网贷平台的出现能够为出借方和借款方提供极大的便利，有利于降低社会融资成本，解决融资难等社会问题。作为直接融资的一种方式，在合理合法的前提下应当允许发展。

然而，P2P网贷有其天然的缺陷。在民间借贷网络化后，由于借款主体的信用参差不齐，借款信息的真实与否难以判断，违约后的争议解决难度较大，这些问题都制约着P2P网贷行业的发展。在正规的金融体系中，金融机构可以通过征信系统加强对借款人的审查，并设置抵押、担保等方式增强借款人的还款保障，金融机构也可以通过计提坏账准备等方式来应对经营风险，增强运营安全。所以，对于“裸奔”的P2P网贷行业来说，从其出现的那一天起就存在着天然的缺陷。

P2P网贷进入国内之后，在所谓的创新下，实则已经突破了P2P网贷平台信息中介的职责，转变成为金融机构或类金融机构。在这个阶段，由于缺乏必要的法律监管措施，导致不法分子以P2P网贷平台为载体对外募集资金。不管是自融自贷还是包装产品募资，其目的都是从投资者手中非法获取资金。

盐商集团这起金融欺诈案正发生在P2P网贷国内发展的高峰期。这个高峰期恰恰也是混乱期。在案件中我们看到，盐商集团采用的正是资金池模式，一边融资，一边放贷。但是，在高达50.3亿余元的集资规模中，放贷和投资的金额仅有3.4亿余元，占其总规模的6.8%。这样一个完全不对等的数额，充分地暴露出盐商集团P2P网贷模式的不合理和不合法，也彻底揭露了其欺诈的真实面目。

知识扩展1

守住不发生系统性金融风险的底线（认真学习宣传贯彻党的十九大精神）

周小川

金融是国家重要的核心竞争力，党中央高度重视防控金融风险、保障金融安全。党的十八大以来，在以习近平同志为核心的党中央领导下，面对国际金融危机持续影响和国内经济“三期叠加”的严峻挑战，金融系统大力推进改革创新，切实加强宏观调控和金融监管，金融机构实力不断上升，金融产品日益丰富，金融服务普惠性提高，多层次金融市场逐步健全，金融基础设施日趋完善，金融体系防控风险能力显著增强。党的十九大要求，“深化金融体制改革，增强金融服务实体经济能力，提高直接融资比重，促进多层次资本市场健康发展。健全货币政策和宏观审慎政策双支柱调控框架，深化利率和汇率市场化改革。健全金融监管体系，守住不发生系统性金融风险的底线”。这是习近平新时代中国特色社会主义思想在金融领域的根本要求，是金融发展一般规律与我国金融改革实践探索相结合的科学部署，是指导金融改革发展稳定的行动指南，是做好新时代金融工作的根本遵循。

一、主动防控系统性金融风险要靠加快金融改革开放

在今年7月召开的第五次全国金融工作会议上，习近平总书记对金融工作作出了一系列重大判断、重要决策和明确要求："党的十八大以来，我国金融改革发展取得了新的重大成就。回顾改革开放以来我国金融业发展历程，解决影响和制约金融业发展的难题必须深化改革。""不断扩大金融对外开放。通过竞争带来优化和繁荣。""防止发生系统性金融风险是金融工作的根本性任务，也是金融工作的永恒主题。要把主动防范化解系统性金融风险放在更加重要的位置。"应对系统性风险，主题是防范，关键是主动。改革开放是主动防范化解系统性金融风险的历史经验和未来抉择。

（一）改革开放提高了金融体系的整体健康性。一是基本金融制度逐步健全。改革开放特别是党的十八大以来，我国的货币政策和金融监管制度立足国情，与国际标准接轨，探索构建宏观审慎政策框架，建立存款保险制度，防控系统性风险冲击的能力增强。股市、债市、衍生品和各类金融市场基础设施等"四梁八柱"都已搭建完成，市场容量位列世界前茅。

二是人民币国际化和金融业双向开放促进了金融体系不断完善。人民币加入国际货币基金组织特别提款权货币篮子，我国参与国际金融治理地位显著提升。一些国际金融机构参与我国金融业，促进了金融市场竞争，提升了国内金融机构经营水平和抗风险能力，国内金融机构"走出去"也取得积极进展，当前我国"工农中建"四大银行都是全球系统重要性金融机构，银行业较低的不良资产率、较高的资本充足率和盈利能力均处于世界领先水平。

（二）改革开放促进了金融机构和市场的结构优化。金融体系践行创新、协调、绿色、开放、共享的发展理念，全面深化利率和汇率市场化改革，着力完善金融企业法人治理，积极稳妥鼓励金融机构组织体系、金融产品和服务创新，系统推进多层次资本市场建设，引进并培育多元化市场主体，服务实体经济效率和抗风险能力明显提升。社会融资

规模存量从2011年的76.7万亿元增加至2016年的156万亿元，直接融资比例从15.9%提高至23.8%。当前存贷汇、债券交易等传统业务合规稳健，与改革开放初期金融业存在的账外经营、挪用客户资金、乱集资等混乱局面已不可同日而语，金融业已发展到了更高层次的市场准入，以及更广泛参与国际国内金融市场的阶段。

二、防止发生系统性金融风险是金融工作的永恒主题

（一）准确判断我国当前面临的金融风险。习近平总书记反复强调，“金融安全是国家安全的重要组成部分，准确判断风险隐患是保障金融安全的前提”。总体来看，我国金融形势是好的，但当前和今后一个时期我国金融领域尚处在风险易发高发期，在国内外多重因素压力下，风险点多面广，呈现隐蔽性、复杂性、突发性、传染性、危害性特点，结构失衡问题突出，违法违规乱象丛生，潜在风险和隐患正在积累，脆弱性明显上升，既要防止“黑天鹅”事件发生，也要防止“灰犀牛”风险发生。

一是宏观层面的金融高杠杆率和流动性风险。高杠杆是宏观金融脆弱性的总根源，在实体部门体现为过度负债，在金融领域体现为信用过快扩张。2016年末，我国宏观杠杆率为247%，其中企业部门杠杆率达到165%，高于国际警戒线，部分国有企业债务风险突出，“僵尸企业”市场出清迟缓。一些地方政府也以各类“名股实债”和购买服务等方式加杠杆。2015年中的股市异常波动，以及一些城市出现房地产价格泡沫化，就与场外配资、债券结构化嵌套和房地产信贷过快发展等加杠杆行为直接相关。一些高风险操作打着“金融创新”的幌子，推动泡沫在多个市场积聚。国际经济复苏乏力，主要经济体政策外溢效应等也使我国面临跨境资本流动和汇率波动等外部冲击风险。

二是微观层面的金融机构信用风险。近年来，不良贷款有所上升，侵蚀银行业资本金和风险抵御能力。债券市场信用违约事件明显增加，债券发行量有所下降。信用风险在相当大程度上影响社会甚至海外对我国金融体系健康性的信心。

三是跨市场、跨业态、跨区域的“影子银行”和违法犯罪风险。一些金融机构和企业利用监管空白或缺陷“打擦边球”，套利行为严重。

理财业务多层嵌套，资产负债期限错配，存在隐性刚性兑付，责权利扭曲。各类金融控股公司快速发展，部分实业企业热衷投资金融业，通过内幕交易、关联交易等赚快钱。部分互联网企业以普惠金融为名，行庞氏骗局之实，线上线下非法集资多发，交易场所乱批滥设，极易诱发跨区域群体性事件。少数金融“大鳄”与握有审批权及监管权的“内鬼”合谋，火中取栗，实施利益输送，个别监管干部被监管对象俘获，金融投资者消费者权益保护尚不到位。

（二）科学分析金融风险的成因。习近平总书记深刻指出：“透过现象看本质，当前的金融风险是经济金融周期性因素、结构性因素和体制性因素叠加共振的必然后果”。具体而言，当前的金融风险隐患是实体经济结构性失衡和逆周期调控能力、金融企业治理和金融业对外开放程度不足，以及监管体制机制缺陷的镜像反映。

一是宏观调控和金融监管的体制问题引致风险的系统性。在宏观调控上，对货币“总闸门”的有效管控受到干扰。在风险酝酿期，行业和地方追求增长的积极性很高，客观上希望放松“银根”，金融活动总体偏活跃，货币和社会融资总量增长偏快容易使市场主体产生错误预期，滋生资产泡沫。当风险积累达到一定程度，金融机构和市场承受力接近临界点，各方又呼吁增加货币供应以救助。宏观调控很难有纠偏的时间窗口。在监管体制机制上，在新业态新机构新产品快速发展，金融风险跨市场、跨行业、跨区域、跨境传递更为频繁的形势下，监管协调机制不完善的问题更加突出。监管定位不准，偏重行业发展，忽视风险防控。“铁路警察，各管一段”的监管方式，导致同类金融业务监管规则不一致，助长监管套利行为。系统重要性金融机构缺少统筹监管，金融控股公司存在监管真空。统计数据和基础设施尚未集中统一，加大了系统性风险研判难度。中央和地方金融监管职能不清晰，一些金融活动游离在金融监管之外。

二是治理和开放的机制缺陷引致风险的易发多发性。在公司治理上，国有金融资本管理体制仍未完全理顺，资本对风险的覆盖作用未充分体现，金融机构公司治理仍不健全，股东越位、缺位或者内部人控制现象较普遍，发展战略、风险文化和激励机制扭曲。在开放程度上，部分行业保护主义仍较流行，金融监管规制较国际通行标准相对落后，金融机构竞争力不足，风险定价能力弱，金融市场不能有效平抑羊群效应、资产泡沫和金融风险。境内外市场不对接，内外价差也造成套戳机会，一些机构倾向跨境投机而非扎实经营。

三、防控金融风险要立足于标本兼治、主动攻防和积极应对兼备

科学防控风险，处理好治标和治本的辩证关系，要把握4个基本原则：一是回归本源，服从服务于经济社会发展，避免金融脱实向虚和自我循环滋生、放大和扩散风险；二是优化结构，完善金融机构、金融市场、金融产品体系，夯实防控风险的微观基础；三是强化监管，提高防范化解金融风险能力，将金融风险对经济社会的冲击降至最低；四是市场导向，发挥市场在金融资源配置中的决定性作用，减少各种干预对市场机制的扭曲。

（一）坚持问题导向，推进金融机构和金融市场改革开放。一是增强金融服务实体经济能力。金融和实体经济是共生共荣的关系，服务实体经济既是金融立业之本，也是防范金融风险的根本举措。为实体经济发展创造良好货币金融环境。要着力加强和改进金融调控，坚持以供给侧结构性改革为主线，以解决融资难融资贵问题为抓手，加强货币政策与其他相关政策协调配合，在稳增长、促改革、调结构、惠民生、防风险等方面形成调控合力。回归金融服务实体经济本源。金融业要专注主业，注重发展普惠金融、科技金融和绿色金融，引导更多金融资源配置到经济社会发展的重点领域和薄弱环节。强化金融机构防范风险主体责任。既要塑造金融机构资产负债表的健康，也要促进公司治理、内控体系、复杂金融产品交易清算的健康。要严把市场准入关，加强金融机构股东资质管理，防止利益输送、内部交易、干预金融机构经营等行为。建立健全金融控股公司规制和监管，严格限制和规范非金融企业投资金融机构，从制度上隔离实业板块和金融板块。推进金融机构公司治理改革，切实承担起风险管理、遏制大案要案滋生的主体责任。

二是深化金融市场改革，优化社会融资结构。积极有序发展股权融资，稳步提升直接融资比重。拓展多层次、多元化、互补型股权融资渠道，改革股票发行制度，减少市场价格（指数）干预，从根上消除利益输送和腐败滋生土壤。加强对中小投资者权益的保护，完善市场化并购重组机制。用好市场化、法治化债转股利器，发展私募股权投资基金（PE）等多元化投资主体，切实帮助企业降低杠杆率，推动“僵尸企业”市场出清。积极发展债券市场，扩大债券融资规模，丰富债券市场品种，统一监管标准，更好地满足不同企业的发债融资需求。深化市场互联互通，完善金融基础设施。拓展保险市场的风险保障功能，引导期货市场健康发展。

三是不断扩大金融对外开放，以竞争促进优化与繁荣。从更高层面认识对外开放的意义，坚持扩大对外开放的大方向，不断推动有关政策改革，更好地实现“三驾马车”的对外开放：一是贸易投资的对外开放。二是深化人民币汇率形成机制改革，既要积极有为，扎实推进，又要顺势而为，水到渠成。三是减少外汇管制，稳步推进人民币国际化，便利对外经济活动，稳妥有序实现资本项目可兑换。同时，在维护金融安全的前提下，放宽境外金融机构的市场准入限制，在立足国情的基础上促进金融市场规制与国际标准进一步接轨和提高。

（二）坚持底线思维，完善金融管理制度。一是加强和改进中央银行宏观调控职能，健全货币政策和宏观审慎政策双支柱调控框架。随着我国金融体系的杠杆率、关联性和复杂性不断提升，要更好地将币值稳定和金融稳定结合起来。货币政策主要针对整体经济和总量问题，保持经济稳定增长和物价水平基本稳定。宏观审慎政策则直接和集中作用于金融体系，着力减缓因金融体系顺周期波动和跨市场风险传染所导致的系统性金融风险。

二是健全金融监管体系，加强统筹协调。中央监管部门要统筹协调。建立国务院金融稳定发展委员会，强化人民银行宏观审慎管理和系统性风险防范职责，切实落实部门监管职责。充分利用人民银行的机构和力量，统筹系统性风险防控与重要金融机构监管，对综合经营的金融控股公司，跨市场、跨业态、跨区域金融产品，明确监管主体，落实监管责任，统筹监管重要金融基础设施，统筹金融业综合统计，全面建立功能监管和行为监管框架，强化综合监管。统筹政策力度和节奏，防止叠加共振。中央和地方金融管理要统筹协调。发挥中央和地方两个积极性，全国一盘棋，监管无死角。中央金融监管部门进行统一监管指导，制定统一的金融市场和金融业务监管规则，对地方金融监管有效监督，纠偏问责。地方负责地方金融机构风险防范处置，维护属地金融稳定，不得干预金融机构自主经营。严格监管持牌机构和坚决取缔非法金融活动要统筹协调。金融监管部门和地方政府要强化金融风险源头管控，坚持金融是特许经营行业，不得无证经营或超范围经营。一手抓金融机构乱搞同业、乱加杠杆、乱做表外业务、违法违规套利，一手抓非法集资、乱办交易场所等严重扰乱金融市场秩序的非法金融活动。稳妥有序推进互联网金融风险专项整治工作。监管权力和责任要统筹协调。建立层层负责的业务监督和履职问责制度。

（三）加强党的领导，确保金融改革发展正确方向。党的十九大对金融改革开放和防范系统性风险明确了顶层设计。坚持党中央对金融工作的集中统一领导，增强“四个意识”，落实全面从严治党要求，确保国家金融安全。

一是按照党中央决策落实各项工作部署。树立全局观念，相互配合支持，坚决贯彻落实金融领域重大方针政策、重大改革开放战略及规划，精心组织实施金融监管改革、金融机构改革、金融市场改革和防控金融风险的各项措施。

二是加强金融系统党的领导和党的建设。党的领导同金融企业法人治理必须一体化，必须贯彻到公司治理全过程。二十国集团领导人安塔利亚峰会审议通过了《二十国集团/经济合作与发展组织公司治理原则》，我们有条件推进改革与创新，形成符合我国国情的金融企业公司治理机制。

三是贯彻党管干部原则，发挥党管人才优势。金融业是人才和智力密集的行业。有优秀的经营人才队伍，金融资源配置和风险管理效率就可以提高。有优秀的监管人才队伍，金融安全就能得到保障。建设好金融系统领导班子，建设一支政治过硬、作风优良、业务精通的高素质金融人才队伍。

站在新的历史起点上，金融系统要坚定贯彻党的十九大部署，更加紧密团结在以习近平同志为核心的党中央周围，全面落实党中央战略部署，遵循金融发展规律，深化金融改革，提高金融服务实体经济能力，促进经济和金融良性循环、健康发展，着力防范系统性金融风险。

注：本文全文转载自《人民日报》（2017年11月22日06版）。网址：http://politics.people.com.cn/n1/2017/1122/c1001-29660118.html。

后　记

书至此处，已是末页。

——致读者。

拙著从选题立项、搜集素材，到下笔急书、反复修正。虽然我已是十分努力、百般谨慎，但不免仍有不当之处。一是敬请各位读者指出，助我成长；二是敬请读者海涵，包容。

拙著的立足点在于，本人以全国裁判文书网发布的真实金融犯罪判决材料为依据，站在金融从业者的视角，尽可能还原欺诈发生的原貌，借此过程普及金融基本常识，目的是寄望于本书的分享，既有利于提高大众的金融基础知识，又能够帮助大家识别金融风险，防范被骗。如果您正好遇到这方面的问题，把握不清举棋不定，请记住翻一翻本书，或许能解您之困。如此，甚好!

——致友人、家人以及出版社各位老师。

作为当事人，深深理解此书来之不易，终究在大家的帮助之下面世了。其中的幸酸苦楚，都已化成幸福泪。苍天不欺，努力终有回报。这一路走来，离不开大家的帮助和支持。没有您们，我决难完成此书。在此，请允许我向您们表达我最真挚最诚恳的感谢。

他们是：申宇先生、毓钦先生、张瑞先生、苑书涛先生、杨浩先生、潘仕强先生、陈舜先生、刘志强先生、代钧芳女士、徐娇女士、魏鹏程先生、刘飞先生、于峰先生等，以及中国金融出版社王老师和其他同事。另，还有我的家人……